诗
想
者

HIPOEM

生 活 ， 还 有 诗

鲁迅的门牌号

薛林荣 著

GUANGXI NORMAL UNIVERSITY PRESS

广西师范大学出版社

·桂林·

策　划　人 / 刘　春
责任编辑 / 郭　静
责任技编 / 王增元
装帧设计 / 唐秋萍

图书在版编目（CIP）数据

鲁迅的门牌号 / 薛林荣著. —桂林：广西师范大学
出版社，2022.4
　　ISBN 978-7-5598-4759-1

　　Ⅰ. ①鲁… Ⅱ. ①薛… Ⅲ. ①鲁迅研究－文集
Ⅳ. ①K825.6-53

　　中国版本图书馆 CIP 数据核字（2022）第 031930 号

广西师范大学出版社出版发行
（广西桂林市五里店路 9 号　邮政编码：541004）
网址：http://www.bbtpress.com
出版人：黄轩庄
全国新华书店经销
广西广大印务有限责任公司印刷
（桂林市临桂区秧塘工业园西城大道北侧广西师范大学出版社
集团有限公司创意产业园内　邮政编码：541199）
开本：880 mm × 1 240 mm　1/32
印张：12.75　　字数：280 千
2022 年 4 月第 1 版　　2022 年 4 月第 1 次印刷
定价：78.00 元

如发现印装质量问题，影响阅读，请与出版社发行部门联系调换。

翟昱翔 / 绘

目 录

广 州

上 海

绍 兴

东昌坊口新台门

（1881 年—1898 年）

清光绪七年（1881）9 月 25 日，鲁迅出生在浙江省绍兴府会稽县（今绍兴市）东昌坊口新台门周家。

在绍兴，"台门"是具有一定规模、封闭独立的院落，一般是乌瓦粉墙，砌有石阶和石门框，院子三至九进，稍有资产的是石库台门，官宦人家或书香门第则是竹丝台门。绍兴传统民居的格局以"台门"为正统，数量也很多，所以过去有民谣曰："绍兴城里十万人，十庙百庵八桥亭，台门足足三千零。"

绍兴周家原籍汝南，是宋代理学创始人周敦颐（濂溪先生）的后代，周建人晚年的回忆，对"汝南周"大灯笼的记忆深刻。鲁迅的祖先在明朝正德年间迁徙到绍兴城内定居，据《绍兴县志姓氏编》载，鲁迅属于周氏鱼化桥支的覆盆桥分支，所以按其宗祠所在地叫"覆盆桥周氏"。鲁迅和周恩来同属鱼化桥支，是本家，周恩来属于鱼化桥支的保佑桥分支。据推算，鲁迅为周氏第 20 世孙，周恩来为第 21 世孙。

周氏家族在绍兴有三个台门，即老台门、过桥台门、新台门。老台门是周家祖居（现在是修复后的"鲁迅祖居"）。随着人口的增多，又在附近买地建屋修了过桥台门（今已无存）和新台门（今"鲁迅故居"）。鲁迅出生的新台门建于清朝嘉庆年间，共居住着"覆盆桥周氏"第九、第十两代分迁过来的六个房族支系。

鲁迅的祖父是周福清（1838—1904），字震生，又字介孚，号梅仙，在北京当七品内阁中书。祖母姓蒋，是一位善于讲故事的慈祥老人。父亲周凤仪（1861—1896），后改名用吉，字伯宜，中过秀才，应过几回乡试，都没有中试。母亲鲁瑞（1857—1943），"她以自修得到能够看书的学力"。

鲁迅共有三个弟弟和一个妹妹。二弟櫆寿（周作人，1885—1967）；三弟松寿（周建人，1888—1984）；四弟椿寿（1893—1898），6岁夭折；妹妹端姑（1888），不满周岁就染上天花夭亡。

一、故园

鲁迅童年时生活的新台门及其周边，大约由以下几部分构成——

百草园。

这是家族共有的菜园。

1926年，在厦门大学任教的鲁迅写了一批回忆少年往事的散文，其中《旧事重提之六》回忆的就是这个百草园，发表于1926年10月10日《莽原》半月刊第一卷第十九期。

这篇文章便是《从百草园到三味书屋》，写得舒卷自如，妙趣横生，充满了脉脉温情，读来令人动容。

鲁迅写道：

我家的后面有一个很大的园，相传叫作百草园。现在是早已并屋子一起卖给朱文公的子孙了，连那最末次的相见也已经隔了七八年，其中似乎确凿只有一些野草；但那时却是我的乐园。

不必说碧绿的菜畦，光滑的石井栏，高大的皂荚树，紫红的桑椹［葚］；也不必说鸣蝉在树叶里长吟，肥胖的黄蜂伏在菜花上，轻捷的叫天子（云雀）忽然从草间直窜向云霄里去了。单是周围的短短的泥墙根一带，就有无限趣味。油蛉在这里低唱，蟋蟀们在这里弹琴。翻开断砖来，有时会遇见蜈蚣；还有斑蝥，倘若用手指按住它的脊梁，便会拍①［啪］的一声，从后窍喷出一阵烟雾。何首乌藤和木莲藤缠络着，木莲有莲房一般的果实，何首乌有臃肿的根。有人说，何首乌根是有像人形的，吃了便可以成仙，我于是常常拔它起来，牵连不断地拔起

①编者按：此处引鲁迅原文。其中拟声词"拍"现行规范汉字应为"啪"。本书所引时人文章皆保留原文，对有碍理解的个别字进行了标注，其余不再另行说明。

来，也曾因此弄坏了泥墙，却从来没有见过有一块根像人样。如果不怕刺，还可以摘到覆盆子，像小珊瑚珠攒成的小球，又酸又甜，色味都比桑椹要好得远。

长的草里是不去的，因为相传这园里有一条很大的赤练蛇。

接下来写长妈妈给他所讲飞蜈蚣吸美女蛇脑髓的故事，得出的教训是：倘有陌生的声音叫你的名字，你万不可答应他。

鲁迅用充满童趣的笔法为现代文学留下了一篇唯美的经典之作，被列入中学课本且要求背诵，对几代人的汉语言审美影响极大。

现实中的"百草园"是什么样子的呢？可以从周作人的视角管窥一二。

周作人著《鲁迅的故家》中，第一部分"百草园"有94篇短文，介绍了东昌坊口、新台门、后园、园里的植物和动物、菜蔬等等。据周作人介绍，百草园"实在只是一个普通的菜园，平常叫作后园，再分别起来这是大园，在它的西北角有一小块突出的园地，那便称为小园"。大园包括：南头靠园门的一片是废地，偏东有一个马桶池，右面有一座大的瓦屑堆，比人还高，堆的是一些修房屋剩下的废料，皂荚树就长在这个堆上。左边又是一个垃圾堆，放着四五口粪缸，由家族中人使用，存以浇菜或卖给乡下人。

废地、马桶池、瓦屑堆、粪缸，这是典型的大户人家并不

百草园

光鲜的后园，毫无诗意可言。但在鲁迅的心目中，却是人间乐园。这篇散文是鲁迅1926年9月在厦门大学图书馆的楼上孤立海滨、与社会隔绝时所作，他回忆旧事时透露出的那种体贴的温柔、含泪的微笑，最是打动人心。

三味书屋。

12岁的时候，鲁迅被家人送到"三味书屋"去上学。

"出门向东，不上半里，走过一道石桥，便是我先生的家了。从一扇黑油的竹门进去，第三间是书房。中间挂着一块匾道：三味书屋；匾下面是一幅画，画着一只很肥大的梅花鹿伏在古树下。没有孔子牌位，我们便对着那匾和鹿行礼。第一次算是拜孔子，第二次算是拜先生。"（《从百草园到三味书屋》）

鲁迅的老师叫寿镜吾，"他是一个高而瘦的老人，须发都花白了，还戴着大眼镜。我对他很恭敬，因为我早听到，他是本城中极方正，质朴，博学的人"。寿镜吾的学费也比较高，一年分清明、端午、中秋、年节四个学期，每节银洋两元，要预先缴纳。

三味书屋最里面靠墙的桌子是鲁迅用的。鲁迅在这里正午习字，晚上对课。老师给他读的书渐渐加多，对课也渐渐地加上字去，从三言到五言再到七言。课余，鲁迅就去三味书屋后面的小园的花坛上折蜡梅花，在地上或桂花树上寻蝉蜕，有时也捉了苍蝇喂蚂蚁。

三味书屋

（作者摄于2008年5月8日）

长庆寺。

距离鲁迅故居不到二百米，旧为绍兴八大寺之一，始建于唐永徽二年（651），为千年古刹。长庆寺与开元寺、大善寺、圆通寺、戒珠寺、能仁寺、禹迹寺、镜清寺同称为绍兴的八大寺院。

鲁迅是长子、长孙，他的出生被家族寄予厚望。据说鲁迅出生时是拽着包衣（胎盘）下来的，这在绍兴叫"蓑衣包"，当地认为这样的孩子主贵，有出息，但不好养活，会受到鬼神的作弄。"中国有许多妖魔鬼怪，专喜欢杀害有出息的人，尤其是孩子；要下贱，他们才放手，安心。"（《我的第一个师父》）于是，鲁迅的父母就把他送到寺院菩萨的名下，拜和尚为师，表示他已不再是俗人家的孩子。关于此事，鲁迅说："我生在周氏是长男，'物以希［稀］为贵'，父亲怕我有出息，因此养不大，不到一岁，便领到长庆寺里去，拜了一个和尚为师了。"（《我的第一个师父》）

鲁迅所拜的这个和尚师父，是离周家台门不远的长庆寺住持龙祖，鲁迅叫他"龙师父"。"瘦长的身子，瘦长的脸，高颧细眼，和尚是不应该留须的，他却有两绺下垂的小胡子。对人很和气，对我也很和气，不教我念一句经，也不教我一点佛门规矩；他自己呢，穿起袈裟来做大和尚，或者戴上毗卢帽放焰口，'无祀孤魂，来受甘露味'的时候，是庄严透顶的，平常可也不念经，因为是住持，只管着寺里的琐屑事，其实——自然是由我看起来——他不过是一个剃光了头发的俗人。"

长庆寺

龙师父给鲁迅取法名"长庚",后来鲁迅也偶尔用作笔名,并且在《在酒楼上》这篇小说里,把一个硬向自己的侄女借钱未果而进行恐吓的无赖取名为"长庚"。同时,鲁迅还多了两样法宝,一样是百家衣,一样是牛绳。百家衣就是"衲衣","论理,是应该用各种破布拼成的,但我的却是橄榄形的各色小绸片所缝就,非喜庆大事不给穿"。牛绳上挂零星小件,"如历本,镜子,银筛之类,据说是可以避邪的"。(《我的第一个师父》)

鲁迅幽默地说:"这种布置,好像也真有些力量:我至今没有死。"此时是1936年4月1日,鲁迅55岁,距离去世仅有半年时间了。

对于这些法宝的作用,鲁迅成年后恍然大悟地分析道:"中国的邪鬼,是怕斩钉截铁,不能含胡 [糊] 的东西的。"1934年2月27日,鲁迅在上海的银楼买到了这样的银筛,还送了一只给日本友人增田涉,给他的儿子做玩具。在信中,鲁迅描述:

> 此外,小包内书后附有一个小包,拟赠渡君,但其实作为大人的玩具可能更适当。五十四年前我出世后,每逢出门时,就要挂那个玩意儿。照日本的说法是"避恶魔",但在中国没有"恶魔"之说,故称"避邪"好些。如不加说明,有点费解,特为图解如下:那个圆东西,就是捣了米后,用来把精米和糠筛开,是竹子造的,中国叫做 [作] 筛,日本的名称不明。一、

土谷祠

不待言是太极，二、算盘，三、砚，四、笔与笔架，五、可能是书，六、画卷，七、历书，八、剪子，九、尺，十、似为棋盘，十一、图解者也难说清，那东西形似蝎子，其实应是天平。

总之，这些东西，都是为了弄清事物的。可见中国的邪鬼，非常害怕明确，喜欢含混。日本的邪鬼性格如何，我不知道，且把它当做［作］中国的东西奉赠罢。

土谷祠。

东昌坊口向北几十步便是土谷祠，安放的是土地爷和五谷神。当年有个叫谢阿桂的破产农民住在这里，一无所有，主要靠给别人舂米维持生活，曾给周家打过短工。他因为偷窃的习惯，名声不好。后来就成了鲁迅笔下阿Q的原型。鲁迅在《阿Q正传》中写道："阿Q没有家，住在未庄的土谷祠里；也没有固定的职业，只给人家做短工，割麦便割麦，舂米便舂米，撑船便撑船。工作略长久时，他也或住在临时主人的家里，但一完就走了。"

恒济当铺。

从土谷祠往前过了咸欢河右转，就是恒济当铺，那是少年鲁迅经常去的地方。

"我有四年多，曾经常常，——几乎是每天，出入于质铺和药店里，年纪可是忘却了，总之是药店的柜台正和我一样高，质铺的是比我高一倍，我从一倍高的柜台外送上衣服或首饰去，在侮蔑里接了钱，再到一样高的柜台上给我久病的父亲去买药。回家之后，又须忙别的事了，因为开方的医生是最有名的，以此所用的药引也奇特：冬天的芦根，经霜三年的甘蔗，蟋蟀要原对的，结子的平地木，……多不是容易办到的东西。然而我的父亲终于日重一日的亡故了。"（《呐喊·自序》）

关于恒济当铺，周作人描述道："照例是一个坚固的墙门，走过小门，一排高柜台，异乎寻常的高，大抵普通身材的大人站上去，他的眼睛才够得着看见柜台面吧，矮一点的便什么都看不见，只得仰着头把东西往上送去。当铺伙计当初因为徽州人居多的缘故，一律称为朝奉，又是自高自大，依恃主人是地主土豪，来当的又都是穷人，所以显出一副傲慢的神气。"这正是鲁迅所说的"在侮蔑里接了钱"。周作人回忆，恒济当铺的利息似是常年12%，期限18个月，到期付息。"这在高利贷中间还不算很凶的一种，但那样欺人的气势就已叫人够难受的了。"（《鲁迅的青年时代》）

由于从小康坠入困顿，跑当铺成了鲁迅童年最沉痛的一段记忆，在这一过程中，鲁迅感受到："我以为在这途路中，大概可以看见世人的真面目。"

咸亨酒店。

东昌坊口是一条东西向的小街巷，开着各种小店铺，其中就有咸亨酒店，由鲁迅堂叔周仲翔等人合开，光绪甲午年间开张后经营不善，一两年就关门了。

咸亨酒店的顾客，多是在柜台外站着喝酒的"短衣帮"，唯一穿长衫的主顾，是一个人称"孟夫子"的读书人。他是鲁迅家的邻居，屡试不第，穷困潦倒，却又嗜酒如命，早年曾在新台门周氏私塾里帮忙抄写文牍。有一次"孟夫子"偷书被抓，却辩解"窃书不能算偷"，结果被打断双腿，只能用蒲包垫着坐在地上，用手挪动身体。这就是孔乙己的原型。

咸亨酒店的格局，可以从《孔乙己》的描述中找到参照：

> 鲁镇的酒店的格局，是和别处不同的：都是当街一个曲尺形的大柜台，柜里面预备着热水，可以随时温酒。做工的人，傍午傍晚散了工，每每花四文铜钱，买一碗酒，——这是二十多年前的事，现在每碗要涨到十文，——靠柜外站着，热热的喝了休息；倘肯多花一文，便可以买一碟盐煮笋，或者茴香豆，做下酒物了，如果出到十几文，那就能买一样荤菜，但这些顾客，多是短衣帮，大抵没有这样阔绰。只有穿长衫的，才踱进店面隔壁的房子里，要酒要菜，慢慢地坐喝。

鲁迅就在清末民初这样一个丰富而又闭塞的乡土社会生活了17年，他用儿时的生活经验构筑了一个无比宽广的文学世界，创造了阿Q、孔乙己、祥林嫂、假洋鬼子、鲁四老爷、"狂人"等中国现代文学史上具有符号意味的典型人物。他写的是鲁镇和未庄，展示的则是中国。

二、败落

鲁迅幼年时，家道殷实。"听人说，在我幼小的时候，家里还有四五十亩水田，并不很愁生计。但在我十三岁时，我家里忽遭遇了一场很大的变故，几乎什么也没有了；我寄住在一个亲戚家里，有时还被称为乞食者。"（《自叙传略》）

这场变故改变了鲁迅的人生，但变故的具体内容，鲁迅终其一生未做任何说明，只是说"颓运方至，变故良多"。

周氏家族的败落，原因是多方面的，但由盛到衰的转折点，是鲁迅祖父周福清因"科场案"而入狱。

周福清1867年应浙江乡试，成举人。1871年会试，成进士，钦点翰林院庶吉士，后来在北京做官至正七品的内阁中书。鲁迅的曾祖母1893年病逝，按清朝定制，官员要离开官位回家守孝三年，叫"丁忧"。祖父从北京回到绍兴，丁忧在家，无所事事。这年8月，鲁迅的父亲周伯宜参加了举人考试，而浙江当地的主考官，恰好是周福清的"同年"，即22年前与周福清一起考中进士的江苏扬州人殷如璋。殷如璋到达苏州后，周福清给殷如璋写了一封信，请他关照自己的儿子周伯宜与4位亲戚子弟，言明事成之后拿一万两银子酬谢。事情败露后，先是周福清畏罪潜逃，周伯宜被下狱顶罪。后来周福清到官府自首，周伯宜被放归。周福清因"关节未成，赃未与人"，被判定为"斩监候"。这是朝廷表示上天有好生之德，往往不会处死所有的犯人，每年被勾了名字的人才会被处死。为保周福清性命，家人一次次贿赂官员，请求把勾选单上周福清的名字写得尽量小一些，以不引人注意。就这样，周福清躲过了一次又一次勾决，后经大量使钱行贿官府，直到1901年才出狱。

周伯宜从监狱放归之后，喜怒无常，且因酗酒、吸鸦片等不良嗜好，患上了肺结核，找名医何廉臣看病，但终因病重不治而身亡，年仅36岁。此时，祖父还关在杭州府狱中。在这一时期，小小的鲁迅就出入当铺与药店之间，为父亲的病奔忙。

三、离家

故乡是一个人的精神密码。鲁迅在《答〈戏〉周刊编者信》中说："中国人几乎都是爱护故乡，奚落别处的大英雄，阿Q也很有这脾气。"鲁迅也深爱自己的故乡，但始终有所保留。

周作人在回忆录中说，鲁迅不愿意说自己是绍兴人，人家问他籍贯，回答说是浙江。周作人认为，绍兴人不喜欢"绍兴"这个名称的原因有三：第一是不够古雅。绍兴古为于越国中心，秦汉时称会稽，绍兴之名则迟至南宋才有。第二是不够光彩。绍兴曾是偷安一隅的南宋小王朝的临时首都，是中国封建王朝昏庸软弱的代名词。第三是绍兴人满天飞，实际上是到处被人厌恶。

另外，还有一个原因不容忽视，那就是"绍兴师爷"的恶名。清朝有句俗语，叫"无绍不成衙，无徽不成当"，意思是没有绍兴师爷就不成衙门，没有徽州朝奉就不成当铺，庶几是实。绍兴师爷擅长操持笔墨，且城府极深，能翻云覆雨，几个字可扭转乾坤，操持中国地方衙门司法刑狱系统达几百年之久。正因为如此，民国时期文人对绍兴有一种先入为主的成见，比如梁实秋在跟鲁迅斗嘴时便说鲁迅"单有一腹牢骚，一腔怨气"，接着便以他的籍贯来攻击，说因为他是绍兴人，便"也许先天的有一点'刀笔吏'的素质"（梁实秋《关于鲁迅》），而这点，正是鲁迅自己所不愿意接受的。

鲁迅最初并不讳言绍兴。绍兴历史上曾出过勾践、西施、王充、王羲之、陆游、徐渭等杰出人物，鲁迅曾经辑录有关这些先贤的故事，名为《会稽郡故事杂集》，以为"供其景行，不忘于故"。他很喜欢明末文学家王思任的一句话："会稽乃报仇雪耻之乡，非藏垢纳污之地。"对于这个以民风强悍著称的故乡，青年时代的鲁迅也大有溢美之词："于越故称无敌于天下，海岳精液，善生俊异，后先络驿，展其殊才；其民复存大禹卓苦勤劳之风，同勾践坚确慷慨之志……"鲁迅曾用过一个笔名"戛剑生"，显然是对绍兴血气精神和强悍民风的一种崇尚及一种呼应。当然，鲁迅的赞美也是清醒的赞美，他同时批评绍兴在后来的历史演变中是"世俗递降，精气播迁，则渐专实利而轻思想，乐安谧而远武术"（《〈越铎〉出世辞》），这种批判展示了鲁迅的眼界。

鲁迅对故乡从最初的赞美，到理性的批判，再发展到与之疏离，这一细微却也合乎情理的变化，缘起他与故乡的三次重要的离别。

第一次离乡是鲁迅父亲病逝、家道衰败后。他饱尝了从小康坠入困顿后人们的欺侮和世俗的冷眼，于是选择了当时的异端之路——学洋务。1898年，鲁迅揣着母亲变卖家产的8块银圆，离开绍兴前往南京水师学堂。族人看不起和嘲笑他的出走，认为是一种走投无路的人去当一个卑贱的"摇旗呐喊的水兵"，"将灵魂卖给了鬼子"，"要加倍的奚落"。但他还是决然地"走异路，逃异地，去寻求别样的人们"。

虽然客观上看，鲁迅此次出走是他人生的第一个转折点，正因为有了到南京学开矿，进而有了到日本学医，遂而弃医从文以改变愚弱国民的精神，中国才有了一位伟大的文学家和思想家。但是他的出走，终究是生计的困窘和故乡的冷眼所致，其结果是少年鲁迅形成了某种思维定式，用周作人的话讲，就是"一种只有苦痛与黑暗的人生观"。鲁迅的所谓"反抗绝望"的战斗哲学，以及《野草》中多次表达的那种深刻的焦虑、不安、阴冷、怪诞、恐怖、残酷、虚无、悲观的气氛，都与他对故乡的童年记忆息息相关。

第二次离乡是他作为"海归"派人才从日本回到绍兴，担任师范学校校长后。

这一时期，鲁迅在故乡要面对的不是人们的冷眼，却是代表着封建余孽的旧式包办婚姻。对于原配朱安，鲁迅说："这是母亲给我的一件礼物，我只能好好地供养它，爱情是我所不知道的。"鲁迅和朱安在形式上的结合与其说是婚姻，不如说是先生对母亲的孝道。这段时间，鲁迅有意躲避着朱安，他囚发蓝衫，拼命抽烟喝酒，近于自暴自弃。在给许寿裳的信中，鲁迅说："仆荒落殆尽。"又说："又翻类书，荟集古逸书数种，此非求学，以代醇酒妇人者也。"对现实处境的无奈和沉重的喟叹，于此可见。在鲁迅整理完《古小说钩沉》后，辛亥革命爆发了，他便应国民政府教育总长蔡元培的邀请，第二次离开故乡到教育部工作。此次离乡，无异于鲁迅的又一次"反抗绝望"。离开了故乡，其实是离开了他的旧式婚姻，离开了一种樊篱式的文化语境。他不愿提及故乡，因为那儿有他的难言的要时时逃避才能安静下来的隐痛，这种痛，是困扰着"五四"知识分子的婚姻问题的冰山一角。

第三次即最后一次离乡是变卖绍兴老屋后。

1919年初，鲁迅在给许寿裳的信中说："仆年来仍事嬉游，一无善状，但思想似稍变迁。明年，在绍之屋为族人所迫，必须卖去，便拟挈眷居于北京，不复有越人安越之想。而近来与绍兴之感情亦日恶，殊不自至［知］其何故也。"（书信190116致许寿裳）可见，就是从这个时候开始，鲁迅彻底放弃了"越人安越"的想法，而放弃的原因，就是"在绍之屋为族人所迫，必须卖去"。

宣统三年正月（1911年2月），周氏家族就分了家。保存在绍兴鲁迅纪念馆中的两份契约上写道："我周'致、中、和'三房，自乾隆迄今，历百年余，各房均有薄产，近来家道渐落，子孙无业居多，式微景象触目皆是……所有余产彼此分润，以济困乏。"结尾有豫才（鲁迅）、乔峰（周建人）的"花押"。周氏家族解体后，各家卖掉了名下的田产，又联合起来卖掉了祭田和房屋，卖掉了新台门及房后的百草园。买家朱阆仙多次催促，要求1919年底前腾房子。

1919年12月初，鲁迅从北京回到绍兴，处理卖屋事宜。

周建人在《别了，故乡》一文中详细记录了这次搬家的过程。"新台门要出卖的消息，早已传了出去，大家都知道，又一个台门败落了。在败落大家族的各家，总会有一些值钱的东西要出售，所以，收旧货的商人就杀价收购。笨重的家具没有人要，大多送人了，即使卖给亲戚朋友，也只收很少的钱。"桂花明堂里的各种花草都送人了，只留下一盆鲁迅当年从日本带回的水野栀子。周建人记得小堂前本还挂着一幅赵孟\u3000的画，画着一朵荷花、一片荷叶和一只鹭鸶。可是在某天早瞷起床后就不见了，鲁迅看到，笑了笑，什么也没说。木工师傅以运绍兴老酒的办法做了12个木箱装书，然后用竹络把书籍络起来，不准备带走的书就卖掉。

在祭扫过家族的墓地后，鲁迅带着母亲鲁瑞、妻子朱安和周建人夫妇最终告别了故乡。"老屋离我愈远了；故乡的山水也都渐渐远离了我，但我却并不感到怎样的留恋。"这是与故乡的永诀，为何至此，连他自己都"殊不自知其何故也"。

卖掉老屋，接走老母，定居北京，鲁迅与故乡的情感脐带被割断了，从此以后，鲁迅就再没有回过绍兴，他成了一个没有故乡的人。正是在这样的现实境遇下，鲁迅的创作，处处显出了一种失落感和无家可归感，在"五四"前后的作品中，他笔下的故乡形象，充满了冷寂与荒凉。如《孔乙己》《明天》中的 S 城和鲁镇是沉寂和冷酷的，《故乡》中的小城是荒凉萧索的，《论照相之类》中的小城是蒙昧、盲目排外、仇视一切新事物的，等等。

随着时间的推移，鲁迅渐渐淡忘了那个现实中让他不快的故乡，他 20 年代中期以后的作品中充满了对故乡温馨的回忆。他在《忽然想到》中透露了自己情感变化的原因："从近时的言论上看来，旧家庭仿佛是一个可怕的吞噬青年的新生命的妖怪，不过在事实上，却似乎还不失为到底可爱的东西，比无论什么都富于摄引力。儿时的钓游之地，当然很使人怀念的，何况在和大都会隔绝的城乡中，更可以暂息大半年来努力向上的疲劳呢。"1926 年 2 月 21 日至 11 月 18 日，鲁迅创作了 10 篇回忆自己童年、少年和青年时代生活的散文，它们大多是以故乡为背景的忆旧之作，后集成《朝花夕拾》出版，成为中国现代文学史上回忆性散文的扛鼎之作，百草园、三味书屋、鲁镇等鲁迅笔下的绍兴地名，便有了现代文学发轫之初的某种符号意义。

鲁迅的思乡，是一个无家可归者的精神寻根，而他的失乡，则暗合着中国传统文人的宿命。在和故乡疏离后，鲁迅要极力构筑一个属于他的精神故乡。他在《朝花夕拾·小引》中说："我有一时，曾经屡次忆起儿时在故乡所吃的蔬果：菱角，罗汉豆，茭白，香瓜。凡这些，都是极其鲜美可口的；都曾是使我思乡的蛊惑。后来，在我久别之后尝到了，也不过如此；惟独在记忆上，还有旧来的意味留存。他们也许要哄骗我一生，使我时时反顾。"

四、鲁迅故居速写

2008年5月的一天，我在绍兴城寻找鲁迅的踪迹。

首先遇到的是一条小河，小河对岸立着一座牌坊，上书四字："德泽咸欢"。这条小河就叫咸欢河。

"德泽咸欢"牌坊左右，各有一座赭红色的门宇，门上悬有额匾，左边是"土谷祠"，右边是"长庆寺"。

想起了鲁迅的描述：

"阿Q没有家，住在未庄的土谷祠里……"

"我生在周氏是长男，'物以希为贵'，父亲怕我有出息，因此养不大，不到一岁，便领到长庆寺里去，拜了一个和尚为师父了。"

经过阿Q的土谷祠和龙师父的长庆寺，不远处便是鲁迅故居，这个位于绍兴解放路与中兴路之间的阔大街区就是鲁迅笔下"未庄"的原版。

周氏在绍兴是望族，根深叶茂，嗣续繁衍，生齿激增，先后置办过三处台门，即周家台门、周家过桥台门和新台门。"台门"是江南特有的称谓，用北方话讲，就是四合院，更确切一

绍兴鲁迅故里

（作者摄于2008年5月8日）

点，是临水多进四合院。

我在周氏家族的谱氏表《越城周氏支谱》前驻足良久，它像一棵枝繁叶茂的大树，交代了周氏跻身士林、广置屋产、德祉永馨的过程。那么庞大的族系，竟是出于一脉。著名的周氏三兄弟，就位于这个谱牒的左下角，像这棵树上三枚同途而殊归的果实。

鲁迅不是无缘无故诞生的，他的家族背景宽广深厚，家风大气而恢宏，儿时的家境殷实，又经历了从中兴到末路的极速衰败的过程。鲁迅之为鲁迅，在于经受了家族由兴而衰的过程。这也是一个淬火成钢的过程，其中既包含着"虚能引和静能生悟，仰以察古俯以观今"的道家元素，又包含着"持其志无暴其气，敏于事而慎于言"的儒家理想，鲁迅依此纵横捭阖，遂成一代文宗。

通过鲁迅故居的天井可以望见一个四角形的天空。绍兴人或者整个江南的人把天井叫明堂，鲁迅故居的明堂因为原先种植有两棵茂盛的桂花树，于是称作"桂花明堂"。这里是鲁迅听祖母讲述"猫是老虎的师父""水漫金山"等民间故事的地方，他所听到的又都在今后的作品中有所反映。一个人的童年记忆成为一代人的童年记忆，并代代相袭。

最让人感到亲切的地方是周家的厨房，这里是鲁迅第一次见到闰土（章运水）的地方，墙上的菜罩就是闰土的父亲章福庆制作的原物。想起了鲁迅的白描："这时候，我的脑里忽然闪出一幅神异的图画来：深蓝的天空中挂着一轮金黄的圆月，下面是海边的沙地，都种着一望无际的碧绿的西瓜，其间有一个十一二岁的少年，项带［戴］银圈，手捏一柄钢叉，向一匹猹尽力的刺去，那猹却将身一扭，反从他的胯下逃走了。"

绍兴宣传鲁迅的广告语是："跟着课本游绍兴"。在鲁迅故居，像我这样的游人时刻都在背诵和求证。

百草园，世界文学史上著名的普通菜园——"不必说碧绿的菜畦，光滑的石井栏，高大的皂荚树，紫红的桑椹；也不必说鸣蝉在树叶里长吟，肥胖的黄蜂伏在菜花上，轻捷的叫天子（云雀）忽然从草间直窜向云霄里去了。单是周围的短短的泥墙根一带，就有无限趣味……"

这无疑是现代文学史上最美妙也最知名的环境描写，当我站在百草园的石井栏前喃喃地背诵上述内容时，看百草园的菜畦依旧碧绿，似乎还是鲁迅童年时的样子。

南 京

南京江南水师学堂和矿路学堂

（1898 年 4 月—1902 年 3 月）

1898 年 4 月，17 岁的鲁迅揣着母亲变卖家产的 8 块银圆，离开绍兴前往南京，入江南水师学堂读书。

在《呐喊》自序中，鲁迅描述了这一过程：

> 我要到 N 进 K 学堂去了，仿佛是想走异路，逃异地，去寻求别样的人们。我的母亲没有法，办了八元的川资，说是由我的自便；然而伊哭了，这正是情理中的事，因为那时读书应试是正路，所谓学洋务，社会上便以为是一种走投无路的人，只得将灵魂卖给鬼子，要加倍的奚落而且排斥的，而况伊又看不见自己的儿子了。然而我也顾不得这些事，终于到 N 去进了 K 学堂了。

"到 N 进 K 学堂"，就是到南京进江南水师学堂，鲁迅把这条路称作"走异路，逃异地，去寻求别样的人们"。他的母亲

江南水师学堂

哭了。学洋务会被人"加倍的奚落而且排斥"。

但是鲁迅顾不了这些，他于1898年4月底离家，坐船先到上海，然后再换船到南京。从长江的下关码头下船后，向东进入仪凤门，一根桅杆高耸的地方，就是江南水师学堂。

对一个破落大户人家的子弟而言，从绍兴去遥远的江南水师学堂上学，也不是无缘无故的。除了无须交学费，按照周作人的说法，还有一个更重要的原因，就是远房叔祖父周庆蕃在江南水师学堂教汉文，兼任管轮堂监督。周家子弟因他的关系进入水师学堂的，鲁迅是第三个。入学考试只是写一篇文章，试题是《武有七德论》，鲁迅考取了。

入学的第一件事，是这位当监督的远房叔祖父周庆蕃把鲁迅的名字从周樟寿改为周树人。这是因为周家人不想背负"将灵魂卖给鬼子"的奚落，怕给祖宗丢面子，于是不再使用新台门周氏"寿"字辈的大名，改成了族谱里找不见的名字。远房叔祖父周庆蕃不愧是教汉文的，所起"周树人"这个新名字很典雅，且有新意，字里字外既包含中国传统价值观念，又有时代新风。鲁迅是周家长子，鲁迅改了名字，二弟三弟后来也就"从善如流"，分别把名字改为周作人和周建人。

江南水师学堂的遗址在今南京市盐仓桥广场附近，那里还残存着一座造型独特的牌楼。牌楼呈圆弧形，立面均匀分布着十根装饰门柱，其上有巴洛克风格的曲线旋涡花纹。牌楼正中辟有一个拱形门，门上刻有"海军部"三字。江南水师学堂之后，此处曾设立海军总司令部。

关于在江南水师学堂的学习和生活，鲁迅后来写了《琐记》一文，收入《朝花夕拾》。

第一个进去的学校，目下不知道称为什么了，光复以后，似乎有一时称为雷电学堂，很象［像］《封神榜》上"太极阵""混元阵"一类的名目。总之，一进仪凤门，便可以看见它那二十丈高的桅杆和不知多高的烟通。功课也简单，一星期中，几乎四整天是英文："It is a cat." "Is it a rat?"一整天是读汉文："君子曰，颍考叔可谓纯孝也已矣，爱其母，施及庄公。"一整天是做汉文：《知己知彼百战百胜论》，《颍考叔论》，《云从龙风从虎论》，《咬得菜根则百事可做论》。

鲁迅对这些功课是很不以为然的，但对学堂中高高耸立的桅杆印象却很深，认为它"可爱"。但这绝不是因为它"挺然翘然"象征着什么，"乃是因为它高，乌鸦喜鹊，都只能停在它的半途的木盘上。人如果爬到顶，便可以近看狮子山，远眺莫愁湖，——但究竟是否真可以眺得那么远，我现在可委实有点记不清楚了。而且不危险，下面张着网，即使跌下来，也不过如一条小鱼落在网子里；况且自从张网以后，听说也还没有人曾经跌下来"。

学堂里原先还有一个给学生学游泳的池子，但因为里面淹死了两个年幼的学生，鲁迅进校时，池子早填平了，上面还造了一所小小的关帝庙，庙旁是一座焚化字纸的砖炉，炉口上方横写着"敬惜字纸"四个大字。"那两个淹死鬼失了池子，难讨替代，总在左近徘徊。"每年七月十五，办学的人总请一群和尚到雨天操场放焰口，一个红鼻而胖的大和尚戴上毗卢帽捏诀念咒。鲁迅看到这一情形后，便告诫自己：做学生总得自己小心些。

鲁迅第一学期成绩优异，学校奖给他一枚金质奖章，他立即拿到南京鼓楼街头卖掉，买了几本书，又买了一串红辣椒。夜读时，他便摘下一枚辣椒放在嘴里嚼，直辣得额头冒汗，既驱寒又提神。

此时正值戊戌维新高潮时期，鲁迅对江南水师学堂总体上是很不满意的。他总觉得不大合适，可是又无法形容，最后终于找到了一个可以形容的词："乌烟瘴气"。同年11月，鲁迅从江南水师学堂退学。

鲁迅退学的原因是多方面的。

其一，江南水师的学制长达九年，分作三个阶段：三班、二班、头班，三年升一级，而出路不过是当个轮机兵。

其二，鲁迅本想当海军，驾着军舰在海上巡逻和战斗，前途也比较清楚：二副、大副、舰长。但他所在的班是管轮班，岗位在酷热黑暗的甲板底下，难有机会上甲板呼吸新鲜空气。

其三，水师学堂封建气息浓厚，且学生等级森严，门户之见极深。比如赠银，最初三个月的试习期内是零用500文，三班生2两、二班生3两、头班生4两。连宿舍里的床板和桌椅也有差别："初进去当然只能做三班生，卧室里是一桌一凳一床，床板只有两块。头二班学生就不同了，二桌二凳或三凳一床，床板多至三块。"高年级的学生"不但上讲堂时挟着一堆厚而且大的洋书，气昂昂地走着，决非只有一本'泼赖妈'[Primer，初级读本]和四本《左传》的三班生所敢正视；便是空着手，也一定将肘弯撑开，象[像]一只螃蟹，低一班的在后面总不能走出他之前"。

其四，教员水平太差。有一位教员连"钐"字都不认识，念成了"钧"。有一位教员在课堂上说"地球有两个，一个自动，一个被动，一个叫东半球，一个叫西半球"，受到了鲁迅和同学的讥笑。学生们给他们取外号，结果两天中连续被记两个小过和两个大过。

在这种情况下，鲁迅从江南水师学堂退学就是情理之中的事情了。

退学之后去哪里呢？鲁迅报考了江南陆师学堂附属的矿务铁路学堂。

矿路学堂是鲁迅从水师学堂退学的当年即1898年10月在慈禧太后的特别诏令下开办的，开办人是两江总督刘坤一，开办依据是"听说"青龙山的煤矿好。矿路学堂附属于江南陆师学堂，校址设在南京的三牌楼，遗迹在今南京察哈尔路南师大附中一带，向南有个鲁迅小区，其中一幢二层楼被确认为"鲁迅读书处"。

光绪二十四年（1898），鲁迅考入矿路学堂，光绪二十七年（1901），以一等第三名毕业。

这里的"新党"就是思想开明的俞明震，鲁迅一生对其心怀敬意，后来在教育部工作时还拜访过，日记里写作"俞师"。俞明震去世时，鲁迅还送去一个幛子表示哀悼。

读书到第三年的时候，鲁迅还下了一次矿井实习，"第三年我们下矿洞去看的时候，情形实在颇凄凉，抽水机当然还在转动，矿洞里积水却有半尺深，上面也点滴而下，几个矿工便在这里面鬼一般工作着"。鲁迅实习过的矿井在今南京官塘煤矿象山矿区。

采矿是鲁迅所学的第一个专业，他由此成了中国地质学的开拓者，被业界誉为"中国地质第一人"。早在1903年，鲁迅就发表了《中国地质略论》，这是中国最早的地质学论文，第一次出现了"侏罗纪""白垩纪"这样的名词。1907年，鲁迅发表了中国第一张"中国矿产全图"，并用中文展示了亿万年来的地质、生物演化过程。特别值得一提的是，鲁迅与顾琅合作的《中国矿产志》于1906年5月出版，清政府农工商部"通饬各省矿务议员、商务议员暨各商会酌量购阅"，后来，学部将该书定为中学堂参考教材。这本书是鲁迅对矿路学堂所学专业的总结，是他对矿务学堂的回报。

鲁迅对自己的地质学专业大约也是自信的，1927年，他应邀到黄埔军校去讲"革命时代的文学"时说："诸君所以来邀我，大约是因为我曾经做过几篇小说，是文学家，要从我这里听文学。其实我并不是的，并不懂什么，我首先正经学习的是开矿，叫我讲掘煤，也许比讲文学要好一些。"

鲁迅在矿路学堂读书4年，1902年毕业时，得到了两江总督刘坤一签署的矿务铁路学堂证书，现藏北京鲁迅博物馆，上面写着"右照给一等学生周树人收执"，内容是："学生周树人，现年十九岁，身中面白无须，浙江省绍兴府会稽人，今考得一等第三名。"上面开列了矿学等7门功课，各门功课的成绩都在85分以上。

尽管如此，鲁迅对自己专业的前途还是感觉非常茫然的，一到毕业就"爽然若失"：

> 毕业，自然大家都盼望的，但一到毕业，却又有些爽然若失。爬了几次桅，不消说不配做半个水兵；听了几年讲，下了几回矿洞，就能掘出金、银、铜、铁、锡来么？实在连自己也茫无把握，没有做《工欲善其事必先利其器论》的那么容易。爬上天空二十丈和钻下地面二十丈，结果还是一无所能，学问是"上穷碧落下黄泉，两处茫茫皆不见"了。

水师学堂、矿路学堂的教育，为鲁迅的知识结构打下了坚实的基础。特别是鲁迅在这里学习了英语和德语，为其将来接受欧洲特别是德国文化的影响做了准备。

尤为重要的是，鲁迅在此还得到了官费出国留学日本的资格，因此他说："所余的还只有一条路：到外国去。"

鲁迅在矿路学堂的毕业文凭（执照）

鲁迅以一等第三名的优异成绩毕业

日本

仙台"佐藤屋"公寓

（1904 年 9 月—1904 年 11 月）

1902年3月24日，鲁迅登上"大贞丸号"轮船，远赴日本留学。关于留学的事，鲁迅在《琐记》一文中说：

> 留学的事，官僚也许可了，派定五名到日本去。其中的一个因为祖母哭得死去活来，不去了，只剩了四个。日本是同中国很两样的，我们应该如何准备呢？有一个前辈同学在，比我们早一年毕业，曾经游历过日本，应该知道些情形。跑去请教之后，他郑重地说：
>
> "日本的袜是万不能穿的，要多带些中国袜。我看纸票也不好，你们带去的钱不如都换了他们的现银。"
>
> 四个人都说遵命。别人不知其详，我是将钱都在上海换了日本的银元，还带了十双中国袜——白袜。
>
> 后来呢？后来，要穿制服和皮鞋，中国袜完全无用；一元的银圆日本早已废置不用了，又赔钱换了半元的银圆和纸票。

鲁迅先是在东京弘文学院补习日语。

弘文学院是专门为中国留学生进入日本高等专门学校设立的私立补习学校，创办于1902年，鲁迅成为第一批学员56人中的一员。同期的还有陈天华、胡汉民、黄兴和杨昌济等人。

鲁迅在异域环境中感受到各种不同的声音，这与他赴日的初衷产生了冲突。特别是留学生中的一些人留恋于日本的欢娱生活，"但到傍晚，有一间的地板便常不免要咚咚咚地响得震天，兼以满房烟尘斗乱；问问精通时事的人，答道，'那是在学跳舞'"（《藤野先生》）。这让鲁迅孤独和气闷。同时，校方的一些做法也让他困惑，他们居然还祭孔。"我大吃了一惊。现在还记得那时心里想，正因为绝望于孔夫子和他的之徒，所以到日本来的，然而又是拜么？一时觉得很奇怪。"（《在现代中国的孔夫子》）

弘文书院1909年正式解体。它曾是面向中国留学生最大的日语学校，对促成第一次留学潮有不能忽视的贡献。该院旧址在新宿区西轩町①十三番地②，如今已是写字楼林立。

弘文学院之后，1904年9月，鲁迅毅然决然地离开热闹繁华的东京，赴仙台学医。

今天的仙台市是宫城县首府，日本东北地区第一大城市，主城区背靠青叶山，广濑川河自西向东流经市中心。

1904年6月1日，鲁迅正式向仙台医学专门学校提出入学

---

①"町"：日语中指街、巷、里弄。
②"番地"：日语，指门牌号。

弘文书院塾舍

申请，立即得到校方批准。9月8日，他来到仙台，起初暂住在片平町五十四番地的田中旅馆，开学后不久，即迁入"佐藤屋"公寓。

"佐藤屋"公寓地址是片平町五十二番地，坐落在仙台医专正门向北通往监狱的一条路上。客店也包办囚人的饭食。

鲁迅在《藤野先生》中这样描述"佐藤屋"："我先是住在监狱旁边一个客店里的，初冬已经颇冷，蚊子却还多，后来用被盖了全身，用衣服包了头脸，只留两个鼻孔出气。在这呼吸不息的地方，蚊子竟无从插嘴，居然睡安稳了。饭食也不坏。"

关于"佐藤屋"所处的环境，据日本"鲁迅在仙台的记录调查会"描述：

> 那一带是沿着广濑川的高岗地，它是广濑川和通向医专正门那条路的中间地带，上面只有几家住户。住户对面有监狱的高墙，虽然在白天这里也是行人稀少的安静地区。"佐藤屋"用灌木围墙，是一座木板屋顶的二层楼房，面向大街的一面是小木格子的窗户，庭院西端是悬崖，广濑川从下面流过。周树人就住在这家二层楼的一个房子里。[①]

"调查会"介绍，明治三十七年（1904）十月初，宫城县下暴雨，广濑川水位增高三尺。鲁迅从他的公寓窗户可以看到悬

---

①江流编译：《鲁迅在仙台》，北京鲁迅博物馆鲁迅研究室编《鲁迅研究资料》（4），天津人民出版社，1980年。下同。

崖下面浊流倾泻的情景。

"佐藤屋"的二楼除经营公寓兼旅店以外，一楼的部分房间租给卖盒饭的人使用。这个旅店是以对面监狱来探监的人为对象；盒饭也是以尚未判决的囚犯为对象。"佐藤屋"的主人佐藤喜东治，原来是仙台的藩士，是当地的名士，在周树人住宿时已经年近六十岁，他的身体魁梧，灰白色的胡须直垂胸前，是位在邻里中喜欢帮人忙的头面人物；他还兼任小学校的保护会长的职务，又是日俄战争祝捷会游行的经管人。他的夫人照顾住在公寓里的鲁迅等学生的日常生活，她的身材很矮小，但是手脚很勤快。这里的宿费每月八元，这是普通价格（贵的十元，低的七元）。

1974年11月，"调查会"访问了"佐藤屋"旧址，他们看到，庭院大约有130平方米，院内有郁郁苍苍的大树。三面有房，没有房的一面通向广濑川的急坡，河对面岸上左边远立着两座山：向山和爱宕山。"山上被深绿色的松杉树木所覆盖，在树木之间有坟堂和庙宇的红墙，显得特别醒目。从二楼周树人的房间可以远眺这些风景。周树人首先在这里下榻，从这里到学校只有十分钟的路程。"

10月8日，鲁迅在"佐藤屋"给友人蒋抑卮[①]写信。

---

① 蒋抑卮（1876—1940）：名鸿林，浙江杭州人。1902年10月赴日留学，1904年回国，曾参加创办浙江兴业银行。1909年1月再次去东京治耳疾，和鲁迅交往较密，曾资助印行《域外小说集》。

这封信用文言文写成，是现存最早的一封鲁迅书信，记录了鲁迅在"佐藤屋"的生活以及在仙台医专求学的情况，有十分重要的史料价值，值得细读。

信中说：

> 尔来索居仙台，又复匝月，形不吊影，弥觉无聊。昨忽由任君克任寄至《黑奴吁天录》①一部及所手录之《释人》②一篇，乃大欢喜，穷日读之，竟毕。拳拳盛意，感莫可言。

信件起首说及自己的无聊，也透露出孤独。

为鲁迅寄了小说与手录论文的任克任（1876？—1909）名允，浙江杭州人。1902年自费留学日本，次年考入东京高等工业学校。1904年因病归国，秋后以官费至日本复学，1908年毕业，次年病逝于日本。参考许寿裳与鲁迅的过从，任克任如果不早逝，料将与鲁迅有密切的交集。

> 树人到仙台后，离中国主人翁颇遥，所恨尚有怪事奇闻由新闻纸以触我目。曼思故国，来日方长，载悲黑奴前车如是，弥益感喟。闻素民③已东渡，此外浙人颇多，相隔非遥，

---

①《黑奴吁天录》：今译《汤姆叔叔的小屋》，林纾译长篇小说，清光绪二十七年（1901）杭州武林魏易刻版印行。

②《释人》：由清代孙星衍撰，是考释"人"字及人体各部位古汉语称谓的论文，见于孙著《问字堂集》卷二。

③素民：指汪希（1873—？），浙江杭州人，《杭州白话报》创始人之一。1902年自费留学日本，不久回国。1904年秋又以浙江绅士资格选送日本学习政法。

竟不得会。惟日本同学来访者颇不寡，此阿利安人①亦殊懒与酬对，所聊慰情者，廑我旧友之笔音耳。近数日间，深入彼学生社会间，略一相度，敢决言其思想行为决不居我震旦②青年上，惟社交活泼，则彼辈为长。以乐观的思之，黄帝之灵或当不餂欤。

从鲁迅信中可知，虽然日本的浙江籍留学生很多，但见面的并不多。倒是有很多自视为"高贵人种"的日本同学来访，但鲁迅也懒于酬对，只喜欢和旧友打交道。他通过与日本学生的交往，断言其思想行为并不在中国青年之上，唯一的长处是社交比较活泼。

此地颇冷，晌午较温。其风景尚佳，而下宿③则大劣。再见一东樱馆④，绝不可得。即所谓旅馆，亦殊不宏。今此所居，月只八円⑤。人哗于前，日射于后。日日食我者，则例为鱼耳。现拟即迁土樋町，此亦非乐乡，不过距校较近，少免奔波而已。事物不相校雠，辄昧善恶。而今而后，吾将以乌托邦目东樱馆，即贵临馆亦不妨称华严界也。

---

① 阿利安人：通译雅利安人，欧洲19世纪文献中对印欧语系各民族的一种不科学的总称。后来的种族主义者便妄称雅利安人为"高贵人种"，此处代指当时自视"高贵"的某些日本学生。

② 震旦：古代印度人对中国的称呼。

③ "下宿"：日语，指公寓，即鲁迅所住的客店佐藤屋。

④ "东樱馆"：鲁迅在弘文学院学习时住过的公寓。

⑤ "円"：日本的货币单位。

这段是鲁迅介绍当地气候风景及公寓的情况，总体而言是温差大，风景尚佳，但公寓条件太差，所以马上要迁到距离学校较近的一处公寓，在土樋町。

鲁迅通过比较，觉得再找一处像东樱馆那样的公寓，绝不可得。所以，鲁迅把东樱馆称作"乌托邦"，类同于"空想"，而把蒋抑卮所住之馆称作"华严界"，仿佛那里是佛教中至高完美的境地。

校中功课大忙，日不得息。以七时始，午后二时始竣。树人晏起，正与为雠。所授有物理，化学，解剖，组织，独乙种种学，皆奔逸至迅，莫暇应接。组织、解剖二科，名词皆兼用腊丁，独乙，日必暗记，脑力顿疲。幸教师语言尚能领会，自问苟偡幸卒业，或不至为杀人之医。解剖人体已略视之。树人自信性颇酷忍，然目睹之后，胸中亦殊作恶，形状历久犹灼然陈于目前。然观已，即归寓大啮，健饭如恒，差足自喜。同校相处尚善，校内待遇不劣不优。惟往纳学费，则拒不受，彼既不收，我亦不逊。至晚即化为时计，入我怀中，计亦良得也。

这段介绍在仙台医专的学习情况。功课非常繁重，所开之课有：物理、化学、解剖、组织学、德语（独乙）等，令人应接不暇。组织、解剖二科名词兼用拉丁语、德语，每天背诵，颇为费脑。所幸的是，鲁迅的日语经过东京弘文学院速成班的训练，已能轻松领会教师所讲之课，自忖将来毕业后，还不至于成为杀人之医。又说自己上解剖学，看了尸体，本来是恶心的，但回到寓所吃饭如常。另外，和同学相处也是好的。"惟往纳学费，则拒不受，彼既不收，我亦不逊"和《藤野先生》中所述"我到仙台也颇受了这样的优待，不但学校不收学费，几个职员还为我的食宿操心"也是相符的。

> 仙台久雨，今已放晴，遥思吾乡，想亦久作秋气。校中功课，只求记忆，不须思索，修习未久，脑力顿锢。四年而后，恐如木偶人矣。兄之耳谅已全愈，殊念。秋气萧萧，至祈摄卫，倘有余暑，乞时赐教言，幸甚，幸甚。

这一段顺手交代自己的心情，并问候蒋抑卮的耳疾。由仙台久雨放晴联系到故乡"久作秋气"，透出思乡之情。因用脑过度，担心四年后成为木偶人，也说明学业之繁重。

信件最后，鲁迅附上了自己下一步将迁住公寓的地址：

> 如来函，可寄"日本陆前国仙台市土樋百五十四番地宫川方"为要。

宫川方，指宫川信哉的住宅。

信末还有一段类似于"又及"的补充内容：

> 前曾译《物理新诠》，此书凡八章，皆理论，颇新颖可听。

只成其《世界进化论》及《原素周期则》二章，竟中止，不暇握管。而今而后，只能修死学问，不能旁及矣，恨事！恨事！

由于医专功课很紧，鲁迅不得不停止以前翻译的《物理新诠》一书，此书译稿尚未发现。鲁迅对于放弃翻译而"只能修死学问"，颇引为恨事。

仙台医专上课一个月的时候，铃木逸太曾来到"佐藤屋"访问鲁迅。"因为他是班长，来了解周树人住宿是否有困难。这时，铃木先生被请到了周树人住的二楼房间，他们两人已经成为互相交谈的朋友了。铃木问他有什么困难，并了解了公寓的待遇情况。"（《鲁迅在仙台》，下同）

在这里，鲁迅也接待了其他医专同班同学的访问，医专同班同学对周树人是什么印象呢？铃木、半谷、薄场都异口同声地说，他是个"稳重、严谨"的人。"半谷先生当时和周树人只是早晚进行寒暄的关系，他说周树人是一个面白、身体细长的严肃认真的人。周树人在班里是一个不引人注目的安静学生。"

孙郁这样介绍住在"佐藤屋"公寓时期的鲁迅：

那里景色虽佳，但住的环境并不好。客店旁是一座监狱，很煞风景。初冬又冷，蚊子也多，又是只身一人，他的孤独可想而知。我读到他给友人蒋抑卮的信，颇觉凄凉。在寒冷的仙台，他不仅要应付繁重的学习任务，还要和不适的环境相抗，那感触是复杂的。学校的课程很多，也紧张，不仅要熟悉日文，还有拉丁文、德文，也极费神的。至于解剖学、物理、化学，要背的内容更多。鲁迅感到了从未有过的精神压力，他差不多将全部精力用于学习。这大约也是打发那些清冷日子的唯一办法。

（《鲁迅与周作人》）

那么，鲁迅是当年最早在仙台求学的清国留学生吗？答案是肯定的。

在《藤野先生》一文中，鲁迅写道："仙台是一个镇，并不大；冬天冷得利［厉］害；还没有中国的学生。"

藤野先生回忆："明治四十一年以后，有许多留学生入学，但在三十九年至四十年间，连一个留学生也没有。"（《鲁迅在仙台》）

可见，明治四十一年即1908年后，仙台医专才有许多留学生，而鲁迅早在1904年就到医专留学了。

藤野先生还回忆："无论周先生是贼，是学者，是君子，这些我都不在意；只因在此前后，只有周先生一个外国留学生。"

显然，鲁迅在仙台医专留学，还是得风气之先的先行者。正因为如此，鲁迅在《藤野先生》一文中以"胶菜"和"龙舌兰"作比，说自己在仙台受到了优待：

大概是物以希［稀］为贵罢。北京的白菜运往浙江，便用红头绳系住菜根，倒挂在水果店头，尊为"胶菜"；福建野生着的芦荟，一到北京就请进温室，且美其名曰"龙舌兰"。我到仙台也颇受了这样的优待，不但学校不收学费，几个职员还为我的食宿操心。

当年，鲁迅留给藤野先生的印象是：

> 周君身材不高，脸圆圆的，看上去人很聪明。记得那时周君的身体就不太好，脸色不是健康的血色。当时我主讲人体解剖学，周君上课时虽然非常认真地记笔记，可是从他入学时还不能充分地听、说日语的情况来看，学习上大概很吃力。
>
> （藤野严九郎《谨忆周树人君》）

藤野先生（1874—1945）少年时代学习过中文，所以很尊敬中国的先贤，爱惜来自这个国家的人们，他讲完课后就把鲁迅留下来，为他改笔记。虽然鲁迅学习很认真，但"在我的记忆中周君不是成绩非常优秀的学生"。"周君在仙台医学专门学校总共只学习了一年，以后就看不到他了，现在回忆起来好像当初周君学医就不是他内心的真正目标。"（《谨忆周树人君》）

许寿裳说鲁迅"学医以后，成绩又非常之好，为教师们所器重"（《怀亡友鲁迅》），器重是真的，但关于成绩的回忆与藤野先生的印象恰恰相反。笔者认为，许寿裳这么说，也是出于为尊者讳。

鲁迅到日本时正好是中日战争以后，社会上还有日本人把中国人骂为"梳辫子和尚"，说中国人的坏话，"在仙台医学专门学校也有这么一伙人以白眼看待周君，把他当成异己"。在这样的环境中，鲁迅是很压抑和寂寞的，得到藤野先生额外的关怀，鲁迅心里充满了感激。"听说周君直到逝世前都想知道我的消息，如果我能早些和周君联系上的话，周君会该有多么欢喜啊。"（《谨忆周树人君》）

虽然鲁迅是仙台最早的清国留学生，但并不是唯一的留学生，因为同一时期，还有一位叫施霖的留学生也在仙台求学，并与鲁迅曾经同住在"宫川宅"公寓（见下一节）。

但是，一些学者把施霖当作鲁迅的同学或同窗，这就完全错了。其实，鲁迅与施霖虽然同一时期在仙台留学，并且住在同一公寓，但他们却在不同的学校求学，并且学的是不同的专业——鲁迅上的是仙台医专，学的是医学；而施霖上的是仙台第二高等学校，学的是工兵火药。既不同校，又不同专业，连校友都算不上，何来同学之称？最多可以称作舍友！

为什么会有这样的误会呢？那是因为，"仙台二高和仙台医专就在一个院子里，大门左右分别挂着两校的牌子"（黄乔生《鲁迅像传》）。许多学者，包括鲁迅研究领域的著名学者未以常识区分，将其理所当然地搞混了。

施霖是何许人也？

施霖，字雨若，浙江省仁和人。1902年官费留学日本，当初在弘文学院学习，1903年进正则学院。1904年转学到仙台

第二高等学校二部工科。(《鲁迅在仙台》)

这样就很清楚了——鲁迅是仙台医专的第一个中国留学生，施霖是仙台第二高等学校的第一个中国留学生。

也许鲁迅与施霖到仙台留学对当地而言还是新鲜事，因此，仙台当地报纸分别报道了两人的情况。先报道施霖，再报道鲁迅。7月11日，仙台第二高等学校公布了施霖的入学许可，次日当地报纸报道：(施霖)浙江省仁和县出生，字雨若，东京正则学校毕业，志愿学习理工科，希望研究"军工火药制造"。之后的7月14日，仙台医专公布了周树人的入学许可，次日，当地报纸《河北新报》第五版《清国留学生和医学校》报道："仙台医学专门学校于九月十一日许可清国留学生周树人入学，周是南京人，曾在南京陆师学堂学习，后毕业于东京弘文学院普通科。"报道中有错误的地方，鲁迅来自南京，但他是绍兴人；"南京陆师学堂"正确的名称应为"江南陆师学堂附设矿务铁路学堂"；鲁迅在弘文学院，读的不是"普通科"，而是"速成普通科"。(《鲁迅在仙台》)

清国留学生在仙台似乎是一个重要的话题，仙台当地报纸对此做了跟踪式报道。

1904年9月10日，鲁迅来到仙台，开始寻找住宿的地方。当天仙台《东北新闻》第七版登载消息《医专新入学的中国留学生》，其中讲："(周树人)由于没有供应中国饭菜的寄宿地而感到困惑。"还说他"操着流畅的日语，是一位非常愉快活泼的人物"。(《鲁迅在仙台》)后者显然是想象之词，因为鲁迅平时给人的印象与"愉快活泼"恰恰相反，而是"稳重雅静"。

9月13日，《东北新闻》第七版又刊登了《清国学生》一则，一起报道了鲁迅和施霖的消息："清国绍兴府会稽县周土付人（二二）入医学专门学校，同省杭州府仁和县人施霖（二四）入第二高等学校第二年，寄宿在平丁五十四番地田中力屋方。"（李伟《鲁迅：从"弱国子民"到精神战士》）

报道把周树人的名字误写为"周土付人"，大概是将"树"的繁体字拆解为"土付"二字所致。

仁和县在清代与钱塘县同属杭州府，民国时合并为杭县（今杭州）。所以，杭州人施霖和绍兴人周树人，属于相邻的同乡。

这则材料因是转引，笔者尚无法判断"周土付人（二二）"和"施霖（二四）"括弧中的数字代表什么，推测可能指代年龄。因鲁迅生于1881年9月25日，1904年的实足年龄恰是22岁。倘真指年龄，则施霖应当生于1879年，比鲁迅大两岁。

现存鲁迅在日本的照片中，鲁迅与施霖的合影至少有两张。第一张是1905年秋，"宫川宅"公寓的六名住宿生前往小川写真馆合影留念，施霖坐于前排，鲁迅立于他左后方。第二张是1906年2月，鲁迅和施霖合影，施霖坐在凳上，鲁迅则坐在地下。对于这张两人的合影，有学者说"说明他们当时的关系比较亲密"。笔者认为，这是在异国他乡求学的两个中国留学生或者说两个浙江老乡的合影，人之常情，再正常不过。至于二人关系是否亲密，则是另话了。而从合影时两人的位置看，施霖均取坐姿，鲁迅则取站姿，或席地而坐，这也符合施霖年长鲁迅两岁的身份。

施霖学习成绩并不好，入学第二年没能通过二年级升班考试而留级，第二年，考试成绩仍不能升班，此后，施霖的姓名就从二高的名簿上消失了。

一些学者长篇累牍"研究"鲁迅的作品中为什么从来都不提及他的"同学"施霖，有指责鲁迅"故意隐去施霖以求自我陶醉"的，有说施霖成绩不好早早退学的，有猜测施霖与鲁迅是否结怨的，等等，不一而足。这种研究的怪癖令人瞠目。前文说了，首先，施霖并不是鲁迅同校同专业的同学，只是同乡和舍友。其次，作家并没有任何义务把他的熟人都写进作品。如果用考古的眼光审视文学活动，那就太无趣了。

仙台宫川宅

（1904 年 11 月—1906 年春）

周树人在仙台医专时代住过两个地方。1904 年 9 月起住在片平町五二番地的佐藤屋，当年 11 月前后搬到了宫川信哉经营的土樋町一五八番地，即宫川宅。

搬家的原因，除了佐藤屋环境不好，还因为客店也包办囚人的饭食，被好心的藤野先生多次劝告。

"但一位先生却以为这客店也包办囚人的饭食，我住在那里不相宜，几次三番，几次三番地说。我虽然觉得客店兼办囚人的饭食和我不相干，然而好意难却，也只得别寻相宜的住处了。于是搬到别一家，离监狱也很远，可惜每天总要喝难以下咽的芋梗汤。"（《藤野先生》）

芋梗汤，是用芋梗和酱做的汤。日本人把酱汤视为"母亲的手艺"，米饭就酱汤吃，是日本的传统早餐。日本酱汤是用发酵的大豆加入蔬菜、豆腐、香菇及海味等煮制而成的。但因饮食习惯的差异，芋梗和酱做成的汤令鲁迅难以下咽。

对于劝鲁迅搬家的缘由，藤野先生1937年2月25日写给小林茂雄的信中如此坦露心迹："因为他是来自邻邦的留学生，为了使他在当时能够安心、愉快地生活，对于他与同学交往时如何处理公寓生活、学业、日语的学习方法，以及如何记笔记等，我都略尽微薄，提供了尽可能的方便，他的中途退学使我深感遗憾。"(《鲁迅在仙台》)

藤野先生也许没有料到他在仙台医专的学生周树人日后竟然成为中国的"民族魂"，对此，他是敬佩的："周先生能够成为友邦的文人，受到世界多数人的景仰，深感敬佩；对其长逝，谨致哀悼，并祈安息。"藤野先生还对"道德上先进的邻邦表示敬意"，认为"亲切关怀、循循善导，是与之相处的唯一办法"。他后来还在一篇回忆文章中说："我虽然被周君尊为唯一的恩师，但我所做的只不过是给他添改了一些笔记。因此被周君尊为唯一的恩师，我自己也觉得有些不可思议。"他还"深切吊唁把我这些微不足道的亲切当作莫大恩情加以感激的周君之灵，同时祈祷周君家人健康安泰"。可惜他说的这些，鲁迅已无法知道。

藤野先生是1874年生人，只比鲁迅大7岁。他在仙台医专给鲁迅当解剖学老师时，只有27岁，鲁迅当年20岁。他们二人可以视作同龄人。鲁迅认为，在他所有的老师中，藤野严九郎是"最使我感激，给我鼓励的一个"，他把老师所改正的讲义订成三厚本作为永久的纪念，特别是藤野先生题赠有"惜别"二字的照相"至今还挂在我北京寓居的东墙上"。"至今"指鲁

藤野赠鲁迅的照片

迅在厦门大学写下《藤野先生》一文的1926年，其时距鲁迅在仙台求学的1904年已过去了22年。

有一个问题笔者一直不太理解——既然藤野先生在鲁迅的心目中这么重要，鲁迅对他的关怀一直抱有感恩的心理，鲁迅到上海定居后，和内山完造、增田涉等很多日本人都过从甚密，那为什么始终没有想起寻找或者联系他的这位日本老师呢？

鲁迅最为敬重的老师有三位：一位是启蒙塾师寿镜吾先生，一位是青年时期的老师章太炎先生，最后一位就是日本解剖学老师藤野严九郎先生了。鲁迅对老师有客观的态度："古之师道，实在也太尊，我对此颇有反感。我以为师如荒谬，不妨叛之，但师如非罪而遭冤，却不可乘机下石，以图快敌人之意而自救。"（书信330618致曹聚仁）在他的心目中，即使如对身为革命家的国学大师章太炎，态度上"执礼甚恭"，但观点上多持异议，感情上也便若即若离。但对藤野先生，鲁迅感谢和尊敬的心情非常彻底，几乎毫无保留。对此，笔者认为，合理的解释应该是，这表露了鲁迅对他周围环境的失望，于是他就从受过教诲的日本老师那里寻求补偿，这是鲁迅的一种感情需要。

"宫川宅"这个新公寓坐落在土樋町鹿子清水一带，从"佐藤屋"片平町向南通过第二高等学校和医专约走150米。鹿子清水的街道，"是从片平丁高岗走向广濑川的漫坡路。背靠高岗的漫坡路右侧，有一条用碎石铺砌的细长小沟，汇集了附近的喷泉，流入广濑川。漫坡路两侧的排房是当时仙台常见的羽状木檐的平房，显得恬静幽雅"（《鲁迅在仙台》）。这里距离二高和医专都很近，有很多教师和学者在此安家。周树人的寓所位于汉学家冈千仞的西邻，是刚下坡左侧大泉幸四郎的宅第的厢房，当时由宫川信哉先生租下开为公寓。

大泉幸四郎是一个烟草批发商，"在施行专卖制以前，他是广泛收购东北六县烟草的巨商。宅邸内宽广的庭院中有树木茂密的假山和泉水汇聚的池塘，房屋的一部分突出到池塘水面，建筑样式状似钓鱼亭台。在庭院的一隅建有两层楼的厢房，周树人就寓居在这里"。

宫川信哉在此之前，是岩手县一个叫"一之关"的地方的大旅店经理，被小泉先生看中才来到仙台，当时约三十岁左右，与鲁迅等人相差十岁。"他的为人对己严、对人宽，也因为他曾在旅馆里工作过，所以对住宿学生很亲切，特别在伙食上很用心。"

住在"宫川宅"公寓里的都是哪些人呢？

"当时宫川先生收纳了几个寄宿学生，其中也包括周树人和他的同乡施霖这样的清国留学生。此外，医专同班生的大家武夫先生和高两班的矶部浩策等人也在此寄宿。"

这里说得很明确，同为清国留学生的施霖，只是鲁迅的"同乡"，并未说是同学或校友。

鲁迅和施霖一个时期同住宫川宅的情况，也可以从一张照片上获得证实。这张照片是"鲁迅在仙台的记录调查会"从宫川先生的裔属家里发现的。照片拍摄于东一番丁的照相馆，是六名寄宿学生的合影。1913年，宫川先生还用墨分别给照片上的六个人在上唇画上了胡子，以此想象他们成长起来后的模样。照片背面还注明是明治三十八年（1905）的合影。根据宫川的记录，照片上的六人分别是：大家武夫、周树人、三宅君（不详）、矶部浩策、吉田君（不详）、施霖。

鲁迅在仙台医专求学的时候，经常去校外的"晚翠轩"牛奶店，那个小店摆着桌椅，供应牛奶、粗点心和面包等，还备有官报和一般报纸，供顾客自由阅览。由于离二高、医专很近，"晚翠轩"牛奶店就成了学生聚集的场所。鲁迅坐在店内的椅子上看报纸，有熟悉的人进来就点头一笑。当时的报纸每天连载关于日俄战争的战况，也刊登清政府关于战争的政治动向，此外，"公使馆及领事馆报告"一栏也刊载驻清公使馆的报告，如关于厦门和汉口的茶、生丝等出口物资等。

除了"晚翠轩"牛奶店，鲁迅还常出入于闹市街的森德座剧场。森德座剧场因坐落在森德胡同的入口而得名。"它是仙台市第二号或第三号的大剧场，也是上演新剧和歌舞伎的新兴剧场。从当时的照片看，它是一座木制二层楼的西洋式建筑物，正面入口高挂着几面大旗，上面写着'森德座'三个大字。看上去颇有乡间戏馆之风。"仙台医专的同学们看戏的时候，在站着的观众中看到过鲁迅，同学们就会互相说："呀，周君也来了！"（《鲁迅在仙台》）

1905年，由于俄军俘虏来到仙台、物价上涨、入夏发生

鲁迅与日本同学合影，摄于1905年

左起：大家武夫、三宅、鲁迅、福井胜太郎

天灾，加之宫川对寄宿生比较优待，他的公寓无法继续经营下去。到了夏秋之际，公寓就由海老名新治郎先生接续经营。这一阶段，鲁迅约有两天没有到校上课，班长铃木先生立即前往公寓探望。情形是这样的：

> 周树人听到班长来访，下楼来到门口。铃木问道："怎么啦？"答称："有点不舒服。"由于看到周树人无精打采的样子，他站在门口说了几句话就告辞走了。周树人在第二天到校上课，谈到缺席理由是因为吃东西不好腹泻了。
>
> （《鲁迅在仙台》）

1905年岁末，鲁迅再次没有到校，铃木和杉村就一起来到宫川宅访问。情形如下：

> 他们两人登上公寓二楼，看到周树人一个人盖着日本式的被子躺着。周树人一看到他们两人就端端正正的坐起来，向他们热切地询问学习情况。

据铃木回忆，他把当天的讲课内容告诉了鲁迅，鲁迅坐起来听着，并用笔记了些什么。在铃木的印象中，鲁迅平时的笔记记得很好，他是一位踏实的人。"从未看到他有过松松垮垮的样子，是很严肃谨慎的。"

1906年2月末到3月初，鲁迅就从仙台医学专门学校退学了。退学的原因，鲁迅在《呐喊》自序中说得很清楚：他因为在幻灯片中看到中国人给俄国人做侦探，被日本军捕获枪毙时，围观的是一群体格强壮的中国人，"便觉得医学并非一件紧要事，凡是愚弱的国民，即使体格如何健全，如何茁壮，也只能做毫无意义的示众的材料和看客，病死多少是不必以为不幸的。所以我们的第一要著，是在改变他们的精神，而善于改变精神的是，我那时以为当然要推文艺，于是想提倡文艺运动了"。这也是通常所说的鲁迅弃医从文的缘由。

鲁迅的退学申请是清国驻日公使馆留学生监督李宝巽3月6日向仙台医专校长山县仲艺提出的，许可日期是3月15日。吉田富夫认为这"给人感觉是一次有条不紊的撤退"。退学之前，经和他要好的杉村宅郎提议，杉村和铃木逸太等四人为他开了一个送别茶话会，五人还合影留念。"在这张现存的照片里，戴着制帽的周树人拄着手杖，昂首挺胸地站在左侧稍稍离开的地方。铃木说茶话会'因故没能开得很长'，他只记得一些无关轻重的谈话。"(吉田富夫《周树人的选择——"幻灯事件"前后》)

对于鲁迅退学的情况，许寿裳回忆：

可是到了第二学年春假的时候，他照例回到东京，忽而"转变"了。

"我退学了。"他对我说。

"为什么？"我听了出惊问道，心中有点怀疑他的见异思迁。"你不是学得正有兴趣么？为什么要中断……"

"是的，"他踌躇一下，终于说，"我决计要学文艺了。中国的呆子，坏呆子，岂是医学所能治疗的么？"

（许寿裳《怀亡友鲁迅》）

退学后的周树人，和许寿裳、周作人计划创办《新生》文艺杂志。当时，在东京的中国留学生有学法政理化的，有学警察的，有学工业的，但没有人治文学和美术。"可是在冷淡的空气中，也幸而寻到几个同志了，此外又邀集了必须的几个人，商量之后，第一步当然是出杂志，名目是取'新的生命'的意思，因为我们那时大抵带些复古的倾向，所以只谓之《新生》。"但是因为没有"担当文字的人，接着又逃走了资本，结果只剩下不名一钱的三个人"，于是，创办《新生》就以失败而告终。

鲁迅在仙台学习生活过的地方今天是什么状况呢？

据《国际先驱导报》记者杨汀2016年9月撰文介绍，在仙台，不仅有两座鲁迅雕像，还有一座纪念碑。

"鲁迅之碑"1960年在仙台市城西的仙台博物馆院内落成，背靠郁郁葱葱的青叶山。

纪念碑由东北大学教授仿汉碑设计，采用宫城县特产玄昌石制造，造型如短剑又如匕首指向天际。上部有青铜的鲁迅半身像浮雕，侧脸微昂首。浮雕下是郭沫若题写的"鲁迅之碑"

四字及碑文，大意为：中国文豪鲁迅1904年秋到1906年春在东北大学医学部的前身仙台医学专门学校学习，但由于痛心于故国之危机，醒悟到拯救民族之魂为急务，而转向文学道路。

纪念碑右侧还有一尊青铜的鲁迅半身像，为绍兴市在鲁迅一百一十周年诞辰时所赠。与纪念碑和雕像正对的苗圃中竖立着鲁迅诞辰一百周年纪念牌。

另一尊鲁迅雕像位于仙台医专旧址——东北大学片平校区中央草坪上。该雕像于1992年落成，由中国美术学院设计，时任东北大学校长题字"鲁迅先生像"。这尊鲁迅像面露微笑，背面题词与纪念碑相似：他在这里悟到拯救民族灵魂为急务，此为永久之纪念。

另据记者杨汀介绍，如今东北大学片平校区还保留着当年仙台医专播放幻灯片的6号教室，位于红砖教学楼背后，是一间涂着白漆、盖着灰瓦的木板建筑。这也是仙台医专唯一保存下来的设施，被称为"鲁迅阶梯教室"。鲁迅留学时曾在这里学习德语、物理、化学、细菌学等课程。教室内有三列座位，据说鲁迅当年常坐在教室中列前数第三排靠右的位置。

离"鲁迅阶梯教室"不远的一栋文艺复兴时期风格建筑是东北大学史料馆，"鲁迅与东北大学"已成为这里的常设展。展品包括当年鲁迅入学时的照会公函、鲁迅亲笔书写的入学申请与履历书、班级考勤表与成绩单，以及一些鲁迅当年与同窗的合影等。藤野先生批改过的解剖学笔记复印件以及藤野先生的肖像照片也陈列于此。

从片平校区正门出来向北行约5分钟，有一栋临街的两层木板建筑，就是鲁迅刚到仙台市寄居的下宿旧址，即鲁迅笔下"兼管囚人饭食"的客店。如今对面早已不是监狱，而是仙台放送大学的校区。屋子的木板已褪尽了颜色，屋檐下有一座细长的玄昌石碑，上书"鲁迅故居迹"，也是郭沫若的题字。20世纪20年代这里就已翻新重建，与鲁迅留学时代有关的东西就是屋子后院里的几棵古树和一口水井了，据说常有人到这里寻访拍照。①

---

①杨汀：《在日本寻访鲁迅印迹：求学座位保留至今》，《国际先驱导报》2016年9月30日。

东京伏见馆公寓

（1906 年秋—1907 年夏）

　　1906 年 6 月，鲁迅在绍兴办完婚事后，继续去日本留学。此时，二弟周作人已从江南水师学堂毕业，1905 年冬天参加的练兵处留学日本的考试也已通过，因近视不能学习海军，改命学习土木工程。于是，周氏兄弟一同前往东京，在鲁迅原先住的公寓伏见馆住了下来。

　　伏见馆位于东京本乡区汤岛町二丁目。这是一家日本人开设的公寓，鲁迅的房间"在楼上路南这一排的靠近西端，照例是四张半席子大小，点洋油灯，却有浴室，大概一星期可以有两次洗浴，不另外要钱（本来外边洗浴也不过两三分钱）"。（周遐寿《鲁迅的故家·伏见馆》）

　　从周遐寿（周作人）的记述可知，鲁迅住在伏见馆公寓的时间是 1906 年秋至 1907 年夏。

　　此前，来访周氏兄弟的人无非是南京矿路学堂的同学张协和，或是弘文学院的同学许寿裳，要不然便是新来的张午楼和吴一斋。但搬到伏见馆和后面将要写到的东竹町中越馆之后，客人来得多了，且大都是与徐锡麟、秋瑾等革命人士有关的人。据周作人回忆，"首先是在东湖里与徐伯荪一同练习路劫，豫［预］备在绍兴城关门造反的陈子英，他是在绍兴闻警逃回日本来的。还有游说两浙绿林豪侠起义，要做到天下人都有饭吃的，后来被蒋介石所刺杀的陶焕卿，他这时不知在什么地方，却也逃到东京，经常带了龚未生来，谈论革命大势。此外还有他的本家陶望潮，本来是在日本留学，专门药学，后来又笃信佛教，但是在当时却很热心于革命事业，也时常跑来谈天"。（周作人《知堂回想录·七五　法豪事件》）

鲁迅重来东京以后的情况，周作人还在《鲁迅的青年时代》一书中有记述（《再是东京》节）：

他决定不再正式的进学校了，只是一心学习外国文，有一个时期曾往"独逸语学协会"所设立的德文学校去听讲，可是平常多是自修，搜购德文的新旧书报，在公寓里靠了字典自己阅读。本来在东京也有专卖德文的书店，名叫南江堂，丸善书店里也有德文一部分，不过那些哲学及医学的书专供大学一部分师生之用，德国古典文学又不是他所需要的，所以新书方面现成的买得不多，说也奇怪，他学了德文，却并不买歌德的著作，只有四本海涅的集子。他的德文实在只是"敲门砖"，拿了这个去敲开了求自由的各民族的文学的门，这在五四运动之后称为"弱小民族的文学"，在当时还没有这个名称，内容却是一致的。具体的说来，这是匈牙利、芬兰、波兰、保加利亚、波希米亚（德文也称捷克）、塞尔维亚、新希腊，都是在殖民主义下挣扎着的民族，俄国虽是独立强国，因为人民正在力争自由，发动革命，所以成为重点，预备着力介绍。就只可惜材料很是难得，因为这些作品的英译本非常稀少，只有德文还有，在瑞克阑姆小文库中有不少种，可惜东京书店觉得没有销路吧，不把它批发来，鲁迅只好一本本的开了账，托相识的书商向丸善书店定购，等待两三个月之后由欧洲远远的寄来。他又常去看旧书摊，买来德文文学旧杂志，看出版消息，以便从事搜求。有一次在摊上用一角钱买得一册瑞克阑姆文库小本，他非常高兴，像是得着了什么宝贝似的，这乃是匈牙利爱国诗人裴多菲所作唯一的小说《绞吏的绳索》，钉书的铁丝锈烂了，书页已散，他却一直很是宝贵。他又得到日本山田美妙所译的，菲律宾革命家列札尔（后被西班牙军所杀害）的一本小说，原名似是《社会的疮》，也很珍重，想找英译来对照翻译，可是终于未能成功。

周作人还回忆，"这公寓的饭食招待不能算好，大抵还过得去，可是因了洗浴的缘故，终于发生纠纷，在次年春间搬了出来了"。

原来，鲁迅搬离伏见馆，竟然是因为洗浴的问题。

鲁迅平时看不起的中国留学生，一类是在《藤野先生》中描写的速成科学生，他们头顶上盘着大辫子，"顶得学生制帽的顶上高高耸起，形成一座富士山"。另一类是岩仓铁道学校、明治大学、法政大学的专门科学生，他们目的专在升官发财，在伏见馆周围也住着一些。专门科的这一路人，素质不高，语言无味，常大声谈笑。特别是其中一个叫法豪的人，专爱在房间"白痴似的大声谈笑，隔着两间房听了也难免要发火"。尤其是他们热衷于洗澡，水一烧好，完全不顾公寓规则，马上就钻进去，这让鲁迅很愤怒。因为其时的东京，房客们洗澡要论资排辈。鲁迅是老房客，烧好了水，"照例公寓要先来请他，每次却都被法豪辈抢了去，他并不一定要先洗，但这很使他生气，所以决心移到别处去了"。（《鲁迅的故家·伏见馆》）

关于文中的法豪，周作人在《知堂回想录》第七十五篇《法豪事件》中有更详细的描述：

　　伏见馆的情形还算好的，因为它房间少，住不到十个人，而且多数是岩仓铁道学校的学生，虽然志趣很低，为鲁迅所看不起，却还是专心用功，整天上学，晚上也很安静，所以一时可以共处得来。可是后来蔡君夫妇搬到别处去了，我也另外找了第七号住下，这边第五六号来了几个江西客人，这情形便大不相同了。不晓得共总有几个人，但是却也同我们一样，平常不上学校去，一天里以在家的时候为多，而且经常高谈阔论，又复放声狂笑，对门第六号里住的一位豪杰，尤其是了不得，醒时大笑大叫，睡了又立即鼾声大作，声如猪噪，他的同伴叫他做"法豪"，——后来在民国初年在议员当中，发见

[现]了江西的一位议员名叫欧阳法孝，才知道他的正式的大名。这位法豪老爷又似乎头脑特殊的坏，日本房子特别是下宿的房间，外观构造都很相似，可是外边标着号数，自己住惯了也很有数，可是他却时常走错，冲进别人的住房里去，又复愕然退出，也不打一个招呼。这些江西客人似乎对于洗澡又特有兴趣，本来下宿里有一个不文律，凡是住得最久的客人对于洗浴有优先权，遇着澡堂烧开了之后，由下女按着次序来请，大约那里是平日一星期两次吧，每逢期日水刚烧好，法豪便不等来通知，径自钻了进去。鲁迅并不怎么热心于剃头沐浴，平常住在没有洗澡设备的下宿的时候，往往两三个月也难得去浴堂一次，可是这回因为憎恶这班人的缘故，又因他们大抵不懂得入浴的规矩之故，时常把浴汤弄得稀脏，尤其令人觉得不快。这仿佛是一件小事情，不值得计较，但是日日听着狗叫似的吵闹，更是四日两头的有那洗澡这一幕，实在叫人不好受，所以在踌躇好久之后，终于决心迁居，离汤岛不过一箭之路，在东竹町的一户人家租借了两间房，住了下来了。

由此可知，促使周氏兄弟搬家的这位"法豪"，本名欧阳法孝（江西等地读"孝"为"豪"），民国初年当过江西的议员。1911年4月12日，鲁迅在写给许寿裳的信中，还把法豪当作一个反面教材列举："倘一思将来，足以寒心，顾仆颇能自遏其思，俾勿深入，读《恨赋》未终而鼾声作，法豪将为我师矣。"意思是他读南朝文学家江淹的《恨赋》，还没读完就已经鼾声大作，实在是有点不争气，再这样下去，法豪就可以当他的老师了。话里话外也透着幽默。

东京中越馆

（1907 年秋—1908 年 4 月 8 日）

1907 年秋，鲁迅移居本乡东竹町中越馆，离伏见馆不远。

这中越馆原是一家人家，因为寄住了三个房客（鲁迅、周作人和但焘），"警察一定要以公寓论"，就给挂了一块"中越馆"的招牌。"主人是一个老太婆，带了她的小女儿，住在门内一间屋里，西边两大间和楼上一间都租给人住，地点很是清静。"周氏兄弟的住房在楼下，大小两间，大的十席，朝西有一个纸窗；小的六席，纸门都南向，比普通房间宽大。"人家住房照例有板廊，外边又有一个曲尺形的一个天井，有些树木，所以那西向的窗户在夏天也并不觉得西晒。平常有客来，都在那大间里坐，炭盆上搁着开水壶，随时冲茶倒给客人喝。"（周遐寿《鲁迅的故家·中越馆》，下同）

关于房东老太婆，周作人描写道：

那老太婆赚钱很凶，但是很守旧规矩，走进屋里拿开水壶或是洋灯来的时候，总是屈身爬着似的走路。这种爬走便很为鲁迅所不喜欢，可是也无可奈何她。那小女儿名叫富子，大概是小学三四年级生，放学回来倒也是很肯做事的，晚上早就睡觉，到了十点钟左右，老太婆总要硬把她叫醒，说道："阿富，快睡吧，明天一早要上学哩。"其实她本来是睡着了的，却被叫醒了来听她的训海，这也是我们所讨厌的一件事，好在阿富并不在乎，或者连听也不大听见，还是继续她的甜睡，这事情也就算完了。

中越馆的房饭钱比较贵，吃食却很坏。"有一种圆豆腐，中间加些素菜，径可两寸许，名字意译可云素天鹅肉，本来也很可以吃，但是煮得不入味，又是三日两头的给吃，真有点吃伤了，鲁迅只好随时花五角钱，自己买一个长方罐头腌牛肉来补充。"

搬到这里以后，跟同乡的几位革命家来往就多些了。周作人在《鲁迅的青年时代·再是东京》中回忆说：

> 鲁迅那时的生活不能说是怎么紧张，他往德文学校去的时候也很少，他的用功的地方是公寓的一间小房里。早上起来得很迟，连普通一合［盒］牛乳都不吃，只抽了几枝纸烟，不久就吃公寓的午饭，下午如没有客人来，（有些同乡亡命客，也是每日空闲的。）便出外去看书，到了晚上乃是吸烟用功的时间，总要过了半夜才睡。

周作人在《鲁迅的故家·中越馆三》中回忆说：

大概因为这里比较公寓方便，来的客也比以前多了，虽然本来也无非那几个人，不是亡命者，便是懒得去上学的人，他们不是星期日也是闲空的。这里主要的是陶焕卿，龚未生，陈子英，陶望潮这些人，差不多隔两天总有一个跑来，上天下地的谈上半天，天晴雨雪都没有关系，就只可惜钱德潜那时没有加入，不然更要热闹了，他也是在早稻田挂名，却是不去上课的。谈到吃饭的时候，主人如抽斗里有钱，买罐头牛肉来添菜，否则只好请用普通客饭，大抵总只是圆豆腐之外一木碗的豆瓣酱汤，好在来访的客人只图谈天，吃食本不在乎，例如陶焕卿即使给他一杯燕菜他也当作粉条喝下去，不觉得有什么好的。在这四五年中间，中越馆这一段虽然过的也是穷日子，大概可以算是最萧散了吧。

陶焕卿名成章，光复会的重要活动家。龚未生名宝铨，章太炎的女婿。陈子英名浚。陶望潮名铸，号冶公。他们都是光复会的人。

周作人还在回忆录里写到了这一时期鲁迅的生活状态：

他早上起得很迟，特别是在中越馆的时期，那时最是自由无拘束。大抵在十时以后，醒后伏在枕上先吸一两枝香烟，那是名叫"敷岛"的，只有半段，所以两枝也只是抵一枝罢了。

盥洗之后，不再吃早点心，坐一会儿看看新闻，就用午饭，不管怎么坏吃了就算，朋友们知道他的生活习惯，大抵下午来访，假如没有人来，到了差不多的时候就出去看旧书，不管有钱没钱，反正德文旧杂志不贵，总可以买得一二册的。

有一个时期在学习俄文，晚饭后便要出发，徒步走到神田骏河台下，不知道学了几个月，那一本俄文读本没有完了，可见时间并不很长。回家之后就在洋油灯下看书，要到什么时候睡觉，别人不大晓得，因为大抵都先睡了，到了明天早晨，房东来拿洋灯，整理炭盆，只见盆里插满了烟蒂头，像是一个大马蜂窠，就这上面估计起来，也约略可以想见那夜是相当深了。

（《鲁迅的故家·日常生活》）

归结起来，这一时期的鲁迅自由无拘束，吸"敷岛"牌香烟，早饭午饭合并吃，买德文杂志等旧书，学习俄文，熬夜，点洋油灯看书，抽烟多，烟蒂头插满炭盆像大马蜂窝。

在中越馆，鲁迅即和周作人着手翻译工作，《域外小说集》中的翻译成果，大都出自这一时期。比如关于《劲草》的翻译，周作人回忆说："我们第二种翻译的乃是俄国的一部历史小说，是大托尔斯泰所著……原书名《克虐支绥勒勃良尼》……这部小说很长，总有十多万字吧，阴冷的冬天，在中越馆的空洞的大架间里，我专管翻译起草，鲁迅修改誊正，却一点都不感到困乏或是寒冷；只是很有趣的说说笑笑，谈论里面的故事。"

（《知堂回想录·翻译小说下》）

1907年前后对鲁迅具有重要意义，前一年，鲁迅因"匿名信事件"和"幻灯片事件"弃医从文，和许寿裳等人筹备创办《新生》杂志，这一活动可以视作鲁迅文学活动的起点。但《新生》的创办遭遇了很多困难，然而鲁迅并未气馁。周作人回忆说：

> 看来这《新生》的实现是一时无望的了，鲁迅却也并不怎么失望，还是悠然的作他准备的工作，逛书店，收集书报，在公寓里灯下来阅读。鲁迅那时的生活不能说是怎么紧张，他往德文学校去的时候也很少，他的用功的地方是公寓的一间小房里。早上起来得很迟……下午如没有客人来……便出外去看书，到了晚上乃是吸烟用功的时间，总要过了半夜才睡。
>
> （《鲁迅的青年时代·再是东京》）

《新生》杂志虽然创办失败，但这一失败的经历加深了鲁迅的日本体验和文学活动体验。他后来在《河南》杂志发表了六篇论文，可以视作《新生》的议论部分，而此后结集出版的《域外小说集》，可以视作《新生》的文艺部分，这些文字，共同构成了鲁迅文学活动第一阶段的厚重成就。

伍舍

（1908 年 4 月 8 日—1909 年 2 月）

　　鲁迅在日本留学期间，先是在东京弘文学院补习日语，1904 年 9 月去仙台学医，1906 年夏又返回东京。

　　返回东京之后的鲁迅，为了听章太炎讲国学，于 1908 年春天随许寿裳住进了日本东京的一处豪宅。因东京的房价很高，一个人无力承担租金，这处豪宅是由周氏兄弟、许寿裳、钱均夫、朱谋宣五个人合租的，所以取名叫"伍舍"。钱均夫是浙江杭县人，著名科学家钱学森的父亲。

　　这所"华美的住宅"（许寿裳语），坐落在东京本乡区西片町十番地乙字七号，和小石川区的大道平行。本乡位于今天的东京都文京区，以最高学府东京大学为中心，分布着众多的高等教育和出版机构，古书店林立，最适宜鲁迅。周作人回忆："那房子的确不错，也是曲尺形的，南向两间，西向两间，都是一大一小，即十席与六席，拐角处为门口，另有下房几间。"（《鲁迅的故家·伍舍》）

据许寿裳介绍，西片町是有名的学者住宅区，几乎是"家家博士，户户宏[鸿]儒"。由西片町一拐弯出去，便是东京帝国大学。从这里去上野公园，仅十分钟路程，于是鲁迅看到了"上野的樱花烂熳的时候，望去确也像绯红的轻云"。

许寿裳回忆：

一九○八年春，我结束了东京高师的课业，打算一面补习国文，仍旧就学于章先生之门，一面续习德文，准备往欧洲留学。为要选择一个较优的环境，居然在本乡区西片町寻到一所华美的住宅。这原是日本绅士的家园，主人为要迁居大阪，才租给我的。规模宏大，房间新洁而美丽，庭园之广，花木之繁，尤为可爱，又因为建筑在坂上，居高临下，正和小石川区的大道平行，眺望也甚佳。我招了鲁迅及其弟起孟，钱均夫，朱谋宣共五人居住，高大的铁门旁边，电灯上署名曰"伍舍"。

（《亡友鲁迅印象记·西片町住屋》）

周作人回忆：

我们是一九○八年四月八日迁去的，因为那天还下大雪，因此日子便记住了。那房子的确不错，也是曲尺形的，南向两间，西向两间，都是一大一小，即十席与六席，拐角处为门口是两席，另外有厨房浴室和下房一间。西向小间住着钱家治，大间作为食堂和客室，南向大间里住了许季茀和朱谋先，朱是钱的亲戚，是他介绍来的，小间里住了我们二人，但是因为房间太窄，夜间摊不开两个铺盖，所以朱钱在客室睡觉，我则移往许季茀的房内，白天仍在南向的六席上面，和鲁迅并排着两张矮桌坐地。房租是每月三十五元，即每人负担七元，结果是我们担受损失，但因为这是许季茀所办的事，所以也就不好说得了。

（《知堂回想录·民报社听讲》）

租住伍舍后，因经济压力大，鲁迅就吸廉价的"敷岛"香烟，同时，他们也"没有余力再到青木堂去喝杯牛奶果子露了"（周作人语）。

从1908年7月始，每逢周日，鲁迅便去同盟会的机关报《民报》社内听章太炎讲解文字学。周作人回忆："民国前四年戊申（一九〇八，太炎先生在东京讲学，因了龚未生（宝铨）的介绍，特别于每星期日在民报社内为我们几个人开了一班，听讲的有许季黻（寿裳），钱均甫（家治），朱蓬仙（宗莱），朱遏先（希祖），钱中季（夏，今改名玄同），龚未生，先兄豫才（树人），和我共八人。"（周作人《记太炎先生学梵文事》）

鲁迅他们把伍舍收拾得非常洁净，许寿裳说：

伍舍的庭园既广，隙地又多，鲁迅和我便发动来种花草，尤其是朝颜即牵牛花，因为变种很多，花的色彩和形状，真是千奇百怪。每当晓风拂拂，晨露湛湛，朝颜的笑口齐开，作

鲁迅、周作人、许寿裳等租住的"伍舍"，曾是日本作家夏目漱石的住宅

拍拍的声响，大有天国乐园去人不远之感。傍晚浇水，把已经开过的花蒂一一摘去，那么以后的花轮便会维持原样，不会减小。其余的秋花满地，蟋蟀初鸣，也助我们的乐趣！

（《亡友鲁迅印象记·西片町住屋》）

很显然，这是鲁迅留学期间住过的最好的房间。由于房屋和庭园收拾得非常整洁，收房租的人看了也很满意。

五个人合住，需要人做杂务，这时，羽太信子出现了，她后来成为周作人的老婆。这是否也埋下了15年后周氏兄弟失和的伏笔，无法知道，但至少也有一定关联。

周氏兄弟租住伍舍的时候，主要做一些翻译工作。他们工作的成果便是于1909年出版的《域外小说集》。

周作人说："大概我那时候很是懒惰，住在伍舍里与鲁迅两个人，白天逼在一间六席的房子里，气闷得很，不想做工作，因此与鲁迅起过冲突，他老催促我译书，我却只是沉默的消极对付，有一天他忽然愤激起来，挥起他的老拳，在我头上打上几下，便由许季弗（寿裳）赶来劝开了。"（《知堂回想录·邬波尼沙陀》）

刘全福先生分析说："关于这种冲突原因，我们认为既可以上升到思想境界或认识的高度加以分析，即周作人在很大程度上是追随鲁迅从事文学翻译的，但与此同时，我们也不能完全排除其他方面的因素，比如就性格而言，鲁迅刚毅果断，且'敢说，敢笑，敢怒，敢骂，敢打'，明显地具有支配与抗争的特点，而周作人则温良敦厚，且'不狂，不怪，不邪，不伤，不浮，不躁'，更多地表现出服从与中庸的倾向。"①此论甚当。

鲁迅曾把"译书"比作普洛米修士（普罗米修斯）的"偷火"，他将自己的整个生命投入其中。周作人回忆，鲁迅每晚都要在洋油灯下熬夜，看书，写作，到什么时候睡觉，别人不大晓得，因为大抵都先睡了，也不知他熬到几时。

而周作人是以"兴之所至"的态度来从事译作的，和鲁迅相反，周作人从不熬夜。周作人说他"不喜'落夜'或云'熬夜'"，"刚坐到二更便要瞌睡起来了。从前无论舌耕或笔耕的时代，什么事只在白天扰攘中搞了，到了晚饭后就只打算睡觉。枕上翻看旧书，多也不过一册。等到亥子之交，夜读正入佳境的时候已经困足了一大觉"（《夜读的境界》）。

巧合的是，在鲁迅五人租住之前，租住"伍舍"的是日本著名作家夏目漱石。

1907年，夏目漱石已经发表了《我是猫》《哥儿》《草枕》《野分》等小说，正在边写边发表《虞美人草》，在日本文坛已经如日中天。而留学的鲁迅已经从仙台"弃医"返回东京，开始"从文"。

鲁迅很欣赏夏目漱石，他后来和周作人翻译《现代日本小说集》，系统介绍日本文学作品时，就翻译了夏目漱石的《挂幅》和《克莱喀先生》两篇短篇小说。鲁迅评价夏目漱石："夏

---

① 刘全福：《兄弟携手　共竞译业——我国早期译坛上的鲁迅与周作人》，《中国翻译》1998年第4期。

目的著作以想象丰富，文词精美见称。早年所作，登在徘谐杂志《子规》上的《哥儿》，《我是猫》诸篇，轻快洒脱，富于机智，是明治文坛上的新江户艺术的主流，当世无与匹者。"这是鲁迅对日本所有文学家的最高评价。周作人说："（鲁迅）后日所作小说虽与漱石作风不似，但其嘲讽中轻妙的笔致实颇受漱石的影响。"（《关于鲁迅之二》）夏目漱石显然影响了鲁迅的创作，应该说在留学时期，鲁迅认同夏目漱石的文学观念，将其作为自身文学观的重要部分。

夏目漱石是20世纪日本著名的"国民大作家"，鲁迅是20世纪中国的"民族魂"，他们是中日两国现代文学的象征性存在。夏目漱石居住过的房屋，鲁迅机缘巧合地住进去。夏目漱石的"轻快洒脱、富于机智"，鲁迅心领神会。他们先后入住伍舍的经历，无疑也是中日现代文学史上一个有趣的话题。

鲁迅兄弟等人在伍舍实际上住得并不长久。这年年底，由于钱均夫和朱谋宣因故搬出去，剩下的三个人也就租不成了，于是迁居到了附近的另一处稍微小一点的房屋。许寿裳回忆：

> 可惜好景不常，盛会难再，到冬时，荷池枯了，菊畦残败了，我们的伍舍也不能支持了——因为同住的朱钱两人先退，我明春要去德国，所以只好退租。鲁迅就在西片町，觅得一所小小的赁屋，预备我们三个人暂时同住，我走以后，则他们兄弟二人同住。

到了1909年春，留欧学生监督蒯礼卿辞职，许寿裳的学费没有着落，只得终止游学欧洲的计划，当年4月回杭任浙江两级师范学堂教务长。他回国时，对伍舍很是留恋，还套用东坡诗句，作成了一首《留别伍舍》的诗：

荷尽已无擎雨盖，

菊残犹有傲霜枝。

壶中好景长追忆，

最是朝颜浥露时。

周氏兄弟在伍舍住了不到一年，但收获颇丰。二人各自为《河南》等刊物写了一批文章，共同翻译了《域外小说集》，为创办《新生》杂志奔走，组织以绍兴籍学生为主的革命文学团体"越社"，去《民报》社听章太炎讲古文字学。同时，鲁迅还去独逸语学校学德语，周作人在美国人办的立教大学学习古希腊文。另外，不得不提的是，羽太信子作为下女来到伍舍，继而走进了周作人的生活，走进了周家，为周氏兄弟反目埋下了隐患。

据陈力君先生撰文介绍，伍舍的原貌目前保留得还相对完整，是一幢"十来米长、六七米宽的方型二楼瓦房"，外墙淡黄色，门窗暗红色，与周围青瓦白墙的洋派别墅相比，显得古旧而土气。门边围墙上有一门铃，门铃的边上有一牌子，上面写着"中冈"。房屋分成四个单元，墙根杂草丛生，狭小的空间遍布着各种设施管道和电表，窗枵上挂着日本便利店买的透明雨伞。

从房子后门出来，围墙外有一块银灰色的牌子特别醒目，上面写着"夏目漱石·鲁迅旧居迹"，牌子是官方立的，很新，落款是"文京区教育委员会平成二十六年12月"。[①] 平成二十六年是公元2014年。可以确定这就是周氏兄弟当年住过的"伍舍"。

　　①陈力君:《故人依稀可见——东京几处鲁迅身影踪迹》,《上海鲁迅研究》2015年04期。

西片町十番地丙字十九号

（1909 年 2 月—1909 年秋）

1909 年 2 月，周氏兄弟和许寿裳从伍舍（西片町十番地乙字七号）搬出，租住西片町十番地丙字十九号。

周作人回忆："其余三人仍在一起，在近地找了一所较小的房屋搬了过去，还是西片町十番地，不过是丙字十九号罢了。"（《鲁迅的故家·伍舍》）

此间，羽太信子继续为他们办理饭食。过了两个多月，周作人向鲁迅提出要和羽太信子结婚，鲁迅表示并不反对。1909年6月，周作人与羽太信子结婚，婚后仍住在丙字十九号。

鲁迅继续大量购买外国书刊，翻译文学作品。蒙树宏先生据出版于日本的清廷游学生监督处《官报》33 期、34 期考证，鲁迅1909 年"7月3—7日，入骏河台红梅町杏云堂医院住院。除住院外，在7月和8月，还各'外诊一次'"（蒙树宏《鲁迅年谱稿》）。

在西片町十番地丙字十九号住了不到半年，鲁迅便于1909

年秋回国了，周作人则继续在日本立教大学读书，鲁迅按月寄给周作人生活费60元。

浙 江

浙江两级师范学堂

（1909 年秋—1910 年 7 月）

鲁迅一生 14 次到杭州，绝大多数是旅居或经停。

比如 1897 年春，鲁迅探望被关押在杭州府监狱的祖父，在花牌楼（今清波门附近）住了几天。他的祖父周福清 1893 年因科场舞弊案被关押 8 年之久，这就是鲁迅所说的"一场很大的变故"，因此"我寄住在一个亲戚家，有时还被称为乞食者"。此后往返南京读书途经杭州时，鲁迅都会在花牌楼停留，看望祖父。

鲁迅在杭州最重要的一段经历是 1909 年秋到 1910 年 7 月任教浙江两级师范学堂。

1909 年秋，28 岁的鲁迅从日本回国。他在《自传》里说："终于，因为我的母亲和几个别的人很希望我有经济上的帮助，我便回到中国来。"其时，许寿裳在浙江两级师范学堂任教务长，在他的举荐下，鲁迅也来到杭州，在师范学堂当起了教师。

清廷游学生监督处《官报》第 34 期"阳历八月份活支款

项清单"载，"支官费生周树人辍学回国川资五十元"。（蒙树宏《鲁迅年谱稿》）周作人忆及鲁迅在浙江两级师范学堂任教的时间，也称"这大概是1909年秋天的事情吧"（《鲁迅的青年时代·再是东京》）。据此可知，鲁迅来到师范学堂任教，是在1909年8、9月间。

浙江两级师范学堂全称浙江官立两级师范学堂，是中国最早的六大高等师范学校之一。其前身是1899年设立的养正书塾，1901年改名为杭州府中学堂，1908年改名为浙江官立两级师范学堂，1912年改名为浙江省立两级师范学校，辛亥革命后的1913年改名为浙江省立第一师范学校，校址就在现在的杭州高级中学，今杭州市下城区凤起路238号。

当时的同事夏丏尊后来回忆，鲁迅一直穿着一件廉价的洋官纱：

> 周先生那时虽尚年青，丰采和晚年所见者差不多。衣服是一向不讲究的，一件廉价的羽纱——当年叫洋官纱——长衫，从端午前就着起，一直要着到重阳。一年之中，足足有半年看见他着洋官纱，这洋官纱在我记忆里很深。民国十五年初秋他从北京到厦门教书去，路上过上海，上海的朋友们请他吃饭，他着的依旧是洋官纱。我对了这20年不见的老朋友，握手以后，不禁提出"洋官纱"的话来。"依旧是洋官纱吗？"我笑说。"呃，还是洋官纱！"他苦笑着回答我。[1]

①夏丏尊：《鲁迅翁杂忆》，《我心中的鲁迅》，湖南人民出版社，1979年。下同。

1910年1月10日，鲁迅和浙江两级师范学堂教员25人合影
摄于杭州湖州会馆，前排右起第三人为鲁迅

夏丏尊回忆,鲁迅每夜必备强盗牌香烟和条头糕,有一个叫陈福的斋夫服侍他:

> 周先生的吸卷烟是那时已有名的。据我所知:他平日吸的都是廉价卷烟,这几年来,我在内山书店时常碰到他,见他所吸的总是金牌、品海牌一类的卷烟。他在杭州的时候,所吸的记得是强盗牌。那时他晚上总睡得很迟,强盗牌香烟,条头糕,这两件是他每夜必须的粮。服侍他的斋夫叫陈福。陈福对于他的任务,有一件就是每晚摇寝铃以前替他买好强盗牌香烟和条头糕。我每夜到他那里去闲谈,到摇寝铃的时候,总见陈福拿进强盗牌和条头糕来,星期六的夜里备得更富足。

鲁迅非常能熬夜,"每晚都工作或读书到深夜,旁边必备香烟和条头糕。许寿裳经常晚上来谈,共商校务"(罗慧生《鲁迅与许寿裳》)。同时,周氏兄弟翻译的《域外小说集》令同事眼界大开:

> 周先生每夜看书,是同事中最会熬夜的一个。他那时不做小说,文学书是喜欢读的。我那时初读小说,读的以日本人的东西为多,他赠了我一部《域外小说集》,使我眼界为之一广……《域外小说集》里所收的是比较近代的作品,而且都是短篇,翻译的态度,文章的风格,都和我以前所读过的不同。这在我是一种新鲜味。

其时，两级师范分为优级师范和初级师范两等，分别培养中学师资和小学师资。鲁迅任教的是优级师范的生理学课和初级师范的化学课。此外，他还担任博物课（含动物学、植物学、矿物学）日籍教员铃木珪寿的翻译。

这一段短暂的时光很能体现"海归"知识分子鲁迅的教育思想。据许寿裳回忆："鲁迅教书是循循善诱的，所编的讲义是简明扼要，为学生所信服。"（许寿裳《亡友鲁迅印象记》）

鲁迅所教的两门课程，都有自编的讲义。《化学讲义》至今没有找到。《生理讲义》是我国近代最早的生理卫生学讲义之一，油印本，封面四角绘有初阳屋舍、果卉花纹，似为鲁迅手绘。封面竖排三行字，右边为"山阴周树人编"，中间为隶书"生理讲义"，左边署"吴逸尘题"。现藏于北京图书馆的一部，封面有许寿裳题字："人生象斅"。"斅"古同"学"，也有教导之义。讲义内容已由唐弢编入《鲁迅全集补遗续编》，于1952年出版，共248页，长达11万字，科学性和系统性都很强。讲义中附有鲁迅所绘插图72幅，附表5个，末附14项实验。插图甚至还包括生殖系统的内容，这在当时保守的中国几乎难以想象。另班的学生纷纷来要油印的讲义，但看不懂，因为其中标有许多记号，如把男性生殖器用"了"标记，女性生殖器用"也"标记，精子用"幺"标记。

鲁迅教生理卫生课时，只对学生提了一个条件，就是他讲的时候，不许笑。鲁迅通过传授科学知识宣传西方科学精神，比如讲授胚胎学时，就批判"轮回报应"说；讲授生理学时，就介绍达尔文的进化论。

在两级师范学堂任教时，鲁迅提倡种树，并带领学生采集标本。"他提倡种树，别人都笑他傻；因为树要十年才长成，那些人却主张'当一天和尚撞一天钟'。鲁迅先生提起这件事时，却说，只要给我当一天和尚，钟我总要撞，而且用力的[地]撞，认真的撞"。（李霁野《鲁迅精神·鲁迅先生的态度》）

鲁迅还先后带领学生去西湖周围的孤山、葛岭和北高峰，以及禹陵一带采集植物标本。有时是与铃木先生一起带着学生采集，有时则是自己一人前去采集。据学生回忆，西湖周围300米左右的土地，都有鲁迅的足迹。张直心、王平这样描述："他喜欢与同事或学生出去采集植物标本，行走于吴山圣水之间，不是为游赏而是为科学研究。满载归来后，便忙着做整理、压平、张贴、标名，乐此不疲。斗室中因是堆积如丘，琳琅满目。现仍留存着他三月间在杭州采集标本的记录本。"①

鲁迅甚至打算编一部《西湖植物志》，可惜未成。

鲁迅倡导采集植物标本，为当时中国的自然科学研究做出了示范。鲁迅和他的学生所做的，主要是采集、记录、保存等植物分类学的工作。"他把植物采来之后，先把枝条剪成适当的长短，又把一张报纸裁成对开，再对折拢来，然后把整株的植物或剪好的枝条，夹在报纸中间，同时夹入一张字条，写明植物的分类学上的名称、采集的地点和日期。最后又在这一张

①张直心、王平：《鲁迅在浙江两级师范学堂史实探微》，《杭州师范大学学报（社会科学版）》2008年第4期。

夹纸的上下，衬上几张四开报纸，用简便的木制夹板夹住，放在阳光下晒干，就成为标本了。"（王士菁《鲁迅传》）

1910年3月1日至29日，鲁迅与学生共外出采集标本12次，地点遍及杭州郊外的山山水水。有一次，鲁迅和日籍教师铃木一起带学生外出采集标本，学生看到一株开着黄花的植物，就向铃木请教名字，铃木回答说："一枝黄花。"学生暗笑，私下议论老师信口开河。鲁迅严肃地对学生说，要指出别人的错误，自己应该有把握有依据。你们回去可以查查《植物大辞典》，这个植物属于菊科，汉语名就是"一枝黄花"。你们这样不懂装懂，轻率地不相信老师是不好的。学生回到学校查完辞典，果然就叫"一枝黄花"，于是向铃木老师道了歉。[1]

鲁迅采集的植物标本至今仍保存着。北京鲁迅博物馆编《鲁迅》(1881—1936)影集（河南文艺出版社2008年版）第70页刊印有两张清晰的图片，可以感受到鲁迅从事这项工作时的耐心、从容与平静。其中有一张是鲁迅1910年3月记录的采集植物标本的手稿一册。手稿可见错开叠放的4页，首页绘有一只类似于象形文字的小鸟图案。王锡荣先生在《画者鲁迅》（上海文化出版社2006年版）一书中，将其解读为火鸟或蜜蜂，类似于凤凰形象。手稿末尾记："三月所采总七十三种。"

对这本珍贵的植物标本手稿，学者是很感兴趣的。陈平原先生说："很幸运，我们现在还可见到鲁迅1910年3月采集植

---

[1] 吴克刚口述，俞芳、金锵整理：《鲁迅先生在浙江两级师范学堂》，《杭州大学学报（哲学社会科学版）》1979年5月第1—2期。

物标本的记录，那倒是另一种滋味的'春游'或'风土志'。"

三月份采集标本，既是春游，又能了解风土，这一时期的鲁迅，身心应是放松的，他融入故乡的山川风物当中了。

鲁迅在浙江两级师范学堂期间，除了教书和采集标本，经历的最重要的事件是"木瓜之役"。

"木瓜之役"是浙江两级师范学堂教师反对封建旧礼教、旧文化的奴化教育的一场斗争。

1909年6月，浙江两级师范学堂监督沈钧儒因升任浙江省咨议局副议长而辞去校长职务，由当时任浙江教育总会会长、忠于清帝的夏震武接任。

夏震武（1854—1930），字伯定，浙东富阳人，清同治十三年（1874）进士。此人治理学，宗程朱，素以经师自负，是一个以道学自命、极端顽固的人物。张之洞讲西学，倡洋务，夏震武认为是"用夷乱夏""士风扫地"，倍加抨击。戊戌政变时，又奏请对维新派康有为、梁启超等"立诛无赦"。

夏震武接手两级师范学堂后，就要恢复封建旧文化、旧礼教和封建奴化教育秩序。他倡导谒圣拜孔，通知教务长许寿裳在礼堂设立孔子牌位，还下"手谕"要求教师用当时官场下属见上司的"庭参"礼节，着礼服到礼堂和他见面。

所谓"庭参"礼节，据傅国涌先生的说法，是指"全体教职员必须按品级穿清制服，红缨帽、硬领、开叉袍、外褂、高低缎靴，向'至圣先师'孔子行三跪九叩大礼"。当时鲁迅等人连辫子都剪了，有些教师装的是假辫子。

许寿裳、鲁迅等接受了新式教育的教师不能容忍夏震武的倒行逆施行为，坚决拒绝所谓"庭参"礼节，礼堂里也没有设孔子牌位，鲁迅着西装、留短发的形象更是让夏震武气急败坏。

此外，夏震武还对学生鼓吹"廉耻教育"："震武不敢不兢兢焉以廉耻告诸生，则亦不敢不兢兢焉以廉耻反身自问。"这是针对许寿裳、鲁迅等"高谈平等、自由"的新派教员。夏震武甚至对山雨欲来的革命风暴痛心疾首，哀叹："神州危矣，立宪哄于庭，革命哗于野，邪说滔天，正学扫地，髡首易服，将有晋天为夷之惧。"[1]

1909年12月23日，夏致书教务长许寿裳，责其"离经叛道，非圣侮法"，要许立即辞职。许寿裳一面回敬夏震武"理学欺人，大言诬实"，一面即向原督学沈钧儒递交辞呈。"教员们主张一同进退，鲁迅持之尤力。"于是，鲁迅、夏丏尊、朱希祖、张宗祥、钱家治、张邦华、冯祖荀、杨莘士等教员向浙江提学使（教育厅长）辞职，相继搬到黄醋园湖州同乡会馆，以示决绝。束手无策的夏震武派亲信给老师们做工作，无济于事。亲信回来向夏汇报时，用梁山英雄的诨号指代这些造反的老师，加以嘲讽，什么"白衣秀士"许寿裳、"霹雳火"张宗祥等，鲁迅则被称作"拼命三郎"。[2]

---

① 王景山：《"木瓜之役"考》，《鲁迅书信考释》，文化艺术出版社，1982年。
② 张直心、王平：《鲁迅在浙江两级师范学堂史实探微》，《杭州师范大学学报（社会科学版）》2008年第4期。

这次风潮坚持了两个星期，已波及整个浙江教育界，各校教员纷纷声援驱夏。提学使袁嘉谷便劝说夏震武辞职，夏依然称："兄弟不肯放松，兄弟坚持到底！"袁嘉谷只得单方面任命浙江高等学堂监督孙智敏暂代监督一职。

夏震武辞校之际，发表了一通《告两浙父老书》，指责许寿裳、鲁迅等教员"诬及先朝，且污蔑先朝宫闱"，试图引朝廷镇压。然而，此时的清政府气数将尽，已自身难保、无暇顾及了。

夏震武与许寿裳、鲁迅等的矛盾，本质上是旧学与新学、旧道德与新道德、旧文化与新文化之间的斗争。因为夏震武平日木头木脑，顽固不化，大家都叫他"夏木瓜"，所以，这场反对夏震武的斗争，经张宗祥提议，就取名为"木瓜之役"。一年后，鲁迅在致许寿裳的信中还说"'木瓜之役'，倏忽匝岁"。

"木瓜之役"后，参与驱夏的20多名老师在湖州会馆合影留念。他们相互之间也以"木瓜"戏称，前面冠以姓氏。鲁迅自然是"周木瓜"，不是"鲁木瓜"，因为那时还没有鲁迅这个笔名。

当时参与"木瓜之役"的杨乃康后来在回忆"木瓜之役"时记述："大约僵持了半个月光景，袁〔嘉谷〕看看实在搞不下去了，就叫杭州人孙智敏来代校长，孙年轻，比较开明。孙来黄醋园，请我们回校，这场风暴就慢慢平静下来了。我们齐集在黄醋园湖州会馆拍一张照片，胜利地回校了。夏震武是个大木瓜，不识相，因此这一次斗争就叫作'木瓜之役'。凡参加'木瓜之役'的教职员，相互间都以木瓜呼之，上面加以姓。张冷僧未死前，我去杭州见他，仍以'木瓜'呼之，甚至他的儿女也叫我为木瓜叔叔。"[1]"木瓜"二字，竟成了当年参与者及其后人心照不宣的一个密码，读之颇为有趣。

驱夏风潮平息后，许寿裳因顾虑社会舆论认为他发起驱夏风潮意在谋取监督职位，即辞职以示清白，远渡日本，其他"木瓜之役"的战友也各自分散。

1910年7月，鲁迅辞去浙江两级师范学堂职务，回乡就任绍兴府中学堂教职。

---

① 杨莘耜：《六十年间师友的回忆》，《鲁迅研究资料》（5），天津人民出版社，1980年。

绍兴府中学堂

（1910 年秋—1911 年冬）

　　1910年秋，鲁迅受浙江山会初级师范学堂监督兼绍兴府中学堂监督（校长）杜海生之邀，在绍兴府中学堂任博物学（也就是鲁迅所说的"天物之学"）教员，其间又兼任监学（教务长）。

　　资料显示，绍兴府中学堂旧址在今绍兴市越城区城市广场对面的绍兴第一初级中学龙山校区，曾为绍兴一中高中部。如今，这里还保留着一幢鲁迅工作过的小楼，其中有鲁迅的办公室，门前还有他亲手种植的白玉兰和两棵枣树。

　　绍兴府中学堂距城南都昌坊口鲁迅的家有三里许，由于工作繁忙，鲁迅每周六晚才回家。有一次在义冢堆遇到一个扮鬼的人，鲁迅毫不害怕，还把鬼踢了一脚，原来是个盗墓的。为此鲁迅说："鬼也是怕踢的，踢他一脚，就立刻变成了人。"（许寿裳《亡友鲁迅印象记·日常生活》）

　　杜海生回忆，绍兴府中学堂是蔡元培办的，因为缺一个格

绍兴府中学堂

致先生，蔡元培就请来了鲁迅。① 由此可知，虽然是校长杜海生出面邀请鲁迅来校任教，但那也是蔡元培的意思。

鲁迅当年的学生宋崇厚回忆，当时，从国外留学回来的人都要装假辫子，只有鲁迅没有装。学生管鲁迅叫"豫才先生"，对鲁迅的印象是："个子比建人先生高一些，肤色一般，头发、眉毛、胡须都非常之黑，很有精神。他步子走得比较快，而且，习惯于走在路中央。"②

金如鉴回忆："是时先生年未三十，但已留短须，常着竹布长衫，对人和蔼可亲；而对学生则和蔼之中，兼带严肃气度，使人爱而敬之。""在校时，常至先生室中闲谈。先生喜欢吸纸烟，似乎很少间断，又喜食一种名摩尔登水果糖，来访者如不吸烟，则尝飨以水果糖。"③

王铎中回忆，鲁迅当年在监学室办公起居，"他穿一件很朴素的衣服。时先生正膺胃痛，然虽少食，而精神奕奕，工作不懈。他日常不上饭厅，采取在室内以苹果、香蕉或面包充饥。学生问疾，曰人生一日三餐，系习惯性，但使不失其营养耳。先生尤喜吸卷烟，需四十支左右，一只绿色玻璃制的烟灰缸，经常摆在床头"。鲁迅当时还讲授生理卫生课，采用日本医学博士吴秀三著，无锡华申祺、华文祺译、上海文明书局出

---

　①杜海生：《琐忆鲁迅在绍兴府中学堂》，绍兴鲁迅纪念馆编《乡友忆鲁迅》，1986年。

　②宋崇厚：《鲁迅先生在绍兴府中学堂》，原载《宁波师专学报》1979年第2期，收入《乡友忆鲁迅》。

　③金如鉴：《回忆鲁迅先生》，原载《文艺月报》1956年10月号，收入《乡友忆鲁迅》。

版的教科书。"其讲授方法，自己并不翻阅书本，滔滔不绝，口述讲义，令学生亦闭书静听，摘要记之。"[①]

鲁迅在绍兴府中学堂除了授课，还于1910年10月带领学生去南京参观了我国历史上第一次具有现代意义的博览会——"南洋劝业会"，以开阔学生视野，增长见识。他还于1911年春带领学生游览禹陵，并摄影留念。照片上旗幡招展，师生坐立有序，衣冠庄严，显示了鲁迅极强的策划组织才能。

这一年，鲁迅开始辑录唐以前的小说佚文及越中历史和地理类书籍，辑录《旧绍兴八县乡人著作目录》，含著作78种。次年春夏间，在南社的影响下，宋紫佩发起成立了文学社团"越社"，鲁迅应约编辑《越社丛刊》第一集，并与越社共同发起创办《越铎日报》，在该报发表了多篇文章。鲁迅称这是"蚊子负山事业"（书信110412致许寿裳）。

在绍兴府中学堂工作的鲁迅，心情是很郁闷的，一直想尽快离开，这从他写给许寿裳的几封信中看得很清楚。

在1910年8月15日的信中，鲁迅说他"所入甚微，不足自养"，又问许寿裳"他处有可容足者不？仆不愿居越中也，留以年杪为度"。"仆"是自称，"年杪"就是年末，表达了不愿待在绍兴（越中）但坚持到年末的意愿。11月15日，鲁迅说"颇拟决去府校，而尚无可之之地也"，再次透露了想离开学堂但尚无去处的想法，并称自己以搜集植物、古书度日："……仆荒

① 王铎中：《忆鲁迅在绍兴府中学堂》，绍兴鲁迅纪念馆编《乡友忆鲁迅》，1986年。

落殆尽，手不触书，惟搜采植物，不殊曩日，又翻类书，荟集古逸书数种，此非求学，以代醇酒妇人者也。"

次年是1911年，辛亥革命爆发的一年。1月，鲁迅就已经因绍兴人事的"居心卑险"气得破口大骂了："越中理事，难于杭州。技俩奇觚，鬼蜮退舍。近读史数册，见会稽往往出奇士，今何不然？甚可悼叹！上自士大夫，下至台隶，居心卑险，不可施救，神赫斯怒，湮以洪水可也。"（1月2日信）这是诅咒之词，大意是说，对这些不可救药的"居心卑险"者，上自士大夫、下至一般人，干脆发场洪水湮灭了吧。鲁迅对国民性深刻的批判态度此时已露出端倪。

之后，鲁迅接连感慨"越校甚不易治"（3月7日信），"事皆琐末猥杂，足浊脑海，然以饭故，不能立时绝去，思之所及，辄起叹喟；与去年在师校时，课事而外更无余事者，犹如天渊"（4月20日信）。为了谋食，不能马上离开，也是无奈而痛苦的事。

因家庭经济困难，是年5月，鲁迅赴日本催促周作人夫妇回国，居半月而返，不访一友，亦不游览。去丸善书店看书时，"咸非故有，所欲得者极多，遂索性不购一书"。这次日本之行使鲁迅感到"闭居越中，与新颢气久不相接，未二载遽成村人，不足自悲悼耶"。这更加坚定了鲁迅离开绍兴的决心，他再次向许寿裳求助："仆颇欲在它［他］处得一地位，虽远无害，有机会时，尚希代为图之。"（7月31日信）

是年暑假，鲁迅辞去了绍兴府中学堂的所有职务，在家继续辑录《会稽郡故书杂集》和《古小说钩沉》。10月中下旬，在学生的邀请下，鲁迅又回到绍兴府中学堂任原职。

这一年11月，杭州光复，有谣言说清兵残部将入城扰民，绍兴城人心惶惶。"鲁迅便组织绍兴府中学堂的学生武装上街游行，他手执钢刀带领手持毛瑟枪的学生绕城一周，稳定了当时的局势。"①

这恐怕是鲁迅一生最具革命气息的举动。鲁迅后来每逢谈到此事"总带着不少的兴趣描述当时的情景，就好像刚刚出发回来的那么新鲜，感动"。(景宋《民元前的鲁迅先生》)

1911年11月冬，鲁迅接受革命党人王金发的委任，担任浙江山会初级师范学堂监督（校长）。

---

① 鲁迅博物馆、鲁迅研究室编：《鲁迅年谱长编》（第一卷），河南文艺出版社，2012年。

浙江山会初级师范学堂

（1911 年冬—1912 年 2 月）

    鲁迅自己也不曾想到，他能离开绍兴府中学堂的契机竟然是轰轰烈烈的辛亥革命，竟然是绍兴光复后老熟人王金发的提携。

    王金发也是绍兴人，生于 1883 年，比鲁迅还要小两岁。鲁迅与王金发相识于日本。王金发东渡日本留学时，鲁迅与陈子英等人曾到横滨去迎接。

    1906 年，王金发回国后，成为秋瑾的得力助手。他毕生从事反清斗争，是辛亥革命时期的风云人物，以暗杀叛徒、清吏而声名大振，被人喻为"今之聂政"，孙中山誉其为"东南一英杰"。鲁迅对其多次策动、组织武装起义和武装斗争是很赞赏的，称他是"绿林大学出身"的革命党人。1911 年 11 月 9 日，鲁迅冒着秋夜寒气，伫立绍兴城外等了两夜，终于在绍兴偏门外迎来了王金发率领的革命军，绍兴由此光复。之后，王金发改组旧绍兴军政府，自任都督，还会见了鲁迅。

光复后的绍兴是什么情形呢？鲁迅和范爱农曾到街上去看：

> 我们便到街上去走了一通，满眼是白旗。然而貌虽如此，内骨子是依旧的，因为还是几个旧乡绅所组织的军政府，什么铁路股东是行政司长，钱店掌柜是军械司长……。这军政府也到底不长久，几个少年一嚷，王金发带兵从杭州进来了，但即使不嚷或者也会来。他进来以后，也就被许多闲汉和新进的革命党所包围，大做王都督。在衙门里的人物，穿布衣来的，不上十天也大概换上皮袍子了，天气还并不冷。
>
> （鲁迅《范爱农》）

王金发开府绍兴后，在7个月的时间里大刀阔斧地改革绍兴的政治、经济、文化等方面，比如剪掉辫子，释放被囚志士，斩杀劣绅豪富，隆重公祭徐锡麟、秋瑾等烈士，厚恤他们的家属；免田赋、平米价、济贫民、禁鸦片、理财税；练兵筹饷，准备北伐。

更为重要的是，作为绿林好汉出身的革命党人，王金发也懂得兴办教育，除了资助《越铎日报》，还任用鲁迅为山会师范学堂校长，撤销了封建保守的原督学杜海生之职，聘请范爱农任督学，起用新人，整顿教育，开发民智，并支持鲁迅等建议，兴办成章女校。

对于去山会师范学堂任职之事，鲁迅说：

我被摆在师范学校校长的饭碗旁边，王都督给了我校款二百元。爱农做监学，还是那件布袍子，但不大喝酒了，也很少有工夫谈闲天。他办事，兼教书，实在勤快得可以。

（鲁迅《范爱农》）

山会初级师范学堂创建于1909年，是今绍兴文理学院的前身。"山会"，即山阴和会稽。1912年，山阴、会稽两县合并，改称绍兴县，山会初级师范学堂易名绍兴初级师范学校。

实事求是地讲，王金发推行的新政符合历史规律，也符合国家和民众利益，但鲁迅没有给予应有的积极的评价，对督绍期间的王金发持批判态度：

民元革命时候，我在S城，来了一个都督。

他虽然也出身绿林大学，未尝"读经"，但倒是还算顾大局，听舆论的，可是自绅士以至于庶民，又用了祖传的捧法群起而捧之了。这个拜会，那个恭维，今天送衣料，明天送翅席，捧得他连自己也忘其所以，结果是渐渐变成老官僚一样，动手刮地皮。

（鲁迅《这个与那个》）

"渐渐变成老官僚一样，动手刮地皮"，这是鲁迅对王金发不满的地方，鲁迅认为他骨子里依旧是旧乡绅。同时，王金发对"鬼蜮"慈悲，竟然将杀害秋瑾的谋主章介眉提了又放，"小有胜利，便陶醉在凯歌声中，肌肉松懈，忘却进击了，于是敌人便又乘隙而起"（鲁迅《庆祝沪宁克复的那一边》）。鲁迅认为这是王金发的蜕变。

其实，据一些学者研究，王金发释放章介眉的深层原因是，上海军政府都督陈其美致书劝阻，杀害秋瑾的真正谋主、浙江军政府都督、王金发的顶头上司汤寿潜暗中阻挠，章介眉"捐田赎罪"，黄兴再派人说情等。在这种困难情况下，王金发只得以"不修旧怨"为名，把章介眉释放了。①

王金发的下场是慷慨却又令人扼腕的。随着袁世凯窃取辛亥革命的成果，王金发被迫取消军政分府，带着遣散部队后余下的40多万元巨款携家眷前往上海，购花园洋房，沉迷声色。"二次革命"起兵讨袁失败后，王金发1915年在杭州被诱捕，遇害于浙江陆军监狱。

鲁迅对辛亥革命表示失望，变得颓唐，深感"故里寒云恶，炎天凛夜长"（《哀范君三章·其二》）。为此，他必须另寻出路了。

恰在此时，许寿裳来信，说他已经向蔡元培推荐了鲁迅，请他到南京任民国临时政府教育部部员。

其时是1912年1月，中华民国临时政府刚刚成立，蔡元培成为南京临时政府教育总长。教育部成立之初，人手紧缺，蔡元培多方广延人才，他与鲁迅虽未谋面，但也有所耳闻，许寿

---

① 王志蔚：《是东南英杰，还是蜕变官僚？——我观鲁迅评价王金发》，《晋阳学刊》2009 年 01 期。

裳推荐，便乐于接纳，敦促鲁迅北上。许寿裳连发两函，力邀鲁迅前来共事。

鲁迅毫不犹豫地辞了职，于1912年2月离开绍兴，前往南京临时政府教育部，开始了自己的14年公务员生涯。

临行之前，鲁迅还于2月19日特意在《越铎日报》上发表一则《周豫才告白》："仆已辞去山会师范学校校长，校内诸事业于本月十三日由学务科派科员朱君幼溪至校交代清楚。凡关于该校事务，以后均希向民事署学务科接洽，仆不更负责任。此白。"

这一年，鲁迅虚岁32岁。

教育部的这个饭碗非常重要，改变了周树人的一生。鲁迅后来回顾当年从政的心情时说："说起民元的事来，那时确是光明得多，当时我也在南京教育部，觉得中国将来很有希望。"（《两地书》之八）数年后鲁迅回乡接母亲时，邻居"豆腐西施"就对他说："啊呀呀，你放了道台了，还说不阔？"虽然是小说语言，但也可以看出，在亲戚邻人眼里，鲁迅出仕是周家中兴的开始。而就中国现代文学而言，如果周树人一生蜗居乡下，坐井观天，世上将无鲁迅。

三个月后的1912年5月，鲁迅随教育部迁往北平。

北 京

绍兴会馆

（1912年5月5日—1919年11月21日）

1912年5月5日晚，鲁迅随教育部从南京迁到北平，住进宣武门外骡马市"长发店"（客栈）。第二天，移入南半截胡同中的绍兴会馆藤花馆居住。

绍兴会馆又名绍兴县馆，原是山阴与会稽两县的会馆，称"山阴会稽两邑会馆"，由著名学者章学诚于清道光六年（1826）创建，宣统年间废除府制，两县合为一县称绍兴，会馆也由是改称绍兴会馆。会馆中的主体建筑是仰蕺堂，供奉着自汉代以来越中240位先贤的牌位。仰蕺堂的门口悬挂着清人李慈铭撰写的一副楹联，称颂绍兴一带的山川形胜与人文翘楚：

溯君子六千人，自教演富中，醪水脂舟，魁奇代有，乃谢氏传，贺氏赞，虞公典录，钟离后贤，暨孙问王赋以来，接迹至熙朝，东箭南璆，三管毫尚长五色；

表镇山一十道，更瑞图王会，簧金盦玉，钟毓尤灵，况

绍兴县馆

渐名江，镜名湖，宛委洞天，桐柏仙室，应娄宿斗维而起，翘英遍京国，殊科合辙，一堂荟下共千秋。[①]

　　鲁迅的祖父周福清进京时曾经在绍兴会馆居住，所以鲁迅居于此处，颇有些追寻先祖踪迹的意味。

　　鲁迅先是住在藤花馆。11月23日，"院中南向二小舍，旧为闽客所居者，已虚，拟移居之，因令工糊壁，一日而竣，予工资三元五角"。11月28日，"下午移入院中南向小舍"。因藤花馆四周喧闹，1916年5月6日"下午以避喧移入补树书屋"。1917年4月1日，周作人也来到北京，经鲁迅向蔡元培推荐至北京大学任教，也住进补树书屋。

　　关于补树书屋，颇值一述。

　　补树书屋是绍兴会馆南部第二进院落的西头。

　　清代绍兴人宗稷辰（1792－1867）在《山阴会稽两邑会馆记》中记录了山会邑馆即后来的绍兴会馆：

　　　　邑馆在宣南坊班捷胡同，隶宛平，凡为屋七十九间，厩十七间。……前厅面东曰仰蕺堂，……堂之后，昔树楝而折，改植槐，曰补树书屋。又西而西南为晞贤阁，其下为青云枨，是为南院。……斋后有古藤花，时可吟赏。内别一院，曰藤花别馆，间初惟瘦竹两三竿，馆初启，稷辰始居于此，久之竹日茂，增楯栏卫之，名绿竹舫，以拟蕺山之绿竹亭。其北有堂曰

　　①王彬：《鲁迅在北京住过的四合院》，《光明日报》2016年12月16日。

嘉荫，大椿护其后焉，是为北院。

可见，"补树书屋"的名称早在清末就有了，因院内最初长着一株大楝树，被大风刮倒后，又补种了槐树，故名"补树书屋"。相传槐树上曾缢死过一个女人，鲁迅入住之前长期无人居住。书屋旧式装潢，窗户上下都是花格糊纸，没有玻璃。鲁迅选择了四间西房中靠南边一间为卧室。

周作人介绍："补树书屋是一个独院，左右全没有邻居，只有前面是仰蕺堂，后边是希贤阁，那里我没有进去看过，听说阁上是供着魁星，差不多整个书屋包围在鬼神窝中。"（《知堂回想录·补树书屋的生活》）

关于那棵槐树，周作人说："槐树绿阴正满一院，实在可喜，毫无吊死过人的迹象，缺点只是夏秋之交有许多的槐树虫，遍地乱爬，有点讨厌。"这和鲁迅所说"晚出的槐蚕又每每冰冷的落在头颈上"是一致的。

补树书屋虽然幽静，便于写作，但一些内急的客人常来"方便"，鲁迅呵斥无效，于是自制小弓箭来驱赶不速之客。

同时，院中野猫也很多，常来屋上骚扰，往往叫人整半夜睡不着觉，为此，周氏兄弟往往"大怒而起"，合作斗猫："我搬了小茶几，在后檐下放好，他便上去用竹竿痛打，把它们打散，但也不能长治久安，往往过了一会儿又回来了。"（《补树书屋的生活》）

周氏兄弟在绍兴会馆还用着一个听差，姓齐，是会馆老长

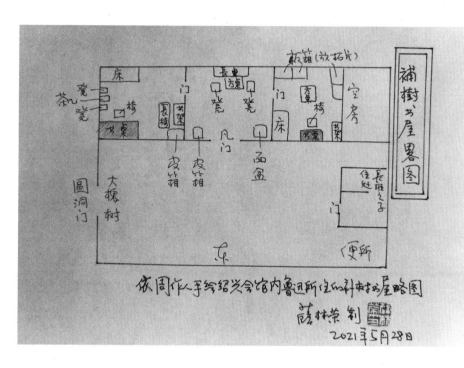

补树书屋略图（作者依周作人图制）

班的大儿子，鲁迅戏称其为"公子"，而叫长班为"老太爷"。老太爷近六十岁，状貌清瘦，但很有一种品格，"仿佛是一位太史公出身的京官"，世袭传授长班职务，对同治光绪年间绍兴京官的事大概都知道，对鲁迅祖父介孚公的事似乎知道得更多，比如两位姨太太怎么打架等，这是鲁迅所不爱听的。

住在绍兴会馆的鲁迅除至教育部"视事"外，便在这里抄古碑，辑故书，读佛经，直到1919年11月移居八道湾。

绍兴会馆是鲁迅1912年来北京后的第一个住处，也是鲁迅18岁离开家乡后居住时间最长的一处地方，达七年零六个半月（1912年5月—1919年11月）。鲁迅在《呐喊·自序》中称之为"S会馆"，从这里到位于西单南大街的教育部，距离1500米左右。

这一时期，正是中国社会剧烈动荡的时期。1911年辛亥革命后，"狐狸方去穴，桃偶已登场"。1915年袁世凯称帝，蔡锷等发动护国战争，1916年护国战争节节胜利，各省纷纷独立，1917年张勋拥立溥仪复辟失败，段祺瑞趁机执政后，拒绝恢复临时约法和国会，孙中山开始发动护法战争，1918年护法战争失败，中国又一次陷入了连年的动乱中。

这一时期，以皇权崩溃为标志，旧的体制、规范、信仰、风习已经毁坏或者动摇，而保守顽固势力尊孔读经和宣扬复辟的浪潮，对年轻知识分子的人生选择形成了夹击，国家和个人的前景渺茫。上一代革命者的热忱衰退了，一些人仍围绕在孙中山的身旁做着力不从心效果不大的政治、军事斗争，除此而外，很大一批人消沉下来，范爱农、吕纬甫、魏连殳式的知识分子大量涌现。这是"五四"前最深的黑夜，在行帝制和复辟的过程中，特务遍地如蝗，人人设法逃避耳目，重的嫖赌蓄妾，轻则赏古玩画，鲁迅这八个年头的时间在干些什么呢？

第一，抄古碑。

鲁迅在《呐喊》自序中写道：

> S 会馆里有三间屋，相传是往昔曾在院子里的槐树上缢死过一个女人的，现在槐树已经高不可攀了，而这屋还没有人住；许多年，我便寓在这屋里钞［抄］古碑。客中少有人来，古碑中也遇不到什么问题和主义，而我的生命却居然暗暗的消去了，这也就是我惟一的愿望。夏夜，蚊子多了，便摇着蒲扇坐在槐树下，从密叶缝里看那一点一点的青天，晚出的槐蚕又每每冰冷的落在头颈上。

这就是鲁迅在绍兴会馆的生活状态：青灯黄卷，与世无争。1917 年 1 月 22 日是除夕，鲁迅仍在抄碑："旧历除夕也，夜独坐录碑，殊无换岁之感。"不问时光，心静如水。

补树书屋，俨然鲁迅沉寂时修炼内功的一旺火炉。

鲁迅汇集和研究中国古代造像及墓志等金石拓本颇有成就，他搜集了大量的画像拓本，甚至连清朝官僚瑞方珍藏的碑帖也搜集到手了。鲁迅利用搜集来的材料，编辑了《俟堂专文杂集》，收有汉魏六朝古砖拓本 173 件。此外，鲁迅还编辑了

《六朝造像目录》《六朝墓志目录》《汉画集》，纂辑和校勘了谢承《后汉书》与《嵇康集》等。

"俟堂"是鲁迅寓居绍兴会馆时给自己起的一个书房名，《俟堂专文杂集》即以此命名，他还请陈师曾为他专门刻了一枚"俟堂"的印章。对于"俟堂"的含义，许寿裳专门询问过鲁迅："我听到这里，就明白了这'俟'字的意义，那时部里长官某颇想挤掉鲁迅，他就安静地等着，所谓'君子居易以俟命'也。"

关于鲁迅抄碑，周作人等曾做出过解释，认为是政治原因。有学者认为鲁迅的抄碑、辑校古籍的原因是多方面的，但精神苦闷是主要的心理动因。正是这一时期的潜思默想，鲁迅最终从魏晋汲取养料，取得了与"五四"文学内在的精神联系。我更喜欢把鲁迅的抄碑看作一种修炼，他自己的生命也在这中间得到了淋漓酣畅的释放："乐则大笑，悲则大叫，愤则大骂"，这也就是钱理群先生所说的"生命的大飞扬"，鲁迅就是这么一个率性至情的人。

第二，藏书。

鲁迅对收藏画册始终情有独钟。从1912年至1915年，短短三四年，就先后收藏了《龚半千画册》等近百册画册。从鲁迅每年年终书账记载的书目看，他所购书籍数量之多、范围之广，令人惊叹。鲁迅早期在琉璃厂的古籍收藏活动，为他学术上取得的巨大成就打下了基础。正是由于有大量藏书，他才能校订《嵇康集》《后汉书》，辑录《古小说钩沉》《唐宋传奇集》《小说旧闻钞》，写作《中国小说史略》《汉文学史纲要》等重要文集、著作。

鲁迅不仅在这沉寂的近八年大量藏书，他的一生，也是藏书的一生。据颜昌海先生研究，从1912年5月（鲁迅31岁）初到北京教育部工作，至1936年10月（鲁迅55岁）在上海病逝，这24个年头中，鲁迅平均收入的11.1%用来购置图书，共耗资1.3万多银圆，也就是说，平均每年耗资500多银圆。纵观《鲁迅日记》24年的书账，详细记载了他平生购藏的9600多册书籍和6900多张拓片，共1.65万件。鲁迅的藏书，更多的是平常的版本。孙犁说，解放后他根据《鲁迅日记》中的书账，寻购鲁迅所购之书，颇有收获。

第三，搜罗古董。

鲁迅收藏的古董有陶器、铜镜、陶俑、古钱等，种类繁多。寓居绍兴会馆时，日记中常有阅市记录：

1913年2月5日，"与齐寿山往小市，过一古董肆，见有胆瓶，作豇豆色，虽微瑕而尚可玩，云是道光窑，因以一元得之"。

1915年2月28日，"午后往厂甸买十二辰竟［镜］一枚，有铭，鼻损，价银二元。又唐端午竟［镜］一枚，一元"。

鲁迅收藏的陶俑中有人俑38件、动物俑19件，共计57件，这些俑中以唐俑数量最多，有24件。

鲁迅日记有关钱币收藏的记载达40余处，购入的古钱170多枚，其中明确标出钱币名称的藏泉50余种。鲁迅集币，显出渊博的学识、见识及超凡的审美见地。

1914年11月20日，他在小市地摊买古钱，发现一枚南宋的"端平通宝"折三钱，这是一种稀少的钱币，混在南宋钱中，不为买者注意，鲁迅见到后以30铜圆的价格买下，连连称佳。1915年2月12日，鲁迅去厂甸见有人出售一枚王莽时的"壮泉四十"。该币是王莽铸的"六泉十布"中的极品，稀罕难觅，他即以20铜圆买下，并在当天的日记中明确写道，此币"系伪造品"，辨伪功力很深。

第四，读佛经。

鲁迅很小的时候，父母就送他到绍兴的长庆寺，拜当家和尚为师，师父赠送他一个银八卦，上刻"三宝弟子法号长根"。

1914年，鲁迅研究佛学甚勤。据许寿裳回忆，正是从这一年起，"鲁迅开始看佛经，用功很猛，别人赶不上"。仅1914年一年，鲁迅购买佛学书籍七八十种，占全年购书总数的二分之一。如1914年4月18日，"往有正书局买《选佛谱》一部，《三教平心论》《法句经》《释迦如来应化事迹》《阅藏知津》各一部"，次日又买《华严经》合论三十册等。他在阅读了《大唐西域记》等书后对许寿裳说："释迦牟尼真是大哲。我平常对人生有许多难以解决的问题，而他居然大部分早已明白启示了，真是大哲！"

这一年，鲁迅还为了祝贺母亲生日，出资委托金陵刻经处，以会稽周树人的名字刻印《百喻经》一百部，所剩之钱用于刻印《地藏十轮经》。《百喻经》是一部以寓言、比喻、故事演述大乘佛法的佛教文学作品，是较为特别的佛教典籍。在佛家看来，刻印《百喻经》是功德无量之事，从中也可以看出鲁迅的孝心。鲁迅在这沉寂的八年中研习佛学，造诣很深，以至于十几年后他去杭州游西湖，知客僧向鲁迅大谈佛学，反被鲁迅说倒。

第五，会师友。

鲁迅寓居绍兴会馆时，虽然"客中少有人来"，但他的交游还是非常广泛的。

以1912年5月为例：5日，到北京的当天，夜至山会邑馆访许铭伯先生。7日，夜饮于广和居。8日，夜饮于致美斋，国亲作主。11日，夕董恂士来，张协和亦至，食于广和居。12日，午前何燮侯来。13日，夕与季茀访燮和于海昌会馆。16日，下午蒯若木来，夕蔡国青来，饭后去。18日，董恂士、张协和来，与季市俱至广和居，蔡国亲已先在，遂共饭。22日，晚顾石臣来，纠缠不已，良久始去。26日，下午同季市、诗荃至观音寺街青云阁啜茗，又游琉璃厂书肆及西河沿劝工场。28日，晚谷青来。31日，夕谷清招饮于广和居，季市亦在坐。也就是说，短短26天内，鲁迅会见的师友共有20人次，夜饮、共饭或品茗计9次。

再以1914年9月为例，鲁迅共会见师友44人次，外出吃饭只有3次。这说明蛰伏在绍兴会馆中的鲁迅耳聪目明，并没有自我封闭。

鲁迅晚年在上海期间，由于政治环境等方面的原因，生活则显得相对封闭。以1932年5月为例，鲁迅共会见17人次，其中11人次是见医生（周海婴当时正拉肚子），正经见面的朋友只有6人次。这一个月，鲁迅在外面吃饭仅有一次。相隔20年，鲁迅的生活状态明显发生了很大的变化。

第六，养宠物。

留意民国文人的宠物是一件超乎文学本身，却又与文学唇齿相依的有趣话题。

鲁迅在绍兴会馆养的宠物，是壁虎。

确切记述鲁迅养壁虎之事的，是鲁迅讨厌的一个人，叫章衣萍。他在《枕上随笔》中写道：

> 壁虎有毒，俗称五毒之一。但，我们的鲁迅先生，却说壁虎无毒。有一天，他对我说："壁虎确无毒，有毒是人们冤枉它的。"后来，我把这话告诉孙伏园，伏园说："鲁迅岂但为壁虎辩护而已，他住在绍兴会馆的时候，并且养过壁虎的。据说，将壁虎养在一个小盒子里，天天拿东西去喂它。"

章衣萍是安徽绩溪人，因筹办《语丝》和鲁迅过从甚密。

但在鲁迅眼里，章衣萍实在是个无聊的人，他先是出过一册《情书一束》，后来马不停蹄又出了一册《情书二束》。姜德明说："这种似小说又非小说的文字算不得什么文艺创作，除了宣扬有妇之夫和有夫之妇可以乱爱之外，要么就是写嫖娼和色情。"鲁迅看到章衣萍的《情书二束》后讽刺说，他也要出一本书，名字起好了，叫《情书一捆》。鲁迅最后真的把他和许广平的书信出版了，但名字并不叫《情书一捆》，而是叫《两地书》。鲁迅说章衣萍"目光如鼠、各处乱翻"，是一个惹人讨厌的作家。但他的侦探，使我们了解到了鲁迅鲜为人知的一面。不得不说，是章衣萍歪打正着地为鲁迅研究者提供的珍贵资料，使得后世的传记作家可以从容地铺陈鲁迅在绍兴会馆中的一些生活细节，如钮岱峰在《鲁迅传》里写道：

> 但补树书屋毕竟太古旧了些。严密少窗的北方民居有时以阴凉见长，而在真正的闷热来袭之时，却显出更加深重的压抑憋闷感。这儿壁虎很多，周树人发现它并非像人们所说的那样是五毒之一。在夏天里，他甚至养起了壁虎，养在小盒子里，而设法捉一些蚊蝇之类喂它。抄写石碑疲倦的时候，周树人往往会受不了老屋的闷热，到古槐树下手摇薄扇纳凉。

从上述有关鲁迅养壁虎的细节看，钮岱峰对绍兴会馆环境的描写还是很到位的，壁虎成了原画复现真实鲁迅的参照物。饲养壁虎，成为鲁迅在绍兴会馆的一个特殊符号。著名书法家沈尹默50年代写的《追忆鲁迅先生》诗中有两句"窗余壁虎干饭香，座隐神龙冷紫髯"，使我们看到了屏息、静养、面壁、磨剑、修炼时的鲁迅。

鲁迅为什么要养这么另类的一个宠物呢？

1934年，萧军、萧红听说鲁迅很喜欢"壁虎"，去信询问。当年11月17日，鲁迅复信时说："我的母亲在北京。大蝎虎也在北京，不过喜欢蝎虎的只有我，现在恐怕早给他们赶走了。"

后来见面时萧红又提到大蝎虎的问题。鲁迅说："其实我也并不特别喜欢蝎虎的，只是不赶走它就是，因为它于人是无害的，而且还有益……不能单看长相有点凶恶和丑陋……"

其实在人类宠物饲养史上，往往以丑为美。比如斯芬克斯猫全身无毛，沙皮狗头大嘴阔，却也让它们的主人如痴如醉。鲁迅发现了壁虎的美，并成为养爬行宠物的鼻祖。

把壁虎作为宠物的鲁迅，在绍兴会馆中是孤独、苦闷、彷徨的，壁虎是他生活情趣的一部分。

鲁迅养壁虎的同时，十分讨厌猫狗等常规宠物。鲁迅笔下的狗，要么是叭儿狗，要么是落水狗，要么就是"丧家的资本家的乏走狗"。鲁迅的仇猫也是出了名的，究其原因，一是它的性情和别的猛兽不同，凡捕食雀、鼠，总不肯一口咬死，定要尽情玩弄，放走，又捉住，捉住，又放走，直待自己玩厌了，这才吃下去，颇与人类幸灾乐祸、慢慢折磨弱者的坏脾气相同；二是它虽和狮虎同族，却有一副媚态。于是，听到猫叫春，鲁迅就用长竹竿去攻击它们。梁实秋喜欢猫，给猫写过好多吹捧文章，不知道是不是这个原因，鲁迅骂起梁实秋来，更是不遗余力，"丧家的资本家的乏走狗"这一著名的桂冠，就是为梁实秋量身定做的。

今天看来，鲁迅代表左翼文艺阵营对梁实秋的批驳与当时的文化语境密切相关，主要是梁的文学观念与同时代的文学主潮不合，他本身又具有浓厚的中国传统士大夫精神、贵族意识和保守意识，在当时是逆历史潮流而动的。

其间：

率性单身汉

寓居绍兴会馆期间，鲁迅的生活非常率性，仅从其日记中便可窥见一斑。反观鲁迅后期日记特别是上海时期的日记，则非常枯燥，几乎就是一份乏味的账单。

此期鲁迅的日记神采飞扬，总有神来之笔，就像书法中的"飞白"。

比如记录其出门坐骡车和喝酒的："宣武门左近积水没胫，行人极少，予与季市往返共一骡车。""晚稻孙来，大饮于季市之室。""晚钱稻孙来，同季市饮于广和居，每人均出资一元。归时见月色甚美，骡游于街。"他们 AA 制，喝完酒，坐着骡车在街上游玩。

记录其嘴馋贪吃的："饭后偕稻孙步至什刹海饮茗，又步至杨家园子买蒲陶［葡萄］，即在棚下啖之。"

记录其思念故乡的："晚铭伯、季市招饮，谈至十时返室，见圆月寒光皎然，如故乡焉，未知吾家仍以月饼祀之不。"

记录其访文物的："与季市同游陶然亭，其地有造象，刻梵文，寺僧云辽时物，不知诚否。"

记录其强烈感情色彩的："午后视察国子监及学宫，见古铜器十事及石鼓，文多剥落，其一曾剜以为臼。中国人之于古物，大率尔尔。""闻临时教育会议竟删美育。此种豚犬，可怜可怜！"

鲁迅日记中，还集中记录了自己在绍兴会馆的邻客。那是一群"闽客"，他们对高声喧哗有特殊的兴趣，往往扰了鲁迅的思想与睡眠。同是南人，同在京华，浙江人把对福建人的愤恨记录在日记中，今天读之不禁使人莞尔：

1912年8月12日，"半夜后邻客以闽音高谈，狺狺如犬相啮，不得安睡"。这次鲁迅强忍着没有发作。9月20日，"夜雨不已。邻室又来闽客，至夜半犹大嗥如野犬，出而叱之，少戢"。这次，鲁迅发作了，且受此闽音影响，本月27日晚，鲁迅与董恂士、钱稻孙等人饮于劝业场上之小有天时，对闽菜甚不感冒："肴皆闽式，不甚适口，有所谓红糟者亦不甚美也。"10月7日，"晚邻闽又嗥"。"又嗥"二字，让人喷茶。此次闽客嗥后，似乎不久就搬走了。12月23日，"夜风。院中南向二小舍，旧为闽客所居者，已虚，拟移居之，因令工糊壁，一日而竣，予工资三元五角"。五天后，鲁迅移入此南向二小舍。

1913年，绍兴会馆似乎还是安静的，但到了1914年，1月31日，"夜邻室王某处忽来一人，高谈大呼，至鸡鸣不止，为之展［辗］转不得眠，眠亦屡醒，因出属发音稍低，而此人遽大漫骂，且以英语杂厕。人类差等之异，盖亦甚矣。后知此人姓吴，居松树胡同，盖非越中人也"。

除了"高谈大呼至鸡鸣不止"者，还有赌博的。7月9日，"夜邻室博篝扰睡"。同月29日，"夜邻客大赌博，后又大诤，至黎明诤已散去，始得睡"。

1915年5月9日，"夜半邻室诸人聚而高谈，为不得眠执"。

邻室的喧哗在鲁迅的日记中若隐若现，读者也仿佛看到了闽人及聚谈之邻客的脸面。

1916年5月6日，鲁迅"下午以避喧移入补树书屋住"。补树书屋在绍兴会馆的西部。

作为单身汉，寓居绍兴会馆的鲁迅解决吃饭问题也很率性，情形五花八门，或者下馆子，或者去老乡处蹭饭，或者接受别人的馈赠，或者包饭，或者请庖人治肴，甚至也叫外卖，这些情形日记中均有记录。如：

"张协和馈煮栗一瓯，用以当饭，食之不尽。"

"午同钱稻孙饭于益锠，食牛肉、面包，略饮酒。"

"季市贻煮鸭一碗，用作夕肴。"

"午同钱稻孙出市买饼饵、饮牛乳以代饭。"

"午往陈仲骞家饭，有松花江白鱼，同坐九人。"

"令图书分馆庖人治晚肴。"

"晚铭伯招饮，季市及俞毓吴在坐，肴质而旨，有乡味也，谈良久归。"

"晚季市送肴一器。"

"张协和送肴饵，受肴返饵。"

"夜伍仲文送肴饵两种，取其一半。"

"旧除夕也，伍仲文贻肴一器、馒首廿。"

"晚铭伯先生遗肴二品。"

从绍兴会馆向北百多米到南半截胡同与北半截胡同相接处，有广和居，生意很好，鲁迅到京当年八个月就去了25次。同时，鲁迅还去致美斋、便宜坊、同和居、南味斋、厚德福、玉楼春、海天春、小有天、醉琼林等处吃饭。

绍兴会馆老长班姓齐，他的大儿子给鲁迅当听差，有时鲁迅让他到街上买一只鸡或肘子或清酱肉、松花（皮蛋），有时也让他去广和居叫一个干炸丸子、一碗酸辣汤。

公务员生涯

辛亥革命后，孙中山任临时大总统，蔡元培任教育总长。当时在教育部任职的绍兴老乡许寿裳推荐鲁迅进教育部工作，从此，鲁迅成了一名公务员。1912年至1926年，鲁迅共当了14年公务员，这段经历被其对头、批评家陈西滢等人作为"污迹"冷嘲热讽。

据赵惠民先生研究，鲁迅1912年5月到北京前三个月只拿津贴，每月60元，之后两个月拿半俸125元，以后俸银每月240元现大洋，到1916年3月后俸银300元。1923年后北洋政府经济困难，薪俸拖欠，发到时也零零星星，有时半俸，有时三分之一，甚至有时发三元、四元。鲁迅从1912年到1926年共领教育部所发俸银35270.7元，后期在各校兼课，自1920年到1926年共领薪金1785.42元，两项合计37056.12元。[①]

中华民国成立后，于1914年推出《国币条例》，确立银本位货币制度，定国币"壹圆"重七钱二分（含纯银八成九，即六钱四分八厘，约为23.9克），因上有袁世凯头像，俗称"袁大头"。

铜钱、白银和黄金之间的兑换比例和外汇价格一样，是常常变动的。按2021年7月23日一克白银的交易价5.29元计算，一块含银23.9克的银大洋相当于126元人民币（当然这只是"袁大头"的货币价格，而不是收藏市场的交易价格）。依此计算，鲁迅的300元俸银相当于今天3.78万元人民币。这些收入充分保障了鲁迅能够自食其力、自行其是、自得其乐，坚持他的自由思考和独立人格。

鲁迅的职务最初是社会教育司第二科科长，后来是第一科科长，分管美术馆、图书馆、博物馆、展览馆等，几乎是全国艺术活动场所的大管家。

---

① 赵惠民：《鲁迅先生在京衣食住行及其他》，《北京文学》2010年12期。

刚到北京时，鲁迅对公务员生活颇为头痛，有时候甚至比较反感，比如1912年5月10日："晨九时至下午四时半至教育部视事，枯坐终日，极无聊赖。"

但面对具体工作时，鲁迅还是非常敬业的，如参加临时教育会议、主讲夏期讲习会等。

鲁迅在夏期讲习会主讲美术时，因蔡元培辞职，曾遭遇听者无一人的尴尬。

1912年暑期，教育总长蔡元培决定举办"夏期讲习会"，请中外著名学者向教师讲授政治、经济、文学、艺术及佛教等20多种科目，以提高教师专业素养。鲁迅承担的是美术，为此，他特意撰写了一本讲义《美术略论》。第一次开讲是6月21日，听者约三十人，中途退去者五六人。因为当天，蔡元培辞职。7月2日，蔡总长第二次辞职。到7月5日第三次开讲时，居然全体告假不来了："讲员均乞假，听者亦无一人，遂返。"10日，鲁迅继续去讲课，听者约二十余人。12日，"闻临时教育会议竟删美育。此种豚犬，可怜可怜！"郁闷不已的鲁迅只好借酒浇愁，14日，"下午偕铭伯、季市饮于广和居，甚醉"。17日，最后一次讲课时，开始只来了一位听众，鲁迅照讲不误，"终乃得十人，是日讲毕"。前后共讲了5次，收到车马费10元。

此后鲁迅还受命主持设计了国徽。

北洋政府使用的"嘉禾国徽"，1912年由钱稻孙绘图，鲁迅执笔说明。这一国徽前后共用了16年。

这个国徽图案中含有日、月、星辰、山、龙、凤等十二种吉祥之物，象征国运之长久。主体图案是嘉禾，一种双穗禾，来源于汉《五瑞图》石刻图案。钱稻孙1961年承认这个图案并不很好，但鲁迅的说明文章"写得很好，是用六朝文写的，部里其他的人是写不出来的，教育部的人都很佩服"。鲁迅也不无自负地认为此国徽"庶几可以表华国之令德，而弘施于天下已"。后来袁世凯给文官和武官授予的勋章，就叫"嘉禾勋章"，分作几类，大勋章归大总统自己佩戴——此举有王婆卖瓜之嫌。元首要大气有境界，毛主席拒当大元帅，故能成其大。

鲁迅也得到过一次五等嘉禾勋章，一次四等嘉禾勋章，说明年度考核经常优秀。这些荣耀让鲁迅在后来状告顶头上司、教育总长章士钊时底气十足："树人充教育部佥事，已十有四载，恪恭将事，任职以来屡获奖叙"，大意是说，我也是个老干部了，工作兢兢业业，组织上也多次奖励，你不能把我算成"冗员"，把我免了！果然，科长把总长告赢了，鲁迅官复原职。这就是民国气象。演义小说中常有"老夫为先王牵马的时候，你们还是大街上一混混"这类牛皮哄哄的话，看来资历任何时候都是最可靠的资本。

后来鲁迅被任命为教育部佥事，大致相当于现在的处级，且由总统钦定，直接听命于社会教育司司长。于是，鲁迅到天津出差考察戏剧，参与京师图书馆、通俗图书馆的建设，筹建历史博物馆，参加读音统一会，促成注音字母方案的通过，举办儿童艺术展览会，协办专门以上学校成绩展览会等，忙得不亦乐乎。1913年10月29日，"在部终日造三年度豫〔预〕算及议改组京师图书馆事，头脑岑岑然"。

当然工作也有烦心的时候，比如教育部与内务部职权重叠就曾让鲁迅很难做人，因为在一些具体事务管理中，两个部门发生"撞车"。1914年初，承德避暑山庄所藏文津阁《四库全书》运抵北京，鲁迅赶赴北大接洽联系，却不料此书为内务部截留。经过多方交涉，1915年9月1日，鲁迅"往内务部协议移交《四库全书》办法"。10月12日，移《四库全书》入京师图书馆告成。然而，《四库简明目录》却被内务部给扣下了，仍"发古物陈列所保存"。这意味着要查阅《四库全书》的人首先要往古物陈列所一过，查过书目后才能到图书馆按图索骥，鲁迅对此极其无奈。

鲁迅当公务员时，教育部领导走马灯式频繁调动。在鲁迅1926年去职前，14年中，教育部总共更换过38任教育总长、24任教育次长。其中有"学问道德亦不待赘言"的蔡元培总长，有与鲁迅交往甚厚的董恂士次长，同时也有演讲时"其词甚怪"的范源濂总长、"痰桶总长"刘冠雄、"不了了"的梁善济总长……还有年长鲁迅3岁的汤尔和1922年出任教育总长。汤尔和与鲁迅是老朋友了，在鲁迅供职教育部的时候，汤尔和是北京医学专门学校的校长。1914年1月5日汤还到教育部访过鲁迅，"似有贺年之意"。（鲁迅当天日记）

鲁迅对待公务员之道越来越消沉，熬到1918年，更是觉得百无聊赖，便很怀念与许寿裳同在教育部"做官"的日子，于是写信给许寿裳说："一别忽已过年，当枯坐牙门中时，怀想弥苦。"

1926年，"三一八"惨案后，传言执政府将鲁迅列入黑名单，鲁迅四处避难。恰好林语堂先行到厦大任教，鲁迅于是随后到厦大教书。3个月后，教育总长任可澄签发了"周树人毋庸暂属佥事"的部令，鲁迅的公务员生涯从此画上了句号。

为周作人谋职

1917年，鲁迅36岁，在教育部供职。周作人32岁，在绍兴县的浙江省立第五高级中学当英文教员，同时担任绍兴县教育会长之职。兄弟二人一南一北，书信往返，倒也相安无事。

这年年初，鲁迅和蔡元培的交往突然频繁起来。曾被孙中山任命为南京临时政府教育总长的蔡元培，结束了四年的欧洲考察，于1916年12月归国，并任北大校长。他"循自由思想原则，取兼容并包主义"，聘请倡导新文化运动的人物前往任教，北大由是成为传播新文化的重要阵地。

蔡元培不仅是鲁迅的绍兴老乡，也是他的老上司。综观各个时期蔡元培和鲁迅的交往，说蔡元培是鲁迅乃至周氏三兄命中的贵人，也不为过。1912年蔡元培任教育总长时，邀请许寿裳举荐的蜗居绍兴的鲁迅到南京教育部就职，后任命他为社会教育司第一科科长；蔡元培担任北京大学校长后，聘请鲁迅讲授中国小说史，还请他为北大设计了沿用至今的校徽；鲁迅被聘为中华民国大学院特约著作员，加入中国民权保障同盟，也都是蔡元培推荐的。另外，周建人和商务印书馆在20世纪30年代初签订聘约，也仰仗了蔡的威望。

蔡元培赴欧后，鲁迅和他五年没有联系。现在老上司入主北京大学，鲁迅首先想到的是在北大为二弟周作人谋一份职。

周作人比蔡元培小17岁，很早就听说了这位"作怪八股的蔡翰林"，蔡参加革命党后，周便视蔡为颇具传奇色彩的人物。1907年后，在日本留学的蔡元康将周氏兄弟合译的《域外小说集》寄给蔡元培，这部"译笔古奥"的文集，给蔡留下了深刻印象。后来，蔡为《世界短篇小说大系》作序时写道："短篇小说的译集，始于三十年前周树人（鲁迅）、作人昆弟的《域外集》，但好久没有继起的。"

早在鲁迅举荐二弟之前，周作人和蔡元培除了神交，还有面交。1916年11月，蔡元培就任北京大学校长之前回乡省亲，身为绍兴教育会长的周作人屡次拜访，并陪同其演说，二人开始交往。1916年11月周作人日记中有五次关于蔡元培的记录，分别是："22日，知蔡君来访。""23日，往笔飞弄回访蔡鹤卿、谷清二君，不值。""26日，午后往花巷觉民舞台听蔡先生演说。""27日，下午同津门往笔飞弄访蔡先生，不值。""29日，9时蔡鹤卿先生来演说，至午毕。"接触之后，周作人评价这位前辈是个"端正拘谨，古道可风"的人。

蔡元培由绍兴回京后，立刻大刀阔斧地改造北京大学，首先打出的旗帜是"学术平等"与"思想自由"。他延揽各方人才，并设立英法德俄各国文学系，增加课程设置，其中有古希腊文学史和古代英文课。这些课程，周作人以前都有所涉猎。鲁迅于是和原先东京章太炎先生国文课上的同学许寿裳、朱逖先等商量，向蔡元培推荐周作人。其实周作人的古英文并不出色，他看过司各特的《撒克逊劫后英雄略》，发生了兴趣，拿出英国古代史诗《贝奥武夫》原文加以研究，但也只是有初步知识，远没达到教授大学英文的水准。

在周作人进京之前，鲁迅日记中六次提及蔡元培，其中1月10日和18日两次拜访蔡。3月8日致蔡之信直接商谈周作人北上教学之事："鹤廎先生左右：前被书，属告起孟，并携言语学美学书籍，便即转致。顷有书来，言此二学均非所能，略无心得，实不足以教人，若勉强敷说，反有辱殷殷之意。虑到后面陈，多稽时日，故急函谢，切望转达，以便别行物色诸语。今如说奉闻，希鉴察。专此，敬请道安。晚周树人谨上，三月八日。"

信中，鲁迅对蔡元培毕恭毕敬，自称晚生。从信中可知，北大方面想让周作人教言语学和美学，但周作人认为"均非所能，略无心得，实不足以教人"。经与蔡元培沟通，蔡同意聘任周作人。鲁迅马上给周作人写信，敦促他即刻北上，稍后又汇去旅费"兴业汇券"九十元。周作人收到信后，向校长徐晋麟和同事作别。3月25日，浙江省立第五中学的同学十四人为周作人饯行于绍兴偏门外。次日晚，周作人乘舟北上。

1917年是一个特殊的年份，历史走出了辛亥革命失败后的低谷，新文化运动在北京勃然兴起。周作人离开东南一隅的绍兴，来到新的历史潮流发源地北京，正是人生的大转移。

当时从绍兴到北京要分四段走：先乘船至上海；再在上海北站乘车到南京下关，称沪宁路；再渡船过江，从浦口直到天津，称津浦线；再改乘京奉铁路进京。4月1日，周作人到达北京，住绍兴县馆内补树书屋。是夜，兄弟二人长谈。鲁迅日记载："夜二弟自越至……翻书谈说至夜分方睡。"周作人日记也载："至四时睡。"之后，鲁迅帮周作人在补树书屋隔壁的王家租了一所房子。

周作人到北京后仅休息了一天，第三天（4月3日）即叫了一辆洋车，前往马神庙北京大学访问蔡元培校长，接洽公事，不料蔡校长不在学校，待要去寻校长住家时，却因为车夫误听了他的绍兴口音而拉错了地方。次日，周得蔡来信，约次日上午十时来访。次日上午，蔡果然亲自登门回访，却说因学期中间不能添开课程，拟要周担任预科国文教员。周作人"听了大为丧气，并不是因为教不得本科的课程，实在觉得国文非我能力所及，但说的人非常诚恳，也不好一口拒绝，只能含混的回答，考虑后再说"。此为缓兵之计。这份工作如此费神，周作人便有回绍兴之意。几天后周作人往北大访蔡元培，辞教国文事，并告拟南归。在北大见到陈独秀、沈尹默二人，陈、沈竭力留周担任国文教员，周力辞。蔡元培想出了一个两全其美的办法，写信邀周作人暂至北大附设的国史编纂处任编纂，月薪130元。周作人即去教育部与鲁迅相商。

4月12日，周作人往北大访蔡元培校长，言定在国史编纂处工作，从16日开始，每日工作四小时，午前、午后各两小时。在鲁迅的介绍下，周作人在北大谋得工作，一员大将留在了北京新文场。

4月16日，周作人开始在北大国史编纂处工作。国史编纂处附设之初，只有张相文、屠寄、沈兼士等几位编纂员，处长由蔡元培兼任。由于尚无实际编史任务，周作人的具体工作是收集、翻译外文资料。办公处即在图书馆堆放英文杂志的屋里。周作人除日常在图书馆采编资料，还常常从蔡元培那里接受外文书刊的翻译及译稿校阅工作。

周作人在国史编纂处刚刚工作了二十余天，可能是水土更易等原因，开始出麻疹，发烧生病，只得请假。请假条还是鲁迅代写的："鹤庼先生左右：谨启者：起孟于前星期发热，后渐增。今日延医诊视，知是瘄子。此一星期内不能外出受风，希赐休暇为幸。专此，敬请道安。晚周树人谨状，五月十三日。"后来鲁迅以此为素材，写成小说《弟兄》。

1917年9月4日，周作人收到了北京大学的正式聘书，上面写着："敬聘周作人先生为文科教授，兼国史编纂处编辑员。"并言定教授月薪初级为240元，随后可以加到280元。担任的课程是欧洲文学史与罗马文学史，分别为每周三学时，共六学时，还需现编讲义。

周作人从地方中学教员一下升为中国最高学府的教授，颇有些不知所措，只得事事仰仗兄长。他白天把讲义草稿写好，晚上交鲁迅修改，第二天再誊清稿件，交学校油印备用。一年后，周作人计草成希腊文学要略一卷、罗马文学一卷、欧洲中古至18世纪文学一卷，合成一册《欧洲文学史》，作为《北京大学丛书》之三，由商务印书馆出版。这是周作人的第一部学术著作，也是兄弟友情的一个纪念。周作人教学之外，还参加了"改良文字问题"与"小说研究"课题的研究，并作了《日本近三十年小说之发达》的报告。报告正式发表后，产生了很大影响。通过自己的学术与教学活动，周作人逐步为北京大学的同行所承认。

周作人进入北大，是其人生的一大转机。这一方面是鲁迅多方留意、积极物色的结果，另一方面也是蔡元培大胆举贤的结果。周作人晚年多次忆及蔡元培，《知堂回想录》中竟有七篇专门忆述蔡，足见蔡在周心中的分量。周作人这样评价蔡元培："他到老不殖财，没有艳闻，可谓知识阶级里少有人物。""我以为是真正儒家，其与前人不同者，只是收容近世的西欧学问，使儒家本有的常识更益增强，持此以判断事物，以合理为止，所以即可目为唯理主义。"蔡元培对周氏三兄弟都有奖掖之恩，但相较于鲁迅后期对于蔡元培的微词和怨言，周作人对蔡元培的怀念和评判，堪称公允。这种差异恐怕是亲自为二弟向蔡元培谋职的鲁迅自己无法预料到的。

英雄出山

1918年，住在绍兴会馆的周树人已经37岁了。

据郁达夫说，此时正当壮年的鲁迅为压抑性欲，特意穿单裤睡硬板床。而鲁迅本人也确实说过，一个人如果因为不得已过独身生活，不合常态，则生理变化不免导致心理变化，人变得偏执，觉得世事无味，人物可憎。

一个到日本留过学、怀抱改造社会理想的人，现在还是一条蛰伏的文化之龙，也是一个沉默的思想巨人。

鲁迅自己认为，"我决不是一个振臂一呼应者云集的英雄"。"只是我自己的寂寞是不可不驱除的，因为这于我太痛苦。我于是用了种种法，来麻醉自己的灵魂，使我沉入于国民中，使我回到古代去，后来也亲历或旁观过几样更寂寞更悲哀的事，都为我所不愿追怀，甘心使他们和我的脑一同消灭在泥土里的，但我的麻醉法却也似乎已经奏了功，再没有青年时候的慷慨激昂的意思了。"

这一时期的鲁迅，真正理解了黑暗中人性的挣扎，理解了他此后专题演说的阮籍、嵇康之流的魏晋风度，他的个性也逐渐露出端倪：满不在乎、叛逆性格、批判精神和烈士风度。

这个时候，轰轰烈烈的新文化运动已经开始了。1915年，陈独秀创办了一份刊物叫《青年杂志》（后改名《新青年》），这是中国20世纪以来最重要的一份刊物。新文化运动很需要一位深刻、睿智、成熟的旗手，而此时的鲁迅"躲进小楼成一统，管他冬夏与春秋"，于是，《新青年》的编辑钱玄同来到绍兴会馆游说鲁迅。这一过程被鲁迅写在《呐喊》自序中，非常精彩：

那时偶或来谈的是一个老朋友金心异，将手提的大皮夹放在破桌上，脱下长衫，对面坐下了，因为怕狗，似乎心房还在怦怦的跳动。

"你钞了这些有什么用？"有一夜，他翻着我那古碑的钞本，发了研究的质问了。

"没有什么用。"

"那么，你钞他是什么意思呢？"

"没有什么意思。"

"我想，你可以做点文章……"

我懂得他的意思了，他们正办《新青年》，然而那时仿佛不特没有人来赞同，并且也还没有人来反对，我想，他们许是感到寂寞了，但是说：

"假如一间铁屋子，是绝无窗户而万难破毁的，里面有许多熟睡的人们，不久都要闷死了，然而是从昏睡入死灭，并不感到就死的悲哀。现在你大嚷起来，惊起了较为清醒的几个人，使这不幸的少数者来受无可挽救的临终的苦楚，你倒以为对得起他们么？"

"然而几个人既然起来，你不能说决没有毁坏这铁屋的希望。"

是的，我虽然自有我的确信，然而说到希望，却是不能抹杀的，因为希望是在于将来，决不能以我之必无的证明，来折服了他之所谓可有，于是我终于答应他也做文章了，这便是最初的一篇《狂人日记》。从此以后，便一发而不可收，每写些小说模样的文章，以敷衍朋友们的嘱托，积久就有了十余篇。

鲁迅和钱玄同谈话时引出了现代文学史上著名的"铁屋子"的比喻。从此，鲁迅要呐喊了。他的呐喊，孕育时日已久，专等钱玄同打开闸门。

《狂人日记》是现代文学史上石破天惊的大文章，这篇作品横空出世，鲁迅从此诞生，他的呐喊，"慰藉那在寂寞里奔驰的猛士，使他不惮于前驱"。

鲁迅是55岁去世的，写《狂人日记》时，距离他去世只有18年，而此时的他还没出山呢。

一个手无寸铁的书生，融入了伟大的五四时代，成为新文化运动最坚定的旗手。

他居住了近八年的绍兴会馆，安静得如同一座寺院。而他此后的居所，刀光剑影，更像一座铁马冰河的军工场。

1919年11月21日，鲁迅从住了近8年的绍兴会馆搬至八道湾11号新居。

绍兴会馆中的许先生

许铭伯（1866—1921），许寿裳的兄长，比鲁迅大15岁，曾任财政部金事、盐务署会办等职。

1912年5月5日傍晚，鲁迅跟随教育部到了北京，当晚宿于长发店，放下行李，第一件事便是连夜到山会邑馆（绍兴会馆）访许铭伯先生，大有"拜山"之意。其时，许铭伯已在北京站稳脚跟。

第二天上午，在许铭伯的关照下，鲁迅即移入绍兴会馆。自此以后，鲁迅与许氏兄弟成了邻居，彼此走动频繁。

鲁迅一直在此住到1919年11月，才搬往八道湾宅。

绍兴县馆的弱八年，是鲁迅与世无争的"黄金时代"——兄弟没有失和，没有受当局通缉，没有与人论战的烦扰。并且，他与许氏兄弟共同度过了一段民国名士的适意时光。

他们一起饮酒。或去广和居，或在院子里："与铭伯、季市同饮于广和居。""夜铭伯、季市招我饮酒。""晚饮于广和居，铭伯亦去，季市为主。""旧历七夕，晚铭伯治酒招饮。""晚铭伯招饮，季市及俞毓吴在坐，肴质而旨，有乡味也，谈良久归"。"阴历中秋也。晚铭伯、季市招饮，谈至十时返室，见圆月寒光皎然，如故乡焉，未知吾家仍以月饼祀之不。"

鲁迅平生饮酒，日记中记录喝醉者共11次，其中1次"小醉"，1次"甚醉"，2次"颇醉"，5次"大醉"，1次"夜饮酒醉"，1次"略饮即醉卧"。绍兴会馆时期，鲁迅与许氏兄弟饮酒共醉3次，甚醉、颇醉、小醉各1次。"甚醉"的一次许铭伯在场，尽兴如此。

他们互相赠书。许铭伯给鲁迅送过《越中先贤祠目》作为见面礼，鲁迅则先后给许铭伯送过《炭画》《杂集》《新青年》《伊孛生》和镜拓一枚。

鲁迅对许铭伯礼数周全。许铭伯出差时，他要去送行，回来了他要去看望。许铭伯生病了，自然"往寓视疾"。同时，"往铭伯先生寓谈"的情况非常之多。互访不断，有时候一谈就是三小时。

他们一起游乐。同游过琉璃厂、陶然亭、万生园、农事试验场等地。

他们互相请客。有一次，许铭伯要去黑龙江，饯行的饭竟一连吃了三天。（薛林荣《鲁迅的饭局》）

鲁迅购置了八道湾的房产后，就收拾什物准备搬过去。1919年11月20日"往铭伯先生寓"。此处无一字写作别，但显然是话别去了。第二天，11月21日，鲁迅"上午与二弟眷属俱移入八道弯宅"。

此后，鲁迅也有多处与许铭伯来往的记录。本以为这样的交往会一直进行下去，不料，继续往下读，竟然是这样一句："铭伯先生于昨亥刻病故，午前赴吊。"（1921年7月2日）

没有任何铺垫，记述得也平平静静——许先生去世了，享年55岁。鲁迅和他享年相同。

鲁迅对许铭伯，每每提及都是以"先生"称之，看得出十分尊敬。

接下来的7月14日，"星期休假。午后赴长椿寺吊铭伯先生"。

鲁迅与许铭伯前后交往九年有余，读鲁迅日记，看不出任何感情色彩，但两人情谊之深，无须表露。

　　住在绍兴会馆的许先生就这样平平静静地在鲁迅的日记中，通过一个"吊"字消失了，不禁使人喟叹。

八道湾11号

（1919年11月21日—1923年8月2日）

早春三月，北京一派萧条古穆，冬寒尚未远去。我在密如蛛网的地图上寻找"八道湾胡同"，眼睛渐渐生涩，仍不知这个如雷贯耳的胡同藏匿何处。于是求助百度，知道八道湾胡同的西侧紧邻赵登禹路，乃打车直奔赵登禹路，在路南下车，一路向北，且问且行。北京长风浩荡，吹得行人步步趔趄。大风中寻半日，灰头土脸之际，果然看到路侧立着"八道湾胡同"的标志。

我终于来到了周氏兄弟共同走过的巷道。据说这是由八条小胡同汇聚成的一条大胡同，故称"八道湾"。但眼下它已经成了一个巨大的工地，居人纷迁，遍地瓦砾，几乎无路可寻。辗转数次，才找到11号院。

八道湾11号院，周氏兄弟在北京的府第。

波澜壮阔的1919年，鲁迅一直在忙两件事：第一，是在他已经客居7年的北京建一处"周府"。第二，把全家迁进京城。

在"五四"学潮前夜，他四处奔波，倾囊买下了新街口八道湾11号，周府终于在北京扎根。

我是从后门进入11号院的，根本不知道哪间房子是周氏兄弟故居。在院中胡乱拍了一通断垣残壁，感到完全不得要领，欲引身退出，但瞅着院中高大的槐树，心想这个传奇的院落中几乎藏着半部中国现代文学史，如此不明不白地寻访一趟，空手而归，情何以堪哪。恰此时遇一妇人，询之，她热情地指点曰：那个马鞍架大瓦房是周作人住过的，前院是鲁迅和他母亲、朱安住过的。不由大喜过望，总算找到了真正的八道湾11号。

八道湾11号是民国时期最著名的文化沙龙，留下不少文化人物的足迹。由于周氏兄弟是中国现代文学史上的"双子星座"，凡研究新文学者，都以亲自寻访他们的故居八道湾11号为荣。

我眼前的八道湾11号一片狼藉，院中的临时建筑已被拆除。周作人住过的北屋侧壁悬挂着一长串电表，望之颇壮观，工人正爬在梯子上抄表。新文学史上如此重要、独一无二的地理坐标，过去几年多次面临被拆除的噩运。拆还是不拆，曾引发过热烈的讨论。就连周海婴也就此发表过看法，认为八道湾11号没必要保护，"保护八道湾实际等于保护周作人的苦雨斋。那么，汉奸的旧居难道是值得国家保护的吗？"

周海婴先生此言当属义愤之辞，之所以这样讲，也是家庭恩怨使然。但是，八道湾11号不仅仅是周作人的旧居，也不仅仅属于周家，不能因为周氏兄弟反目，以及周作人后来染了伪职，就否定它在现代文学史上特殊而重要的价值，倘因为周作人的"汉奸"身份而拆除八道湾，就是狭隘地否认二先生与当时文化语境的紧密联系。

在种种杂音中，八道湾11号最后还是保留下来了，据说将作为北京三十五中的图书阅览室，鲁迅当年住过的房子，将挂牌成立鲁迅纪念馆。这虽然貌似是不错的归宿，但关于八道湾11号拆与不拆的争论，本身就是对"五四"精神传承的一次伤害。

眼下，八道湾11号虽然遍地瓦砾，但格局大致还在。它原本是东邻大宅院（现八道湾9号）的一个附属院落，早年主人姓刘。鲁迅1919年8月19日立契从罗氏手中买下11号院时，它还是一个破破烂烂的小王府，据信是清廷末路王孙变卖掉的府第。当年11月4日，鲁迅八道湾收房讫，前后共付费3675元。此后开始修缮房屋，还特地接入当时十分罕见的自来水系统。11月21日，"上午与二弟眷属俱移入八道弯宅"，从此，周氏兄弟结束长期的寄居生活，有了自己的房产，周府在北京扎根，鲁迅完成了一个宏伟的家庭梦想。

据鲁迅文学院研究员王彬先生研究，八道湾11号占地4亩。在北京，标准四合院占地"五八丈"，也就是40平方丈，约当443.56平方米，0.67亩，两相比较，11号是其六倍，可谓大宅。院子比较宽阔，有足够的空地供给小孩子游戏，许寿裳开玩笑说甚至可以开运动会。当时八道湾11号的孩子，周作人一家

有：周丰一、静子、若子；周建人一家有：鞠子、周丰二与周
丰三。

整座八道湾宅子坐北朝南，东南建有一座门楼，进门迎面
是一面影壁。

前院是个长方形的院落，北侧有九间正房，西侧三间被鲁
迅用作卧室兼书房，中央三间用作会客厅。

二进院是主院，院北为三间正房，明间用作堂屋，全家平
时吃饭、待客。堂屋后侧设有木炕，比较暖和；正房西次间是
鲁迅原配朱安夫人卧室，东次间是鲁母卧室；院中东西各有厢
房三间，东厢房用作厨房、储藏室等辅助房屋，西厢房也曾经
用作鲁迅卧室。

三进院北面建有一排九间后罩房，西侧三间住周作人一
家，中间三间住周建人一家。周作人的夫人羽太信子和周建人
夫人羽太芳子是亲姐妹，还保持着一些日本的生活习惯，因此
将部分房间的隔断改成日本式的"障子"，也就是糊纸的木推
拉门。东侧三间是客房，用来接待客人临时住宿，其中最东一
间曾住过俄国盲诗人爱罗先珂，爱罗先珂还在门前的积水中养
过蝌蚪。

12月，鲁迅返回故乡绍兴，收理书籍，到祖坟扫墓，周家
新台门周宅经全族商议出售给东邻朱某。这一过程对鲁迅而言
是极不愉快的。1919年初，他在给许寿裳的信中说："在绍之
屋为族人所迫，必须卖去，便拟挈眷居于北京，不复有越人安
越之想。而近来与绍兴之感情亦日恶，殊不自至［知］其何故

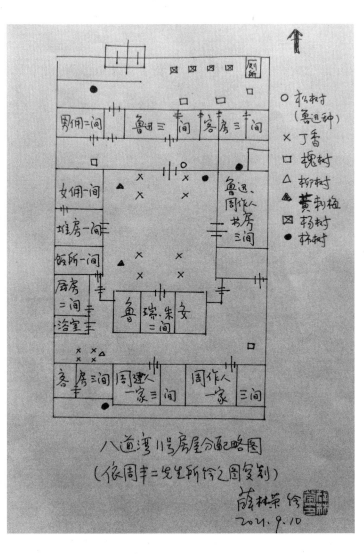

八道湾11号房屋分配略图（作者依周丰二图制）

也。"当他与故乡永诀时，"老屋离我愈远了；故乡的山水也都渐渐远离了我，但我却并不感到怎样的留恋"。作别故乡，鲁迅"以舟二艘奉母偕三弟及眷属携行李发绍兴"，抵京入住八道湾11号，彻底了结了祖宅留给他的不快记忆。

卖掉老屋，接走老母，定居北京，鲁迅与故乡的情感脐带被割断了，他成了一个没有故乡的人。在这种背景下，八道湾11号无疑更像鲁迅的精神避难所。败落的绍兴周家终于在北京门第中兴，此时，周氏兄弟已成为思想界的"意见领袖"，1920年的新年对周府而言，完全是一派新的气象，前面是一派新的江山。

我来到八道湾的正门，想象周氏兄弟从这里进出时的情形。八道湾11号的大门很简陋，简直不能称作大门。门牌早已无存，它到哪去了？会不会出现在某一次拍卖会上？现在的门牌号用毛笔歪歪扭扭地写在塑料报刊盒上。我要将这个门牌拍下来，但门洞中间挂着一个衣架，上面是一串女人的内衣，影响画面。我憋住气，把它移到旁边。拍完照片，我又憋住气，将其移至原来的位置。这时，旁边小门里出来一个男子，警惕地盯着我看，让我很尴尬。生活使八道湾11号成为杂乱无章的大杂院，然后又使大杂院弥漫着世俗市侩的气息，这是没有办法的。

我愿意在周氏兄弟的著作中感受当年八道湾11号的真实气氛。

八道湾一定是个适合闲谈的清幽之所。鲁迅在屋前栽植了丁香和青杨，纸窗敞院，静谧帘栊，正好安享天伦。搬入八道湾后，鲁迅逐渐添置了条桌、榆木圆桌、白瓷花瓶等生活用品及石猊、书架、笔筒、水盂、陶水滴、宋瓷小玩物、土偶等文玩。周作人在其作品中多次写八道湾11号。《冬天的麻雀》一文中提到过院中的植物，有一株半枯的丁香，一丛黄蜡梅，还有一棵槐树。我在院中确实看到了高大的老槐树，当为周作人文中所言者。周作人所住的瓦屋纸窗在《苦茶》一文中亦有所展示："喝茶当于瓦屋纸窗下，清泉绿茶，用素雅的陶瓷茶具，同二三人共饮，得半日之闲，可抵十年的尘梦。"这代表着知堂老人的心境和情趣。谢兴尧曾这样描绘对八道湾11号的印象："周的住宅，我很欣赏，没有丝毫朱门大宅的气息，颇富野趣，特别是夏天，地处偏僻，远离市廛，庭院寂静，高树蝉鸣，天气虽热，感觉清爽。进入室内，知堂总是递一纸扇，乃日本式的，由竹丝编排，糊以棉纸，轻而适用，再递苦茶一杯，消暑解渴，确是隐士清谈之所，绝非庸俗扰攘之地。"李霁野、张中行、文洁若、邓云乡等对苦雨斋描述甚多，他们语带神往，相互间讨论着庞大的话题，形成了一个独特的文化现象。

八道湾一定是门庭若市的。朱希祖、沈尹默、钱稻孙、刘半农、马幼渔、陈百年是首批走进八道湾的名流。1920年4月7日，为了探讨"新村"建设，27岁的毛泽东来到这里，拜访"新村"运动的倡导者周作人。这天，鲁迅恰好不在家。所以，毛泽东和他终生推崇的文化旗手亦没能谋面。当然，毛泽东并不知道，鲁迅是"新村"运动的反对者。鲁迅搬出八道湾之后，周作人将日常会客地设在了中院西厢房。在为《狂言十番》写完序言后，周作人的笔下出现了"苦雨斋"字样，这一年是1926年。"苦雨斋"之得名，盖因院中地势低洼，雨天容易积水。周作人此后写文通信，落款或为"苦雨翁"，或为"苦茶庵"。根据周作人日记，先后造访过苦雨斋的有爱罗先珂、江绍原、许钦文、钱玄同、沈士远、沈兼士、胡适、郁达夫、徐志摩、张凤举、徐祖正、俞平伯、沈启无、废名、陶晶孙、川岛、孙伏园等。院中名士毕集，呈一时之盛，也发生了许多传奇的故事。往来苦雨斋的大多是京派文人，他们不谙政治，颇有学识，讨论的问题和研究的对象，至今在学术界仍可称作清冷之学。这种清冷，恰好可以看作八道湾11号固有的气氛。此外，俄国盲诗人爱罗先珂还在此生活过一年半时间。鲁迅小说《鸭的喜剧》中写到过一个小池，本来是想种荷花的荷池，但半朵荷花都没养出过，"然而养虾蟆却实在是一个极合适的处所"。爱罗先珂买小鸭放池里养，结果小鸭把池里的蝌蚪吃光了。此情此景，令人莞尔，今日读之，一举一动犹在眼前。

出于和外界联系的需要，八道湾还安装了电话。1921年6月30日，鲁迅给时在碧云寺养病的周作人去信，说"电话已装好矣。其号为西局二八二六也"。同年8月16日，鲁迅致信宫竹心时说："我的电话号数是西局二八二六，电话簿子上还未载。"

有趣的是，"电话"这个词，居然就是绍兴籍留日学生带回来的。这个词是日本人发明的汉语词，用来意译 telephone；

中国人则音译"德律风"。1900年，全中国只有16部电话。过了21年，鲁迅家就有了"德律风"。其实鲁迅给八道湾安装电话时，负担非常重，教育部的工资拖欠数月，为了给周作人看病，他先后借过别人700元，甚至把收藏的书卖掉，还向义兴局贷款，为取34元的讲课费还专门往女师大跑一趟。在如此重压之下，有一天，鲁迅去西山看望周作人回来的路上，"经海甸停饮，大醉"。

八道湾是思想火花的富集之地。"五四"时期周氏兄弟最重要的新文学作品，都是在这里完成的。如鲁迅的《阿Q正传》《风波》《故乡》《社戏》等著作及译著，数量达百余篇。特别是《阿Q正传》被公认为中国新文学史上最具思想深度和审美概括力的杰作。鲁迅在八道湾11号虽然只住了短短的三年多，但其发出的思想之光，足以令新文学界长久注目。周作人从1919年搬进八道湾11号院至1967年辞世，在此间住了近半个世纪，一生最重要的作品，几乎都脱胎于此。他后期的文章越写越闲淡，渐近自然；以苦雨斋为核心，形成了一个特殊的文人群体，既迥异于以鲁迅为旗帜的左翼文人，也不同于以胡适为代表的自由主义知识分子。他们别开山河，自成体系，其价值将得到进一步重估，其深层的隐喻不容小视。

中国传统文化虽然以四世同堂的形式宣示着家族伦理的威仪，但同胞兄弟各自有了家室后，却总是分灶而食，另立门户，各自过活。周氏兄弟也不例外。所不同的是，鲁迅和周作人分家，以更加彻底的感情决裂为前提，这使八道湾11号有了某种家族悲剧的意味。

在中国现代文学史上，鲁迅是冲锋的斗士，周作人则是隐忍的思想者。周氏兄弟在创作和理论方面做出的巨大贡献，几乎可视作现代文学的半壁江山。

曾经，他们患难与共——从小康人家而坠入困顿，曾经一起在墙角捉蟋蟀的兄弟二人看到了世人的真面目，不得不去上被当时人看不起的"将灵魂卖给鬼子"的洋务学堂，同到日本留学，携手介绍欧洲文学，合作翻译《域外小说集》，共同投入新文化运动，成为五四时代猎猎作响的两面旗帜。

曾经，他们唱和有加——"谋生无奈日奔驰，有弟偏教各别离。""夜半倚床忆诸弟，残灯如豆月明时。"（鲁迅《别诸弟》）兄弟天各一方便酬唱以诗，挂怀不已，此情此景，用鲁迅唱和周作人诗跋中的话讲，可谓"盖未有不悄然以悲者矣"。

曾经，他们手足怡怡——鲁迅曾牺牲自己的学业和事业回国谋事，来供养尚在日本留学的周作人和他的日本家属。兄弟见面后，常"翻书谈说至夜分方睡"。同时，周氏兄弟书信往返极繁，特别是1921年竟达17个来回。

曾经，他们形影不离——自1919年11月21日移入八道湾后，周氏兄弟常相偕出游、购书、饮茗、赴宴，即使是在失和的当月上旬，他们还同至东安市场，又至东交民巷，又至山本照相馆，足见情笃。

……

但是，这两棵血脉相连、同根而生的大树在1923年7月份的某一天突然划地而治，永不往来，于是他们的生命在不同的向度各自寂寞地展开，结出了两颗迥然有别的文化果实，形成了两株"同宗而异形的文化灵魂"（李劼语）。

周氏兄弟的反目是现代文学三十年最大的隐痛，由于鲁迅、周作人之于现代文学的独特意义，它超越了周氏家族的个人恩怨纠葛，而成为现代文学自身的一次痛苦的变故。

八道湾的变徵之音出现在1923年7月。读鲁迅日记，见有关周氏兄弟失和的记载：1923年7月14日，"是夜改在自室吃饭，自具一肴，此可记也"。这是兄弟失和的前奏，令八道湾日常生活起了变化，故"此可记也"。

周海婴先生在《鲁迅与我七十年》中说："八道湾的房屋高敞、宽绰而豁亮，是被称为有'三进'的大四合院。父亲让兄弟住后院，那里北房朝向好，院子又大，小侄子们可以有个活动的天地；又考虑到羽太信子（周作人妻）家人的生活习惯，特意将后院的九间房子装成日本格式。而他自己屈居于中间二排朝北的'前罩房'。"[1]同时，兄弟二人经济合并，共同奉养全家。按理说这个有着天伦之乐的诗书之家将继续自己的正常生活，然而不幸的是，命运为周氏家庭安排了一个日本女人：羽太信子。作为八道湾的当家人，羽太信子极度挥霍，家里使唤着六七个男女仆人，看病要请日本医生，日用品也要买日货，这使得鲁迅的经济负担极重。但羽太信子不满足，她要做八道湾的主人，便处处打击和折磨鲁迅，据增田涉说，鲁迅给周作

---

[1] 周海婴：《鲁迅与我七十年》，南海出版公司，2001年。

人孩子买的糖果，羽太信子都让孩子抛弃。鲁迅也对三弟周建人说过，他偶然听到羽太信子对孩子的呵责："你们不要到大爹的房里去，让他冷清煞！"[1]在制造了无数以怨报德的事例后，羽太信子终于逼迫鲁迅分灶吃饭了，这是她得逞的第　步。

1923年7月19日，"上午启孟［周作人］自持信来，后邀欲问之，不至"。在周建人被羽太信子从八道湾赶出十个月后，羽太信子向鲁迅下手了。永远没有人知道这个日本女人向丈夫吹了什么枕边风，这一天，周作人亲自手持一封外书"鲁迅先生"的信，并称："以后请不要到后面院子里来！"鲁迅想问个究竟，周作人避而不见。有研究者推测，是鲁迅偷看了弟妇沐浴才导致了兄弟失和，但海婴先生对此说予以怀疑，因为据其时住在八道湾客房的章廷谦先生说，八道湾后院的房屋的窗户外有土沟，还种着花卉，人是无法靠近的。何况按日本的风俗，家庭沐浴男女并不回避。至于真相究竟如何，已是文学之外的一桩无头公案了。

1923年7月26日，"上午往砖塔胡同看屋。下午收拾书籍入箱"。29日，"终日收书册入箱，夜毕"。30日，"上午以书籍、法帖等大小十二箱寄存教育部"。至8月2日，"下午携妇迁居砖塔胡同六十一号"。至此，鲁迅在八道湾共住三年又八个月。

1924年6月21日，"下午往八道湾宅取书及什器，比进西厢，启孟及其妻突出骂詈殴打，又以电话招重久及张凤举、徐

---

[1] 周建人：《鲁迅和周作人》，《新文学史料》1983年第4期。

耀辰来。其妻向之述我罪状，多秽语，凡捏造未圆处，则启孟救正之。然终取书、器而出"。这是鲁迅日记中最后一次出现周作人。从此以后，鲁迅永远离开了八道湾。有关此次兄弟间的正面交锋，鲁迅母亲曾对周建人补充说，其时，鲁迅在西厢随手拿起一个陶瓦枕，向周作人掷去，他们才退下了。

至此，八道湾11号成了周作人及苦雨斋追随者"自己的园地"。从此，"五四"新文化运动的旗幡式人物周氏兄弟彻底撕破了脸皮，各自走上了截然不同的道路。从同一个血脉原点出发的两条线，再也没能回到相同的终点。北平沦陷后，周作人污伪职，后以汉奸罪被国民党政府关押，1949年1月被保释后重回八道湾11号，躲进清寂的苦雨斋品味苦茶，寻字觅句，直至终老。

周氏兄弟失和的原因，坊间有多种分析，见仁见智，莫衷一是。

许广平在《鲁迅回忆录》里说，鲁迅与周作人之决裂，主要是由于政治上、思想上的根本对立，所以两人走向了两条截然不同的道路。一般学者都认同这一观点，并且公认鲁迅的骨头是最硬的，而周作人丧尽民族气节，最后沦为汉奸，为国人所不齿。由此，一个纯系家庭内部的私人恩怨牵扯到大是大非的原则问题，周作人终于被钉在了历史的耻辱柱上，而鲁迅则一度被请上神坛，这也是可以预见和应验的。

周氏兄弟的失和，固然是两种人生观的决裂，但也与羽太信子不无关系。1924年9月21日，在周氏兄弟撕破脸皮三个月后，鲁迅写了一篇短文，说他曾想著一册《越中专录》，十余年来，锐意搜集乡邦专甓及拓本，迁徙之后，"忽遭寇劫"，古拓本"委盗窟中"，意谓拓本落入了八道湾之手，《越中专录》终于未能辑成，成为鲁迅毕生的一件心痛之事。鲁迅写这篇本来不打算发表的短文时，用了"宴之敖"这个笔名。鲁迅曾对许广平解释过这个笔名的意思："宴从门（家），从日，从女；敖从出，从放：我是被家里的日本女人逐出的。"这个笔名反映了鲁迅的愤懑，也道出了兄弟失和的伦理缘由。毫不夸张地说，正是羽太信子在八道湾的"天威莫测"（书信271107致章廷谦），才导致了周氏兄弟的失和。客观上看，羽太信子分化了周氏兄弟，并使周室最后变为"羽太寓"，挂上了日本国旗。一个民族的生死危机竟从八道湾这个小小的门楣上露出了端倪，猝不及防的决裂，这是现代文学史的书写者谁也始料不及的。

我抬头看到了苦雨斋屋顶上的瓦，它被包围在蒿草丛中，一任岁月剥蚀。这是一种漂亮的民居筒瓦，瓦面上是吉祥结，吉祥结两侧是阳文"吉祥"二字，模印饱满。鲁迅当年修葺周府时，早将一个家庭的希冀和期许托付在屋瓦上。它满覆绿垢，见证了八道湾11号的聚散，自有一种不慌不忙、不言不语的从容。有谁真正了解五味杂陈的八道湾11号中的旧梦呢？有谁亲耳听到过苦雨斋里的叹息呢？这一排旧瓦，是不是曾经"如是我闻"呢？

兄弟失和后，鲁迅在精神上受到了很大打击，那些曾表达着鲁迅生命话语的小说，被表达着鲁迅意志话语的杂文所取代。不过值得注意的是，周氏兄弟在失和后，还通过作品隐秘地表达着遥惜与珍重之情。1925年10月，周作人在《京报副刊》上发表了他翻译的罗马诗人喀都路斯悼其兄弟的一首诗《伤逝》，译诗中有"兄弟，只嘱咐你一声珍重"的句子，借此传递他与鲁迅间各自珍重的信息。《京报副刊》是鲁迅经常发表文章的报纸，这首诗鲁迅自然很快就看到了。周氏兄弟失和40年后的1963年，周作人在《知堂回想录》中说："《伤逝》不是普通的恋爱小说，乃是假借了男女的死亡来哀悼兄弟恩情的断绝的……"知兄莫如弟，周作人对自己的感觉深信不疑。

鲁迅对周作人唯一不好的评价是一个字：昏。他对周建人说，启孟真昏！在给许广平的信中也说，周作人颇昏，不知外事。更多的时候，那不能泯灭的手足之情让鲁迅处处挂念着周作人。当《语丝》在北京被查禁，北新书局被封门时，鲁迅焦急万分，在致章廷谦的信中说："他（周作人）之在北，自不如来南之安全……好在他自有他之好友，当能相助耳。"鲁迅晚年为文艺斗争所苦，但当周作人的《五十自寿诗》受到攻击时，他的神志却异常清醒，甚至异常灵敏，一旦事涉胞弟，鲁迅就挺身而出。其时，也独有鲁迅在给曹聚仁等的信中能够主持公道，替周作人辩解。周作人晚年著《知堂回想录》，多次提到此事，可见对鲁迅的胸无芥蒂也自是服膺在心，而兄弟二人的息息相通亦于此可见。据李钰先生撰文，鲁迅临终前最常翻看的是周作人的文章，而周作人临终前，也在阅读鲁迅的书籍。

他们彼此还是把对方当作一面镜子，在沉默中寻找失和的另一半，这值得玩味。

无论周氏兄弟如何心灵相通，他们最终还是割席绝交、割袍断义了，这不禁让人怅然长叹。鲁迅自然是中国现代文学的开山鼻祖，但周作人也是中国第一流的文学家。冯雪峰说，鲁迅去世后，周作人的见识文章，无人能够相比。同为文学巨匠，两人自八道湾失和之后再没有书信往返，更没有促膝长谈。当年鲁迅在别人攻击周作人的文章中预见到了兄弟的命运："文人美女必负亡国之债"，竟然一语成谶，周作人果然被千夫所指，成为千古罪人。鲁迅逝世后，庞大的治丧委员会名单中，没有"汉奸"周作人的名字。

在八道湾11号的遍地瓦砾上，我想起了鲁迅在《别诸弟》跋中所言："登楼陨涕，英雄未必忘家；执手销魂，兄弟竟居异地。"

兄弟竟居异地！周氏兄弟的八道湾失和成了现代文学三十年难以释怀的一处永远的隐痛，提示着文学之外的另一种悲怆和沮丧。

砖塔胡同61号

（1923年8月2日—1924年5月25日）

1923年7月，鲁迅和周作人关系破裂后，决定搬出八道湾。经许钦文、许羡苏兄妹介绍，找到了砖塔胡同61号院。

据鲁迅日记，7月26日，"上午往砖塔胡同看屋。下午收拾书籍入箱"。8月2日，"下午携妇迁居砖塔胡同六十一号"。

从八道湾迁出的时候，鲁迅对朱安说，你或者留在八道湾陪母亲住，或者回绍兴娘家，我会按月寄钱供养你。但朱安想了想，回答道："八道湾我不能住……绍兴朱家我也不想去。你搬到砖塔胡同，横竖总要人替你烧饭、缝补、洗衣、扫地的，这些事我可以做，我想和你一起搬出去。"于是，朱安陪着鲁迅从八道湾搬到了砖塔胡同。

砖塔胡同之名与坐落于胡同东口的青砖古塔有关。这座塔叫万松老人塔，据记载，是金元时期高僧万松行秀的葬骨塔。万松老人是元代名臣耶律楚材的老师。塔原为八角七级密檐式砖塔，后几经重修，清乾隆年间重修时改为九级，目前是全国重点文物保护单位。

当年，先于鲁迅在砖塔胡同61号院租居的人是俞氏三姐妹：老大俞芬，24岁，周建人的学生；老二俞芳，12岁；老三俞藻，10岁。她们是绍兴人，父亲俞英崖经蔡元培介绍，鲁迅是认识的。

鲁迅在北京的住所中，绍兴会馆相当于单身汉的集体宿舍，八道湾11号和西三条胡同21号是和家室一起生活的独立民居，只有砖塔胡同61号像一个开放的大杂院，特别是和天真烂漫的俞氏三姐妹做邻居，使鲁迅的生活习惯、为人处世、趣味逸事更多地被旁观者所记录。俞芳曾作《我记忆中的鲁迅先生》一书，记录鲁迅在砖塔胡同中的生活和创作甚详。有了这一近距离的观察与记录，虽然鲁迅在砖塔胡同生活时间很短，但这段时期的各类信息反而比较丰满和完整。

据俞芳回忆，当时的砖塔胡同61号是一所地地道道的北京老式砖土结构平房。大门是两扇木门，门上有两句对联，黑底红字，上联是"忠厚传家久"，下联是"诗书继世长"。院内有七间瓦房：北屋三间，东屋、西屋各两间。北屋是砖地，东屋、西屋都是泥地。北屋东西两间的南窗装有玻璃，中间一间（堂屋）朝南有两扇木门，是简易的花格窗，糊着窗纸，没有玻璃。院子南面还有一座小土堆，经鲁迅辨认，是一个年久失修的花坛。

鲁迅当年租住的就是三间北房。东面一间留给老母亲，西面是朱安的卧室。中间的堂屋则是客厅兼鲁迅的工作室、卧室，还摆着一张小八仙桌，可会客和吃饭。白天，鲁迅通常在朱安卧室中的一张三屉桌上写作，朱安则常在厨房张罗菜饭等事，轻易不进屋打扰他。俞芳回忆："鲁迅先生的书桌上陈设整齐简单，文房四宝俱全。桌上最使我感兴趣的是那个大笔筒里面插着的两根大雀羽，据说它是从外国带来的。'只能看，不能摸'，我们遵守鲁迅先生的规定。"

关于这两根"大雀羽"，可以从1923年11月9日鲁迅日记中得到印证："得春台自巴黎来信并鸟羽二枚，铁塔画信片一枚，均由伏园转寄而至。晚始生火炉。"

春台，即孙伏园的弟弟孙福熙（1898—1962），字春苔，也是绍兴人，在中国现代散文作家中有较高的成就。孙福熙当时是经蔡元培介绍赴法国工读，先在里昂中法大学任秘书，后入法国国立里昂美术专科学校学习。1925年回国后，在鲁迅帮助下，散文集《山野掇拾》由北新书局出版。

笔者早年读鲁迅日记，见其友人竟从巴黎寄来了鸟羽，觉得此种高士之风，令人向往，今人弗及。但鲁迅如何处置这两枚鸟羽，始终找不到答案。后来在俞芳回忆文章中看到了"那个大笔筒里面插着的两根大雀羽"，仿佛他乡遇故知一般，始觉心中惦念的事有了答案，倍感快乐。

另外，据俞芳回忆，鲁迅书桌上的笔筒里还插着一支罂粟花的标本，鲁迅告诉她们，这种植物是制鸦片烟的主要原料，花开放时很好看。

晚上，鲁迅就在堂屋中的这张八仙桌上写作，北墙根下的床上摊着他要使用的书。砖塔胡同局促、逼仄的环境与宽敞的八道湾相比，反差是很大的。

俞芳回忆，1923年7月下旬的一个晚上，大姐把她和三妹叫到跟前，激动而严肃地说："大先生一家就要搬来了，他们是喜欢安静的，以后你们不能吵吵闹闹，只能斯斯文文。"还威胁说："不听话，小心我的扫帚柄！"俞芳当时想，太师母（鲁迅的母亲）到她家做过客，她是一位慈祥的老人，很喜欢小孩子。听大姐的口气，她老人家的大儿子大概有些"凶"吧。

8月2日下午，鲁迅一家搬到了砖塔胡同61号。鲁迅"身穿白夏布长衫，留着短胡须，神情严肃，脸上没有一点笑容"。这让小俞芳望而生畏，她和三妹走上前去，叫了一声"大先生"，深深地鞠了一个躬，并向站在他旁边的大师母（朱安）也鞠了一个躬，就跑到自己住的西屋里去了。但又很好奇，就从窗户里偷偷向外张望，此后一连几天都不敢轻易和他接近。

但俞氏姐妹很快发现，鲁迅特别可亲。他送给俞芳、俞藻各一盒积木，还买糖果、点心给她们吃。鲁迅注意到她们在院子小土堆上种了一株"独叶芋芳"，上面只有一片叶子，因为俞芳总是摘掉旧叶，留下新叶，以求好看，鲁迅就让她以后不要把老叶摘掉了。俞芳削铅笔时把铅末弄到了眼睛里，鲁迅就帮俞芳冲洗眼睛。俞芳在香烟盒的锡纸反面写了一篇童话，鲁迅还帮她修改。她们用彩色油光纸做小人玩，鲁迅就帮她们画人头。鲁迅用放大镜聚焦太阳光点燃"煤头纸"，向她们讲述光学原理。俞芳属猪，俞藻属牛，鲁迅就叫她们"野猪""野牛"，她们便也叫鲁迅"野蛇"（鲁迅的生肖是蛇），鲁迅一点都不生气，还反问："蛇也有不是野的吗？"大家都笑了。

鲁迅也很大方。俞芳姐妹喜欢敲鲁迅的"竹杠"。每次都是俞芳的大姐俞芬带头，俞芳和三妹帮腔。一次，俞氏姐妹听见街上小贩叫卖"萝卜赛梨"，就让鲁迅请客，太师母笑着说她来请，并打发潘妈买了几个萝卜，"给大家解解煤气"。还有一次，鲁迅请全院的人吃了比较贵的桂花元宵，太师母、鲁迅、朱安、俞芳三姐妹以及三个帮工每人一碗，一共要了九碗。

鲁迅对母亲很孝顺。鲁迅住在砖塔胡同的时候，母亲以住八道湾为主，因为那里的房子宽敞，有时也在砖塔胡同住几天。"太师母一到，北屋三间，显得十分热闹，与平日冷冷清清、安安静静的情形，恰成鲜明的对照。尤其在晚上，晚饭后，大先生总要到太师母屋里坐上一个多小时。大先生坐在太师母的床边，太师母有时躺着，有时坐在床上，大师母、大姐、我和三妹，就坐在周围听大先生和太师母讲话，这是我们一个欢乐的时刻。"兄弟失和后，鲁迅和母亲这样享受天伦之乐的时刻，也是很难得的。

鲁迅非常幽默有趣。他给俞氏姐妹讲绍兴读书人妄自尊大的笑话："天下文章，算我浙江，浙江文章，算我绍兴，绍兴文章，算我家兄，家兄的文章，还要我批改批改呢！"他还给俞氏姐妹讲绍兴女人吵架时常用的"剪刀阵"和"壶瓶骂"，边讲边现场示范："剪刀阵"就是双脚分开，两手叉腰，像一把剪刀口朝下的剪刀。还分析说，两手叉腰是为了壮气；双脚分开，重心低，站得稳。使用这种架势吵架的以中年妇女居多，她们精力旺盛，阅历多，相骂的内容丰富，互相抓住对方的缺点骂，骂得响、骂得快、骂得狠、骂得有力的得胜。"壶瓶骂"则是左手叉腰，右臂向右前上方伸直，并用食指指向对方做骂人状。鲁迅边示范边问："这样子像不像一把茶壶？"他的"壶瓶"姿势逗得大家笑得前仰后合。

鲁迅非常体谅别人。俞芳回忆，1923年12月的一个夜晚，伏案写作了一天的鲁迅刚刚睡着，周家的帮工王妈和俞家的帮工齐妈发生口角，越吵越响，以致鲁迅整夜失眠，第二天还精力不支，生病了。俞氏姐妹问鲁迅为什么不去"喝止"她们呢，其实就是大声咳嗽一声，她们听见了，也会不吵的。鲁迅摇摇头说，她们口角，彼此心里都有一股气，若制止，可将口角暂时压下去，但心里有气，恐怕也要失眠。与其三个人失眠，不如我一个人失眠。此事在鲁迅的日记中也有记录："昨夜半以两佣妪大声口角惊起失眠，颇惫，因休息一日。"（1923年12月18日）

生活在砖塔胡同中的鲁迅贫病交加，情绪很低落。兄弟失和所带来的打击是致命的，他的精神与身体都在经受着前所未有的煎熬。但"他从来不把自己的烦恼，向不相干的人泄露，让别人替他分忧。他把自己的苦恼深深地埋在心里"（俞芳语）。鲁迅后来也说"我已经能够细嚼黄连而不皱眉了"（书信240924致李秉中），就是这一意思。

搬到砖塔胡同后，"过分的疲劳和苦恼折磨得他病了，有几天他病得不能起床，吃不下饭，只吃米汤薄粥度日"。1923年11月8日，鲁迅"夜饮汾酒，始废粥进饭，距始病时三十九日矣"。这场大病，前后延续39天，不可谓不重。而此时，谁能想到鲁迅仅剩13年的寿命了呢？

这一阶段，除俞氏姐妹，鲁迅尽量减少与外界的交往。1923年6月12日，他在致孙伏园的信中说："我交际太少，能够使我和社会相通的，多靠着这类白纸上的黑字。"在给友人的信中，他只向胡适透露了详细地址，这还是在听闻胡适看定了西山养息之地后引出来的："闻先生已看定西山某处为养息之地，不知现在何处？我现搬在'西四砖塔胡同六十一号'，明年春天还要搬。"（书信231228致胡适）

鲁迅给自己拟定了一份"定例"，共两条：其一，不再与新认识的人往还；其二，不再与陌生人认识。与此同时，他也坚决谢绝友人来砖塔胡同拜访他。比如1923年10月24日，鲁迅致信孙伏园，主要意思是请其代辞章廷谦及其夫人对他的拜访。

昨函谓一撮毛君及其夫人拟见访，甚感甚感。但记得我已曾将定例声明，即一者不再与新认识的人往还，二者不再与陌生人认识。我与一撮毛君认识大约已在四五年前，其时还在真正"章小人nin"时代，当然不能算新，则倘蒙枉顾，自然决不能稍说魔话。然于其夫人则确系陌生，见之即与定例第二项违反，所以深望代为辞谢，至托至托。此事并无他种坏主意，

无非熟人一多，世务亦随之而加，于其在病院也有关心之义
务，而偶或相遇也又必当有恭敬鞠躬之行为，此种虽系小事，
但亦为"天下从此多事"之一分子，故不如销声匿迹之为愈耳。

　　信中"一撮毛君"指鲁迅在北大留校的同事章廷谦（川岛）。
因章廷谦上唇留有一小撮仁丹胡子，"一撮毛"本是其爱人对
他的昵称，被鲁迅知道了，就一直当外号使用。章的夫人是孙
斐君。"章小人nin"时代，指章廷谦初进北京大学学习的时期，
nin是江浙方言拼音，指小孩。

　　鲁迅在信中委托孙伏园"深望代为辞谢"，原因是"无非
熟人一多，世务亦随之而加"，即使熟人生病住院了，也有
关心的义务，在路上偶遇到，也必要恭敬鞠躬，"天下从此多
事"。从中可见鲁迅杜绝俗务、想销声匿迹的一种思想状态。
鲁迅后来搬到西三条胡同后，曾对友人说："我恐怕是以不好
见客出名的。但也不尽然，我所怕见的是谈不来的生客，熟识
的不在内，因为我可以不必装出陪客的态度。我这里的客并不
多，我喜欢寂寞，又憎恶寂寞，所以有青年肯来访问我，很
使我喜欢。但我说一句真话罢，这大约你未曾觉得的，就是这
人如果以我为是，我便发生一种悲哀，怕他要陷入我一类的命
运；倘若一见之后，觉得我非其族类，不复再来，我便知道他
较我更有希望，十分放心了。"（书信240924致李秉中）这种复
杂矛盾的心情伴随着鲁迅的一生。

　　鲁迅同时代的作家中，郁达夫是为数不多前往砖塔胡同拜

访过鲁迅的人。时间是1923年的冬天。这一年，曹锟贿选成功，做了大总统，郁达夫则入北京大学教书。

那一天下午的三四点钟，天气很阴沉，郁达夫来到了砖塔胡同鲁迅的住处，来开门的是一位清秀的中年妇人，"她人亦矮小，缠足梳头，完全是一个典型的绍兴太太"。这就是朱安。

郁达夫忘了他因什么事拜访鲁迅，但鲁迅住的那一间房子，他却记得很清楚，"是在那两座砖塔的东北面，正当胡同正中的地方。一个三四丈宽的小院子，院子里长着三四棵枣树。大门朝北，而住屋——三间上房——却朝正南，是杭州人所说的倒骑龙式的房子"。

郁达夫详细描写了砖塔胡同中的鲁迅：

那时候，鲁迅还在教育部里当佥事，同时也在北京大学里教小说史略。我们谈的话，已经记不起来了，但只记得谈了些北大的教员中间的闲话，和学生的习气之类。

他的脸色很青，胡子是那时候已经有了；衣服穿得很单薄，而身材又矮小，所以看起来像是一个和他的年龄不大相称的样子。

他的绍兴口音，比一般绍兴人所发的来得柔和，笑声非常之清脆，而笑时眼角上的几条小皱纹，却很是可爱。

房间里的陈设，简单得很；散置在桌上。书橱上的书籍，也并不多，但却十分的整洁。桌上没有洋墨水和钢笔，只有一方砚瓦，上面盖着一个红木的盖子。笔筒是没有的，水池却像一个小古董，大约是从头发胡同的小市上买来的无疑。

他送我出门的时候，天色已经晚了，北风吹得很大；门口临别的时候，他不晓说了一句什么笑话，我记得一个人在走回寓舍来的路上，因回忆着他的那一句，满面还带着了笑容。

同一个来访我的学生，谈起了鲁迅。他说："鲁迅虽在冬天，也不穿棉裤，是抑制性欲的意思。他和他的旧式的夫人是不要好的。"

（郁达夫《回忆鲁迅》）

从郁达夫的回忆中可以知道，鲁迅的"脸色很青"，衣服穿得很单薄，冬天也不穿棉裤，据说是为了"抑制性欲"。但鲁迅还是保持了幽默的本性，一句笑话让郁达夫回味了一路。

鲁迅住在砖塔胡同的时候，除了教育部的公务，还在北京师范大学、北京外国语学校、北京女子高等师范学校等地讲课。1924年2月26日，鲁迅致信当时的北京大学学生、后来的国民党军官李秉中，告知他的作息规律：

我的时间如下，但星期一五六不在内。

午后一至二时　在寓

三至六时　在教育部（亦可见客）

六时后　　在寓

星期日大抵在寓中。

由此可见，鲁迅在教育部的工作是颇为宽松的。每天晚上回家，除了编写讲义，鲁迅便奋笔著述。此间，鲁迅在北京大学等高校授课讲义的基础上，完成了《中国小说史略》的撰写，这是他在砖塔胡同的重大成果。据鲁迅日记和书信：1923年10月8日，"以《中国小说史略》稿上卷寄孙伏园，托其付印"。

10月24日，鲁迅致信孙伏园："昨下午令部中信差将《小说史》上卷末尾送上，想已到。现续做之文，大有越做越长之势，上卷恐须再加入一篇，其原稿为八十六七叶［页］，始可与下卷平均，现拟加之篇姑且不送上，略看排好后之情形再定耳。"此时，鲁迅已经在撰写小说史略的下卷，且越写越长，所以上卷要加入一篇，上下卷的体量才可均衡。

12月10日，鲁迅致信许寿裳："附上讲稿一卷，明已完，此后仅清代七篇矣。然上卷已付排印，下卷则起草将完，拟以明年二月间出。此初稿颇有误，本可不复呈，但先已俱呈，故不中止耳。已印者日内可装成，其时寄上。"说明小说史略的下卷进度很快，并且打算于次年的2月份印出。

12月11日，《中国小说史略》上卷由北京新潮社出版："孙伏园寄来《小说史略》印本二百册，即以四十五册寄女子师范校，托诗荃代付寄售处，又自持往世界语校百又五册。"

到了12月20日，"夜草《中国小说史》下卷毕"。至此，鲁迅的重要学术著作《中国小说史略》全部脱稿，共28篇，由北京新潮社于1923年、1924年出版，填补了中国小说史研究的空白。

《中国小说史略》上册和下册面世后，鲁迅分赠好友。其中赠送给章廷谦的一本，扉页上写道："请你／从情人的怀抱里／暂时伸出一只手来／接受这干燥无味的《中国小说史略》／我所敬爱的一撮毛哥哥呀！"章廷谦在北大曾选修鲁迅的中国小说史课程，当时正是新婚宴尔，鲁迅的赠言戏谑味十足。

胡适在获赠《中国小说史略》上册后，很快读完一遍，并致信鲁迅谈了对此书的看法。鲁迅随即于12月28日夜写了一封回信："《小说史略》竟承通读一遍（颇有误字，拟于下卷附表订正），惭愧之至。论断太少，诚如所言；玄同说亦如此。我自省太易流于感情之论，所以力避此事，其实正是一个缺点；但于明清小说，则论断似较上卷稍多，此稿已成，极想于阳历二月末印成之。"

胡适评论《中国小说史略》"论断太少"，态度坦诚又中肯，鲁迅也是欣然接受的，并解释这是为了避免太易流于感情之论，而下卷对此有所弥补，"论断似较上卷稍多"。

学术界普遍对鲁迅《中国小说史略》评价很高。比如蔡元培评价："著述最谨严，徒非中国小说史。"[1]郭沫若评价："王国维的《宋元戏曲史》和鲁迅的《中国小说史略》，毫无疑问，是中国文艺史研究上的双璧，不仅是拓荒的工作，前无古人，而且是权威的成就，一直领导着百万的后学。"[2]

砖塔胡同61号是鲁迅在北京的一处驿站，艰难困苦岁月的

---

[1] 李克、沈燕：《蔡元培传》，北京时代华文书局，2015年。
[2] 李建中主编：《中国文学批评史》，武汉大学出版社，2015年。

一个过渡区，显得简陋、孤寂，委屈、沉默。鲁迅在此环境下，还完成了《祝福》《在酒楼上》《幸福的家庭》《肥皂》等作品。1924年2月7日是大年初二，鲁迅听着远近的爆竹声，写下了一篇极具民俗色彩的小说《祝福》："旧历的年底毕竟最像年底，村镇上不必说，就在天空中也显出将到新年的气象来。灰白色的沉重的晚云中间时时发出闪光，接着一声钝响，是送灶的爆竹；近处燃放的可就更强烈了，震耳的大音还没有息，空气里已经散满了幽微的火药香。"这既是鲁镇的新年场景，更是砖塔胡同四周的实际环境。

在砖塔胡同，鲁迅真正与北京底层市民有了接触，他虽然使用雇工，但有时也自己劳动，比如11月25日是一个星期天，鲁迅"上午击煤碎之，伤拇指"。这一时期，鲁迅的价值观发生了一些微妙的变化，体现在《彷徨》等作品中。在《幸福的家庭》中，鲁迅描写了一个青年作家为了糊口而创作"幸福的家庭"的故事，但他写作的过程不断被妻子与小贩的斤斤计较、五五二十五的算计、狭窄局促的房间、妻儿的斥骂声和孩子的啼哭声等打断。理想很丰满，现实很骨感，这种错位和对比展露了生活的无情及主人公的悲哀。小说以反讽的笔法显示了鲁迅对家庭的反思，也是这次迁居对鲁迅思想冲击的结果。

《祝福》《幸福的家庭》等小说后来收入鲁迅的第二本小说集《彷徨》，而"彷徨"二字，非常生动地反射出鲁迅暂住砖塔胡同61号时的心情。

1924年5月25日，鲁迅和朱安迁出砖塔胡同，移居西三条胡同21号院。俞氏三姐妹同一天也搬离了砖塔胡同61号。此后，俞芳一直代太师母给大先生写信："从1930年3月开始，到1935年夏，我大学毕业参加工作为止。这五年多，太师母给大先生的一百多封信，绝大部分是由我代笔的。"

鲁迅心情不好的时候，不喜欢照相，因此住在砖塔胡同的时候，他并没有给自己留下影像。砖塔胡同61号的详细情况，还是俞芳1977年重访旧居后，根据自己和三妹的记忆记述下来的。俞芳还找了一位搞建筑的同志，把房子的轮廓画了下来，做了简单的说明。这是一件很有价值的事，后人据此了解了鲁迅住在砖塔胡同61号时院内全貌及室内陈设情况。

2011年3月。北京的气候非常像塞外，三月的风硬得像刀子，简直像撒泼一样。每天早上起床，我都会感到全身乏力、肠胃不适，根本没有在老家天水一觉睡醒痛快淋漓、血气方刚的感觉。

一天午后无事，找到砖塔胡同鲁迅住过的院子，原门牌号61号现在变为84号，且老门牌早不见了，只有一个粉笔写的门牌。附近的居民说，院子里鲁迅住过的那间屋子，唐山大地震那年已经翻新过，不再是当年的模样。由于房屋早已改建，历史文化信息无存，未被认定为鲁迅故居，亦不属于文保单位，据说该处将按规划进行绿化。

院内芜杂不堪，屋中出来一个男人不耐烦地说：鲁迅原先住过的房早拆了，这是后来建的，你拍这有什么意义，去鲁迅纪念馆拍吧！

北京胡同里很多中年男人对外地人不友好，防范心理很重，估计还是和这样芜杂的城中村环境有关。倒是一个中年妇女很热心，她可能没学过文学，但她知道鲁迅在这个院子住过6个月，并且知道他写过四本书，还知道其中一篇叫《祝福》。

　　这就是文学的力量。作家住过的房可以拆，可作品却能在人心里扎根。

宫门口西三条胡同21号

（1924 年 5 月 25 日—1926 年 9 月）

1923 年 8 月，鲁迅携妇迁居砖塔胡同 61 号暂住后，因母亲想迁出八道湾与自己同住，且自己也应有稳定的住所，便抱病四处看屋。

从 8 月 16 日起，至 10 月 30 日，鲁迅先后在菠萝仓、西城、贵人关、西单南、街西、宣武门、都城隍庙街、西直门内、西北城、石老娘胡同、南草厂、半壁街、德胜门内、针尖胡同、阜成门内、达子庙等处看屋 21 趟，先后陪同鲁迅看屋的人有：裴子元、李茂如、崔月川、李姓者、秦姓者、王仲猷、杨仲和、林月波、李慎斋等九人，其中李慎斋陪同次数最多，为七次，且在鲁迅装修新房的过程中始终参与，出力甚巨，引人关注。

读《鲁迅日记》，有关李慎斋的记录共有 52 次之多，且集中于 1923—1924 年鲁迅与弟失和、流离失所及寻寓栖身之际，是鲁迅风雨飘摇的个人生活中一个得力的谋士与助手。

李慎斋，名懿修，字慎斋，河北清苑人。1916 年为教育部会计，1922—1925年间为教育部社会教育司办事员。李慎斋第一次出现在鲁迅日记中是1916年12月2日，这一天是鲁迅为庆祝母亲六十寿辰回绍兴省亲的前夜，时为教育部会计的李慎斋闻知鲁迅返乡省亲的消息后，专程前往鲁迅寓居的绍兴会馆送行，并送四盒蘑菇，鲁迅在当天的日记中记道："李慎斋来，贻摩［蘑］菇四合［盒］。"此后李慎斋以陪同鲁迅看房者的身份出现。1923年9月13日，"下午同李慎斋往宣武门附近看房"。9月24日，10月10日、17日、24日、27日，又同至南草厂、阜成门内、达子庙等处看屋，至10月3日，"同至阜成门内三条胡同看屋，因买定第廿一号门牌旧屋六间，议价八百，当点装修并丈量讫，付定泉十元"。鲁迅当年在教育部社会教育司的工资为300元银洋，用三个月的工资即可买六间房屋，可以说举重若轻。

买下西三条胡同21号房屋后，鲁迅即着手装修。"工程开始后，鲁迅天天盯着施工进展，卸石灰、和油漆、裱糊，一步步验收，分批支付钱款，为此他还建立了一个折子，专款专用，详细记录每次付款的日期和数额。最后整个算下来，改造大修共花费约1183元，如果再加上前期的购房款848元，那么鲁迅安家西三条21号的整个投入就是2030元"。（姜异新：《"三维立体设计师"鲁迅》，《群言》2020年第11期）这还不算购买花木、家具等的费用。

即使鲁迅工资很高，还有讲课费、版税及稿费等，但被周作人夫妇逐出八道湾后，他不名一文。买房及装修时，鲁迅不得不向齐寿山及许寿裳两先生各借400元。

西三条胡同屋，是鲁迅"买来安慰母亲的"，鲁迅曾对许广平讲："绍兴老房子卖去了，买了八道湾的房子，她一向是住惯自己的屋子，如果忽然租房子住，她要很不舒服。"一片孝心和苦心尽在其中。鲁迅为修建此房所欠的款，直到1926年8月收到厦门大学付给的薪金后才还清。

阜成门内西三条胡同买定后，李慎斋协助鲁迅做了如下几件事。

立契。1923年11月18日，"邀李慎斋同往西三条胡同连海家，约其家人赴内右四区第二路分驻所验看房契"。12月2日，"午在西长安街龙海轩成立买房契约，当付泉五百，收取旧契并新契讫，同用饭，坐中为伊立布、连海、吴月川、李慎斋、杨仲和及我共六人"。可见鲁迅对这次买房十分重视，成功交易后不忘庆祝一番。次日，"晚同李慎斋往警区接洽契价事"。本月与李慎斋交往频繁，互有访问，并赠送李慎斋《呐喊》一本。拿自己的著述赠人，是一个文人对他人的最高礼遇。该书为北京新潮社1923年8月出版，列入新潮社《文艺丛书》，以深刻的内涵和特别的手法，成为中国现代小说的开端与成熟的标志。

翻修。鲁迅对这所房屋倾注了大量的心血，仅院内房屋的改建平面图就亲自设计了三幅，图上详细标注了尺寸，颇似专业设计图，其中一幅旁注："此房坐落在宫门口西三条胡同二十一号，现住西四、砖塔胡同、六十一号，周树人"。房屋

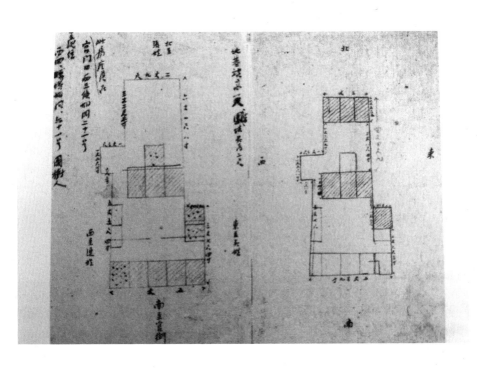

鲁迅手绘官门口西三条胡同二十一号示意图

改建设计图作于1923年11月，此时鲁迅尚住在砖塔胡同。从图上看，新寓东至吴姓，南至官街，西至连姓，北至张姓。

12月12日，鲁迅与李慎斋等"同至四牌楼呼木匠往西三条估修屋价值"，开始翻修老屋。1924年1月2日，"下午李慎斋来，同至西三条胡同接收所买屋，交余款三百元讫"。此后李慎斋来，或看瓦、木料，或看卸灰，或巡视，或买玻璃，或呼漆匠、裱糊匠，或买铺板，忙得不亦乐乎。翻修的过程中，门枕石、花边瓦、步步锦、帘架、风门、荷花栓斗与荷叶墩，都是地道的北京做法。鲁迅甚至在经济拮据的情况下，向李慎斋借了五十元钱，支付了李瓦匠的工钱。

鲁迅对李慎斋协助他购买、翻修、设计房屋之事是心存感激的，是年8月，他从陕西西北大学做学术讲演返京后，第二天便拜访了李慎斋，"赠以长生果、枸杞子各一合［盒］，汴绸一匹，《颜勤礼碑》一分"。这次交往之后，李慎斋逐渐淡出了鲁迅的生活，此后的一年时间，他在鲁迅日记中只出现了四次，这也是最后的四次，其中三次为李慎斋替鲁迅领取俸银事：1924年8月14日，"晚李慎斋来，交所代领六月份奉泉六十五元"。9月13日，李慎斋派其子送鲁迅俸禄："李若云为送李慎斋所代领奉泉百十五元来，若云名维庆，慎斋子。"对于这次送薪水，李维庆多年后有一篇回忆文章，他记述道："每月代领薪水后，我父即送至他家，绝不隔日。一次，领薪后，我父病卧不起，次日即星期天，于是命我送至鲁迅家中。"（《我的回忆》）1925年1月23日，"李慎斋来并交所代领奉泉

西三条胡同21号鲁迅故居

（作者摄于2008年3月15日）

百九十八元"。最后一次则是此年8月份鲁迅因支持女师大学生斗争被段祺瑞政府免去教育部佥事之职后，李慎斋前去道别——去向一个遭到当局免职的人道别，没有一定的勇气是难以成行的。

一个人可以有很多类型的朋友，如果说许寿裳是邀鲁迅品茗逛琉璃厂的朋友，孙伏园是约鲁迅办杂志写文章做大衫的朋友，钱玄同是与鲁迅探讨铁屋子的朋友，李慎斋则是帮助鲁迅切实解决实际困难的朋友。他在鲁迅困顿之际伸出援手，帮助鲁迅寻求安身立命之所，使其度过了砖塔胡同中的艰难时日，事后悄然消失在鲁迅的生活乃至三十年现代文学的细节中。

这不是一桩孤立的私人交往的事件，它是现代文学三十年中鲁迅人际关系的一枚标本。

1924年5月25日，鲁迅"晨移居西三条胡同新屋"，后来接母亲同住。

西三条21号是鲁迅在北京的最后居所，是一座标准的四合院，只占地四百平方米，即"五八丈"，是八道湾11号面积的六分之一。东南角是院门，屋宇门涂金边黑漆。院门西侧是四间倒座，倒座对面是三间北房，东西厢房各两间，围出一个规整的正方形庭院。

北房有屋三间，正中的一间，是全家人的客厅。目前的布置是，右侧放着方桌和洗脸架，洗脸架下放一提水的铁桶。进门处有一柳条箱，那是鲁迅放换洗衣服的地方。东边挂着鲁迅四弟椿寿的一幅画像。椿寿6岁时因肺炎去世，为安慰母亲，周氏兄弟特请绍兴名画家叶雨香对照周作人的样子画了像，在母亲身边一直挂了45年。

东头的一间，是鲁迅母亲鲁瑞的住室，陈设简单，但颇有江浙风味。据许寿裳介绍，"太夫人谈锋极健，思想有条理，曾用自修得到能够看书的学力"。一个三面均有床栏的精致大木床，据说是从绍兴老家带出来的。1943年老太太去世后，给了周作人家，后又被散出。1986年北京鲁迅博物馆才从一住户家中找到，放还鲁母住室。木床上用的蓝粗布被单和蓝花麻布帐，也颇具绍兴农村的乡土气息。屋角有一张藤躺椅，鲁迅晚饭后或工余陪母亲谈天时，经常坐在这里。

北房的西屋是鲁迅的原配夫人朱安的住室。房间陈设极为简单，一张四尺竹床，一顶麻布帐，靠墙一个黑大立柜。

南屋是鲁迅的会客室兼藏书室，当年许广平在受到学校迫害时，也曾来此居住过。东墙挂着陶元庆所作鲁迅素描肖像，鲁迅极为喜爱。1926年5月3日，鲁迅收到陶元庆从台州寄来的这张画后，即将它挂在这里，并写信称赞说："我觉得画得很好，我很感谢。"陶元庆为鲁迅设计了很多封面，鲁迅的《彷徨》《坟》《朝花夕拾》，以及翻译作品《出了象牙之塔》《苦闷的象征》等书的封面均是他的作品。南屋以前满满地叠放着30多个书箱。这些书箱叠起来是书柜，分开又是一个个箱子。它们跟随鲁迅多年，有的是鲁迅在绍兴时请木匠做的，有的是在厦门和上海购置的。1931年，鲁迅还托宋紫佩将上海的八箱书运回北京。

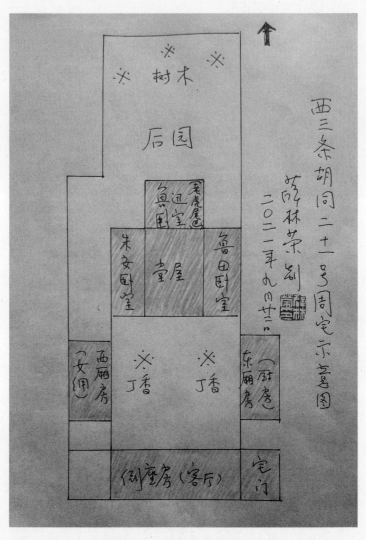

西三条胡同21号周宅示意图（作者制）

此外，东厢房是女工住的地方，西厢房是当时的厨房。

"这所小屋既成以后，他就独自个回到八道湾大宅取书籍去了。据说作人和信子大起恐慌，信子急忙打电话，唤救兵，欲假借外力以抗拒；作人则用一本书远远地掷入，鲁迅置之不理，专心检书。一忽儿外宾来了，正欲开口说话；鲁迅从容辞却，说这是家里的事，无烦外宾费心。到者也无话可说，只好退了。"（许寿裳《亡友鲁迅印象记·西三条胡同住屋》）

1924年6月11日《鲁迅日记》对此事也有记录："下午往八道湾宅取书及什器，比进西厢，启孟及其妻突出骂詈殴打，又以电话招重久及张凤举、徐耀辰来，其妻向之述我罪状，多秽语，凡捏造未圆处，则启孟救正之，然终取书、器而出。"

许寿裳上文中所说的"外宾"即指张凤举、徐耀辰等。

取回书籍的第二天，鲁迅给许寿裳讲了这一过程，许寿裳问他："你的书全部都已取出了吗？"他答道："未必。"又问："我所赠的《越缦堂日记》拿出了吗？"他答道："不，被没收了。"

常有学生去西三条胡同访问鲁迅，王冶秋回忆道："当时的西三条胡同晚上几乎是没有灯光的，道路也很不平，他们摸到21号，轻轻地拍着门上的铜片，女工出来开门的时候，鲁迅先生已经从北屋拿着油灯站在院里等着了。"（王冶秋《鲁迅与韦素园》）而当谈到夜深时，鲁迅总是拿着那盏煤油灯，送他们到大门外，看他们远去了，才回来。

章廷谦回忆：

鲁迅先生住在北京西三条时，你去访问他，一敲大门，出来开门的往往是他；辞别时送出来关大门的也是他自己；坐下谈天，给你泡茶倒茶的是他自己；凑巧家里有炒花生，有糖果点心时，拿出来盛着食物的饼干盒饷客的也是他自己。这一些虽是生活中的小事，但在当时的一些老爷们、"高等华人"们是不干那种"卑贱"的事的，他们只需放大嗓音喊一声"来——"，或者按一下电铃，努努嘴便什么都有了。鲁迅先生却总是自己操作，家里虽然也雇有工人。[①]

当时，像鲁迅这一身份的人，出门总是坐一辆包月车，每月所费也不过十五元左右。"坐包车，冬天有棉车篷，膝前围着一块毛毯防寒；夏季支起帆布车篷，膝前罩着一张白布帘防晒；车前还有电车车灯。"但鲁迅外出从不坐包车，如果目的地较远，就自己临时雇街车去。"记得在闲聊时他曾说过，坐汽车还有道理，取其快；坐包车和马车就近乎坐八抬大轿了。"

1926年8月15日，即将离开北京的鲁迅给学生许广平等人写了一封戏谑味很浓的书信，邀请她们到西三条胡同21号周宅一叙，全文如下：

景宋"女士"学席：程门飞雪，贻误多时。愧循循之无方，幸骏才之易教。而乃年届结束，南北东西；虽尺素之能通，或

---

① 川岛：《鲁迅先生生活琐记》，周建人、茅盾等著《我心中的鲁迅》，湖南人民出版社，1979年。

下问之不易。言念及此，不禁泪下四条。吾生倘能赦兹愚劣，使师得备薄馔，于月十六日午十二时，假宫门口西三条胡同二十一号周宅一叙，俾罄愚诚，不胜厚幸！顺颂时绥。

师鲁迅谨订

八月十五日早

这是鲁迅模仿此前许广平、陆晶清、吕云章等人邀请鲁迅赴宴的书信体例而作。"四条"一词是鲁迅用以奚落女人的哭泣，指代两条眼泪、两条鼻涕。

1926年8月26日，鲁迅离开北京去厦门。他在西三条胡同前后共住了两年又两个月。

鲁迅在西三条胡同21号住过的地方，现在则是北京鲁迅博物馆所在地。

1998年夏天，我第一次参观北京鲁迅博物馆。

那天下雨，博物馆已经关门，但大门口的"鲁博书屋"还开着。书屋比较大，卖很多老版本的鲁迅著作。店里没有顾客。两个人坐在屋子中间的沙发上，叽里呱啦地用日语交谈着。我心想，北京就是北京，你看看，和鲁迅沾边的书屋，人家都讲日语。此情此景，让我想起阿累在《一面》中描述的一个场景。阿累说，那天上海的天空"正飞着牛毛细雨"，他去内山书店躲雨、歇脚、看书：

店里空荡荡没有一个顾客，只有店后面长台子旁边有两个人用日本话在谈笑。他们说得很快，听不清说些什么。有时忽然一阵大笑，像孩子一样的天真。那笑声里，仿佛带着一点"非日本"的什么东西；我向里面望了一下——阴天，暗得很，只能模糊辨出坐在南首的是一个瘦瘦的，五十上下的中国人，穿一件牙黄的长衫，嘴里咬着一支烟嘴，跟着那火光的一亮一亮，腾起一阵一阵烟雾。

阿累描述的，自然是鲁迅和内山完造。

我在鲁博书屋见到的，不知道是谁。但那个场景，给我一种深刻的感觉，那就是，鲁迅和日本，渊源真是极深。不懂日语，简直和鲁迅隔了一层。

后来再去，鲁博书屋搬到了鲁迅博物馆院内，鲁迅故居的对门，一小间房，以经营鲁迅著作、限量毛边书和现代文学研究著作为主，包括藏书票、版画等。门面虽小，名气很大。书屋的老板叫萧振鸣，研究鲁迅，编著有关书籍，比如《鲁迅著作手稿全集》《鲁迅美术年谱》等。他把自己的小幅书法作品放到店里出售，写的都是鲁迅的诗，用的是16开宣纸信笺，一幅卖80元。既然是研究鲁迅的学者，自然是有追求的学者，于是买了一幅。

看上了一套陈漱渝签名钤章的毛边编号本编年体《鲁迅全集》，共20套，每套600元。我心疼那600块钱，没有买。出了书店在院子里转悠，心里一口气总畅不开，郁闷得很，于是杀了个回马枪将书拿下，始觉天地万物无其不大。出门右拐，跑到阜成门外邮局直接将其寄回天水了。现在这套书就躺在我的书桌下。

其间：

"老虎尾巴"

鲁迅买来西三条21号房院后，亲自绘制图纸大拆大改，以使其符合自己的需要。1923年10月31日鲁迅日记："夜绘屋图三枚。"此改建图纸保存至今。

鲁迅在三间北房后面接出了一间小房子作为自己的卧室兼工作室，由于是拖在后面的，活像一条尾巴，北京民间把这种凸出于正屋后面的建筑形象地称为"老虎尾巴"。

"老虎尾巴"只是俗称，鲁迅在与朋友聊天时使用。鲁迅曾向人介绍："在房子的后面搭出一间平顶的灰棚，北京叫做老虎尾巴。这是房子中最便宜的一种。"[①]

因陈西滢等骂鲁迅是学匪、土匪，鲁迅于是戏称此屋为"绿林书屋"，并署到文章末尾，比如《华盖集·题记》末署："一九二五年十二月三十一日之夜，记于绿林书屋东壁下。"

许广平1949年之前也没说起过"老虎尾巴"，而是称其为

---

① 许钦文:《在老虎尾巴》,《学习鲁迅先生》,上海文艺出版社,1959年。

"倒放的品字":"在北京,他(鲁迅)房子的北面像倒放的品字,他就在倒下的口字中作为卧室兼书室。"

西三条胡同的房屋改建设计图虽然出自鲁迅之手,加盖"老虎尾巴"也是鲁迅的主意,但帮忙设计的却是李慎斋。《鲁迅全集》(人民文学出版社1981年版)注释称,这一工作室,就是李慎斋为鲁迅设计的。曹聚仁也记载:"替鲁迅设计这一寓所,是他的教育部同事李先生,这老虎尾巴近乎画室,也是李先生所设计的。"(曹聚仁《鲁迅评传·在北京》)

鲁迅对改建新居显然有较多的想法,但仅得到了泥瓦匠和木匠的有限配合,为此,鲁迅还对许钦文(1897—1984)发牢骚:"改革实在是难,无论泥瓦匠和木匠,都总是要依他们的老法子做,我是大半托人代办的,不好意思多说,自然只好将就点!"

据谢其章先生介绍,鲁迅与瓦匠李海德签订改建房院合同的"作法清单"也保存至今,其中涉及"老虎尾巴"(虎尾)的几段:"明间新添平台后虎尾一间进深一丈面宽柱高遂大房成做……后虎尾装修六扇格格扇卡子花内里原旧连檐瓦口前檐一檩三件刮抱檐头见新成做后虎尾榻板旧的刮宝见新。"①

西三条胡同21号新屋的第一位访客是许钦文,他于十几年后写有《在老虎尾巴的鲁迅先生》,发表在1940年10月《宇宙风乙刊》三十一期,"老虎尾巴"于是名播天下。许钦文写道:

---

① 谢其章:《鲁迅"老虎尾巴"的传播史》,《上海书评》2017年12月27日。

"鲁迅先生这才重行露出笑容来解答，'因为便宜点，这是灰棚，上面是平顶的，比较正式的房屋，钱可以省一半多。——这样在屋后面拖一间的灰棚，在北京，叫做老虎尾巴。现在我是住在老虎尾巴里了！'"

许广平在《欣慰的纪念》中说，西三条胡同是一所三开间四合院式的房子，"走进黑漆的大门，经过点缀着两三棵枣树之类的不很宽大的院子，朝南就是三开间，特别的却是当中的一间后面还紧接着像上海普通的亭子间大小的一间房子，那就是……'先生的工作室老虎尾巴'"（许广平《欣慰的纪念》）。

老虎尾巴北窗用玻璃，光线充足。鲁迅曾说，"北窗的光上下午没有什么变化"，"开北窗，在东壁下的桌子，上午、下午都可以写作、阅读，不至于损害目力。其次是可以从窗口眺望后面园子里的景物"。[1] 望向后园，即见《野草》第一篇《秋夜》所谓"在我的后园，可以看见墙外有两株树，一株是枣树，还有一株也是枣树"。

为了工作不为安逸的活动所累，"老虎尾巴"中布置极简单：窗下是一张木板床，由两条长凳搭上两块木板组成，占去屋内四分之一的地方。冬天"老虎尾巴"里也不单独生火，和中间吃饭的屋子共用一个炉子。鲁迅说："一个独身的生活，决不能常往安逸方面着想的，岂但我不穿棉裤而已，你看我的棉被，也是多少年没有换的老棉花，我不愿意换。你再看我的铺板，我从来不愿意换藤绷或棕绷。我也从来不愿意换厚褥子。

---

[1] 许钦文：《在老虎尾巴》，《学习鲁迅先生》，上海文艺出版社，1959年。

生活太安逸了，工作就被生活所累了。"(孙伏园《哭鲁迅先生》)床上的一对枕头，上面绣着色彩鲜艳的图案，一个上面有"卧游"二字，一个上面有"安睡"二字。这是许广平为鲁迅亲手缝制的。

"老虎尾巴"右手是一张茶几、两张木椅，左手是鲁迅写作使用的三屉桌，桌上放着茶杯、烟缸、笔架、笔筒、钟等物件。书桌左角立着一盏不大的煤油灯。

鲁迅一生朴素、整洁、有条不紊、按部就班，书桌也非常有序，古人说"几案精严见深情"，鲁迅精严的几案，正是其有条有理、整洁严明的工作和生活习惯的体现。

宁静的夜晚，鲁迅坐在桌前，煤油灯发出闪闪的微光，"后窗的玻璃上丁丁地响，还有许多飞虫乱撞"。夜深了，有时还会出现"哇的一声，夜游的恶鸟飞过了"。借着这盏煤油灯的灯光，鲁迅用他那支金不换的毛笔，写下了著名的散文诗集《野草》、小说集《彷徨》的大部分作品，杂文集《华盖集》《华盖集续编》以及《朝花夕拾》《坟》中的大部分作品，共计200多篇。

鲁迅在"老虎尾巴"中陈列和布置了很多文玩，部分文玩的图像还由北京鲁迅故居印成明信片发售。

比如石刺猬。1920年3月28日鲁迅阅市："午后往留黎［琉璃］厂买元思、元文、李媛华墓志各一枚，残石一枚，有'祥光'等字，云出云南，共券八元。又石猬一坐［座］，泉三元。"这个石刺猬坐在一朵莲花上，造型极为奇特，估计由佛像改制，因为刺猬是不会坐莲花的，其用途是压碑帖拓片和修整过的书刊。

比如"君子馆砖"。1924年9月10日，鲁迅通过齐寿山收藏了一块灰色的扁方砖："齐寿山为从肃宁人家觅得'君子'专［砖］一块，阙角不损字，未定直，姑持归，于下午打数本。""君子馆砖"指汉景帝时河间献王刘德修建"君子馆"时所使用的特制砖，每块砖的正面都刻有"君子"二字。这块砖的来源较为可信，鲁迅不久就决定买下此砖，"以六元买'君子'专［砖］成"。虽然这块砖缺角，但不损字，鲁迅以六元价得到，也算是捡漏了。此砖曾陈设在西三条胡同鲁迅故居，后来作为文物从陈设中撤下，永久收存于文物库房。

比如砖砚。系南朝梁武帝大同十一年（545）的古砖，上下均镶有紫檀木板，出土于浙江绍兴嵊州，砖上刻着"大同十一年"字样，另两边刻有花纹，鲁迅约得于1918年，曾亲自将砖文拓出，收入《俟堂专文杂集》中，并在目录中注："已制为砚，商契衡持来，盖剡中物。"1923年8月周氏兄弟失和，鲁迅被迫迁出八道湾时"子身逭逃，止携大同十一年者一枚出"，即指此砖砚，可见鲁迅对它的珍爱。

再比如青花山水笔筒。晚清制，1921年10月购于北京小市。

这些文玩也被鲁迅称作"居处的文陋"，对其神情气质有影响。1934年2月3日，鲁迅在《申报·自由谈》发表《"京派"与"海派"》一文说："籍贯之都鄙，固不能定本人之功罪，居处的文陋，却也影响于作家的神情，孟子曰：'居移气，养移体'，此之谓也。"

老虎尾巴东墙上挂着读者熟悉的藤野先生的照片。

藤野先生是鲁迅在日本留学时的老师，日本福井县人，1901年起任仙台医学专门学校教师，1915年离职回乡自设诊所，1945年病逝。1926年，鲁迅在厦门大学写了一篇深情的回忆性散文《藤野先生》，提到这张照片，是他当年即将回归时，藤野先生所赠："将走的前几天，他叫我到他家里去，交给我一张照相，后面写着两个字道：'惜别'，还说希望将我的也送他。"这张照片被鲁迅挂在西三条胡同寓居的东墙上，书桌对面。"每当夜间疲倦，正想偷懒时，仰面在灯光中瞥见他黑瘦的面貌，似乎正要说出抑扬顿挫的话来，便使我忽又良心发现，而且增加勇气了，于是点上一枝［支］烟，再继续写些为'正人君子'之流所深恶痛疾的文字。"鲁迅说，"但不知怎地，我总还时时记起他，在我所认为我师的之中，他是最使我感激，给我鼓励的一个。有时我常常想：他的对于我的热心的希望，不倦的教诲，小而言之，是为中国，就是希望中国有新的医学；大而言之，是为学术，就是希望新的医学传到中国去。他的性格，在我的眼里和心里是伟大的，虽然他的姓名并不为许多人所知道。"

"老虎尾巴"东墙另一边，还挂着一幅司徒乔的素描《五个警察和一个〇》，上有一行小字："十四年初夕日见到的"。

1925年除夕，画家司徒乔在施粥棚前遇到几个警察在殴打一个带孩子的孕妇，原因仅仅是这个孕妇给她的孩子讨了一碗粥，还想再给自己讨一碗，因而遭到五个警察的殴打。司徒乔非常气愤，回家后，即刻画出这幅素描。1926年6月，鲁迅参观他的画展时买下这幅画，并挂在"老虎尾巴"内。司徒乔在《鲁迅先生买去的画》一文中说："这幅画，艺术造诣是丝毫也不值得鲁迅先生重视的，他买它无非是因为画中记录的恰巧是他最憎恶的事，是人吃人的社会的缩影，虽然是十分简单而粗糙的缩影。在别人也许完全不知道是怎么回事，而关心人间疾苦和熟悉人民生活的鲁迅先生，却一眼就看了出来，而且拿来置于座旁。"鲁迅爱憎之分明，对贫苦人民感情之深，于此可见。

"老虎尾巴"的西墙上，挂着一幅水粉风景画和孙福熙所作《山野掇拾》封面画。此外还有一幅引人注目的对联："望崦嵫而勿迫，恐鹈鴂之先鸣。"这是鲁迅自己集《离骚》句，特请一位擅长书法的教育部同事乔大壮书写的。1924年9月8日鲁迅日记："自集《离骚》句为联，托乔大壮写之。"这既是自勉，也是自律，足见鲁迅对时间之珍惜。

鲁迅离开北京后，鲁迅的母亲鲁瑞将自己住的东间也往北扩出一间"灰棚"与虎尾相连，稍有区别的是，鲁瑞的虎尾开了个后门，可以直接进到后院。

1945年日本投降后，北平笼罩在国民党白色恐怖中。王冶秋和徐盈假借孙连仲集团军的名义，贴出布告，将鲁迅故居列为军队征用的民房加以保护。1946年，许广平在西三条整理鲁迅藏书。据看守的人说，鲁迅不在京时，老虎尾巴寝室也被人借住过，他们随便拿鲁迅包藏好的《小说月报》等书翻看。"我整理书时，就看见原包已拆开，短了几期，不是鲁迅生前完整无缺的了。"[①]

北京解放后，军管会文物部王冶秋派人接管了鲁迅故居。1950年，王冶秋打报告给毛泽东，请他为鲁迅故居题名，当时毛主席批示"请郭老写"。"鲁迅故居"四个字，即为郭沫若所题。

1950年1月，黄裳写了篇《老虎尾巴》，内云："这是一所小小的四合院，建筑是很单薄的。那间'老虎尾巴'的书房的木窗格，虽然加上了新的红油漆，也依然显得单薄，好像风一吹就会给吹断了似的，窗外的小院子里，有几只小鸡在啄米吃。"

1955年5月22日，周恩来总理参观了鲁迅故居。75岁的鲁迅故居管理员李育华于1977年回忆说，总理当时"从东屋出来，进入鲁迅的工作室兼卧室——'老虎尾巴'。总理很感兴趣地看着挂在东墙壁上的藤野先生照片，司徒乔的炭画素描《五个警察和一个〇》……总理看着这一件件珍贵的文物和小小'老虎尾巴'里十分简单的陈设，深有感触地赞叹道：'鲁迅的生活真是俭朴呵！'"[②]

1912年5月至1926年8月，鲁迅在北京共生活了14年，当

①许广平：《鲁迅手迹和藏书的经过》，《图书馆》1961年第4期。
②北京鲁迅博物馆鲁迅研究室编：《鲁迅研究资料》（2），文物出版社，1977年。

然这也是他在教育部的公务员生涯的14年。

北京是鲁迅的第二故乡，是他在绍兴之外生活得最久的地方，他与朋友多次谈起北京，总是充满了深厚的感情。他在给杨霁云的信中说："中国乡村和小城市，现在恐无可去之处，我还是喜欢北京，单是那一个图书馆，就可以给我许多便利。"（书信341218致杨霁云）去世前的几个月，鲁迅还认为："我很赞成你们再在北平聚两年；我也住过十七年，很喜欢北平。现在走开了十年了，也想去看看，不过办不到，原因，我想，你们是明白的。"（书信360402致颜黎民）

长安行

1924年6月，创办于西安的西北大学与陕西省教育厅合议筹设暑期学校，聘学者名流任教。在邀请名单中，原没有鲁迅。《语丝》撰稿人王品青是西北大学校长傅铜的同乡，经他和北京大学哲学系三年级学生王捷三写信推荐，该校便邀请了鲁迅。

1924年6月28日，鲁迅往晨报社访绍兴同乡孙伏园，并与孙、王诸人同赴西北大学办事人之宴，席间商定赴陕行程后，鲁迅即做启程准备。

时距周氏兄弟决裂不久，鲁迅答应国立西北大学之邀去陕西，既为夏期讲演，又为他谋划已久的长篇小说《杨贵妃》寻找感性材料，也为散心。鲁迅对这次外出十分重视，此后数日，先后订制了"一夏布一羽衫"两件大衫，买了行旅用的杂物，到西庆堂理发、洗澡。由于经济拮据，还从孙伏园处借钱86元、许寿裳处借钱20元作为差费。

7月7日，"赴西车站晚餐，餐毕登汽车向西安，同行十余人，王捷三招待"。此处"汽车"系日语，指火车。北大哲学系学生王捷三是陕西韩城人，当时的身份是西北大学驻北平代表，担任北京方面的招待员，接待并陪同鲁迅一行。

饭毕，鲁迅等13人即登车往西安。次日抵郑州，宿大金台旅馆。9日火车抵陇海路西段终点陕州（今河南省三门峡市），宿耀武大旅馆。

据单演义先生介绍，鲁迅一行途经陕州，一早便苍蝇共鸣，扰人清梦，鲁迅说："《毛诗·齐风》之中咏：'匪鸡则鸣，苍蝇之声'，于今朝验之已。"此后，他还与同行者谈吴佩孚的谬论，批评帝国主义那一套"其扰乱世界，比苍蝇更甚百倍"。（单演义《鲁迅在西安》）第二年，鲁迅创作了杂文《夏三虫》，谈论蚤蚊蝇，或许当时就已经在打腹稿了。

7月10日，他们改水路坐船沿黄河西行，夜宿灵宝。

灵宝即周之桃林（塞）。孙伏园回忆说："我们在黄河船上望见灵宝城，濯濯的丘陵上现出一丛绿树。我已经受了感动，对鲁迅先生说，'宜乎美人出生在这里了'。鲁迅先生静静地望着，没有什么表示。"（《鲁迅先生二三事》）

7月11日起，讲演团一行行程颇艰难，不仅遇大雨，逆风，舟不易进，需雇四人牵船以进，而且鲁迅患了腹泻。

陕西省省长公署秘书张辛南当年前往陕州迎接鲁迅一行，他在回忆文章中对此有记录。张辛南回忆，整个晚上，他都提心吊胆，"时时出仓探望情况"，结果几次都被船主呵斥了回去。之后船主才告诉他，在黄河上划船的人都比较讲究，怕不停地出舱探看会惊怒龙王。先一天晚上，风雨太大，有段时间船只退不进，一直往后倒，差不多退行了十余里，幸好没退到鬼门关。原来，在陕州附近的黄河中，有座砥柱山，将河道分为人门、鬼门、神门，船只有从人门中过才可平安。[①]

去西安的路途如此艰险，实属不易。同行的北师大教授王桐龄[②]回忆，"船顶甚低，仓甚窄"，"卧则屈膝，坐则折腰，立则鞠躬，人人终日抱膝长吟"，加之不惯于在船上"出恭"，甚是煎熬。但鲁迅生于水乡绍兴，倒不觉煎熬，每日盘腿坐在船舱中央，不慌不忙地给大家讲故事。[③]

7月14日，鲁迅一行才改乘汽车，午后抵临潼，下午抵西安，寓西北大学教员宿舍。鲁迅当天日记载："晨发潼关，用自动车。午后抵临潼，游华清宫故址，并就温泉浴。营长赵清海招午饭。下午抵西安，寓西北大学教员宿舍。寄母亲信。晚

---

① 张辛南：《追忆鲁迅先生在西安》，中国社会科学院文学研究所鲁迅研究室编《1913—1983鲁迅研究学术论著资料汇编》(3)，中国文联出版公司，1987年。

② 王桐龄(1878—1953)，即鲁迅日记中的王峄山，现代著名历史学家，河北任丘人，我国第一个留洋归国的史学家，曾任北京高等师范学校教务主任，建国后在北京政法大学、燕京大学、清华大学、北京大学等校任课。

③ 王桐龄：《西北望——陕西新疆旅行记》，辽宁教育出版社，2018年。

同王峋山、孙伏园至附近街市散步，买栟榈扇二柄而归。"

至此，这位"黑而姓周的老头儿""用汽车载，用船装，用骡车拉，用自动车装"，从北京奔赴西安，讲学逗留了20多天。

据单演义《鲁迅在西安》一书介绍，其时西北大学的校址在西安城内东木头市，原是陕西大学堂故址，占地60多亩。房舍皆为旧式建筑，大一点的讲堂内柱子很多，有碍学生视线。院落的周围有回廊，院内佳木繁荫，空气清新。两旁的跨院为教工的办公室、宿舍及学生的寝室。

鲁迅当年就住在西北大学教员宿舍北院，同行的王桐龄先生说："西北大学教员室，屋顶皆瓦松，密如鱼鳞，然室故无恙，若在北京，则大雨时行时，室内室外淋漓一致矣。"

20世纪50年代，西北大学校址改为"西安市高级中学"。鲁迅当年的住室，就在中学礼堂东北隅的厢房，改为"鲁迅先生纪念室"。

鲁迅的陕西之行内容十分丰富，涉及交游、讲演、阅市、购物、会友、赴宴、观戏等多个方面，可谓不虚此行。

一、夏期讲演。

从7月21日起，夏期学校开学，鲁迅上午开讲《中国小说的历史的变迁》，共讲8天11次12小时，至29日讲毕。听众是陕西各县中学教师和教育干事。虽然在开学式上，校长傅铜称赞众人："诸君（学员）均踊跃前来，足征向学心切！"但在同行讲学的南开历史系教授蒋廷黻眼中，这些人"年纪大，像人面狮身像似的坐在教室里，太没有礼貌，不是喧闹就是打盹，我简直弄不清楚，他们是否还知道有我这个人在"。但鲁迅的课是受欢迎的。

7月30日下午，鲁迅往讲武堂讲演半小时，后又应邀对陆军学生讲演一次，仍讲小说史。

当时，统治西安的军阀刘镇华身兼陕西省督军、省长两大权位，号称"兼座"，他托人示意鲁迅讲演时换个题目。鲁迅答复称："我向士兵讲话是可以的，但是我要讲的题目仍然是小说史，因为我只会讲小说史。"许广平认为："鲁迅对当时西安以及北方军阀黑暗，是很小心对待的，故对军士也只讲小说史，即可具见。"（《关于鲁迅在西安》）

此前鲁迅在北京大学等学校讲述中国小说史多年，《中国小说史略》也已出版。鲁迅西安讲演，由当时西北大学记录整理后寄请鲁迅改定，印入《西北国立大学、陕西省教育厅合办暑期学校讲演集（二）》中，后以《中国小说的历史的变迁》为题附录于再版的《中国小说史略》。全文约2万字，分为6讲：从神话到神仙传、六朝时之志怪与志人、唐之传奇文、宋人之"说话"及其影响、明小说之两大主潮、清小说之四派及其末流，丰富了《中国小说史略》的内容。

此次讲演鲁迅也获酬颇厚，先后两次共得薪水和川资300元。这300元对刚刚兄弟决裂、处于人生困境中的鲁迅不啻是雪中送炭。收到钱后，他马上托孙伏园往邮局寄86元还新潮社（盖出差前向孙伏园所借86元即转借自新潮社），又托陈定谟寄北京50元（事不详），还慷慨解囊，为易俗社捐款50元。

二、易俗社看秦腔。

秦腔产生于秦地。秦地是一个历史概念，涵盖了今陕、甘、宁、川、鄂、晋、豫等省区。秦腔的主要成分，事实上就是秦民在黄土高原上的牧歌，所以其风格高亢激越、慷慨激昂、凄楚悲切，有莽莽苍苍的气概。秦腔"形成于秦，精进于汉，昌明于唐，完整于元，成熟于明，广播于清，几经演变，蔚为大观"，是相当古老的剧种，堪称中国戏曲的鼻祖，在中国戏曲发展史上占有重要的位置。

西安易俗社在西安市案板街，原名"陕西伶学社"，是著名的秦腔科班，由陕西省修史局总纂、同盟会员李桐轩创办于1912年8月，与莫斯科大剧院、英国皇家剧院并称为"世界艺坛三大古老剧社"。

戏曲艺术在整个20世纪扮演着双重角色，一方面被视为社会变革的阻碍，一方面又被当作社会变革的启蒙工具。易俗社的成立是戏曲改良的重要成果，该社以"辅助社会教育，启迪民智，移风易俗"为宗旨，将文化教育、戏曲训练、演出实践结合起来，培养了大批戏曲人才，创作和演出了许多优秀剧目，对戏曲发展产生了巨大影响。易俗社的戏曲改良引起了社会各界的重视，国民政府教育部也于1920年颁布训令，赞扬易俗社编演的剧本"命题取材，均有可取，不失改良戏剧之本旨"，并颁发"金色褒奖"。由于鲁迅其时的身份是教育部社会教育司科长，虽然分管的是图书馆、美书馆、展览馆等工作，但对戏剧改良也应当有所耳闻，应邀观看秦腔，也在情理当中。

有趣的是，鲁迅当年去易俗社看秦腔时，易俗社的社长吕南仲（1882—1927）竟是鲁迅的绍兴老乡。孙伏园回忆说："现在的社长，是一个绍兴人，久居西安的，吕南仲先生。随他引导我们参观，并告诉我们社内组织：学堂即在戏馆间壁。"（《鲁迅先生二三事》）

鲁迅先后五次观看了该社演出的秦腔，分别是《双锦衣》全本、《大孝传》全本、《人月圆》等。据其日记记载：

7月16日，"晚易俗社邀观剧，演《双锦衣》前本"。

7月17日，"夜观《双锦衣》后本"。

7月18日，"夜往易俗社观演《大孝传》全本"。

7月26日，"晚王捷三邀赴易俗社观演《人月圆》"。

8月3日，"晚刘省长在易俗社设宴演剧饯行"。

其中大型秦腔传统剧《双锦衣》最值一记。此剧分前后两本，吕南仲编剧，事见于《宋史纪事本末》，1920年由西安易俗社首演。主要剧情是：宋时，洛阳乡臣姜景范生有二女，长女雪春，许学生王善；次女琴秋，许学生吴给。姜命二女各绣锦衣一件，以送各自未婚夫。王、吴有两个同学，名蒋成史、许本德。此二人系纨绔子弟，对姜家二女垂涎三尺，同谋杀害王、吴而夺其妻。剧情围绕这一阴谋展开。最后，正义战胜邪恶，两对未婚夫妇终于在江中相遇，共庆团圆。此剧行当齐全，情节曲折复杂，一直是易俗社的看家戏。1924年鲁迅看了全本，现在则很少演出全本，但《数罗汉》一折常与观众见面。

鲁迅看了这些剧之后，不论在日记还是文章中，都没有做任何评价，其原因可以从其《说胡须》一文中找到答案："大约万料不到我是一个虽对于决无杀身之祸的小事情，也不肯直抒自己的意见，只会'嗡，嗡，对啦'的罢。"

不过据孙伏园回忆，在看了《双锦衣》前后本后，鲁迅曾赞赏道："西安地处偏远，交通不便，而能有这样一个以立意提倡社会教育为宗旨的剧社，起移风易俗的作用，实属难能可贵。"（《鲁迅先生二三事》）这一评介针对的是易俗社，并未涉及秦腔剧种本身。

时逢易俗社成立12周年，鲁迅亲笔题写了"古调独弹"四字，制成匾额赠予易俗社。此四字是鲁迅书风的典型代表，有很浓厚的文人气和金石气，现已成为秦腔界的一块金字招牌。

鲁迅并不喜欢戏剧，对京剧常辛辣嘲讽，对其故乡社戏的描写也透着一种厌烦，却能如此厚待秦腔，短期内竟观秦腔五次。后来鲁迅在追述家乡绍兴戏时说，明末李自成闯荡天下时带着米脂的戏班子，戏班子中有人流落到绍兴，于是就有了绍兴戏，"故绍兴戏要比毗邻的嵊县越剧刚硬得多，实是秦腔的旁支兄弟"，言下不无喜爱之意。

三、淘文玩。

鲁迅在西安淘文玩每有捡漏。他多次同张勉之、孙伏园、李济之等"阅市""阅古物肆"，先后在博古堂、南院门市、南院门阎甘园家等处购得石刻拓片、乐伎土偶人、四喜镜、魁头、杂造像拓片、小土枭、小土偶人、磁鸠、磁猿首、彩画鱼龙陶瓶、大小弩机等。西安古董商还闻讯找上门来，鲁迅从他们手上买了《苍公碑》二枚、《大智禅师碑侧画像》二枚、《卧龙寺观音像》一枚。

鲁迅携带淘到的古玩8月12日夜半抵北京前门时，"税关见所携小古物数事，视为奇货，甚刁难，良久始已，乃雇自动车回家"。

四、买特产。

鲁迅有买特产的癖好，这是鲁迅生活情趣的重要组成部分。

此次西安之行，鲁迅在"阅市"的过程中，买了枌榈扇二柄、酱莴苣十斤、汴绸一匹等。

7月23日晚，鲁迅与五六同人出校游步，不小心跌了一跤，伤了右膝，不能继续"游步"，但在返回的路上还不忘"购饼饵少许"。

7月25日，"午后盛热，饮苦南酒而睡"。"苦南酒"是鲁迅在西安喝到的地方特产。清代《陕西通志稿》载："酒，有三种，一曰高粱酒又烧酒，由烧锅蒸出。一曰黄米酒，每岁冬季居民家家酿之。"1928年，西安产有"烧酒、黄酒、葡萄酒、苦南酒、双瑰露酒、玫瑰酒、太白地酒"等酒品。以此观之，则鲁迅在西安时，情况与此类似。又，北方黄酒大都分为甜与苦两种，也叫"甜南酒""苦南酒"。甜南酒有甜腻和焦煳味，并无酒意；苦南酒味道近南酒。孙伏园说："陕西的酒是该记的。……苦南酒更近于绍兴。但如坛底的浑酒，是水性不好，或手艺不高之故。甜南酒则离南酒甚远，色如'五加皮'，而殊少酒味。"因鲁迅是南人，自然喝得惯西安的苦南酒。

鲁迅离开西安时，刘省长送杞果、葡萄、蒺藜、花生各二盒。又在潼关买酱莴苣十斤。函谷关泊船时，鲁迅与伏园登眺，"归途在水滩拾石子二枚作记念"。在洛阳买汴绸一匹。西安及周边有代表性的特产也算尽数收于囊中。

此行西安收获颇丰，回到北京后，鲁迅忙不迭拿着特产专程酬谢帮他买房出了大力并设计了"老虎尾巴"书房的教育部同事李慎斋，赠以长生果、枸杞子各一盒，汴绸一匹，《颜勤礼碑》一份。另外还赠许寿裳鱼龙陶瓶一只、四喜镜一枚、《颜勤礼碑》一份、酱莴苣二包。赠徐思贻、戴螺舲《颜勤礼碑》各一份，赠徐吉轩、齐寿山《颜勤礼碑》各二份。

五、会师友。

1924年的鲁迅已经是文化名人，但在西安行程极紧，聚谈之人并不多，前来访问的只有王焕猷。

王焕猷，字儒卿，陕西商州纯古村人，在北京大学文科求学时，与鲁迅有师生之谊。1923年，经蔡元培推荐到天津南开学校教国文。鲁迅在西安讲学时，王焕猷恰好自津回陕省亲，便专门看望了鲁迅。

鲁迅与王焕猷的共同语言在民间歌谣的收集整理方面。鲁迅是征集歌谣并加以研究的首倡者，支持过北京大学的《歌谣》周刊，而王焕猷是《歌谣》周刊的供稿者，《歌谣》先后刊发过王焕猷收集记录的陕西商州歌谣多首。鲁迅与王焕猷的西安之晤，一定能帮助鲁迅更深入地理解西安。此外，鲁迅在返程中还同孙伏园在郑州往机关枪营访问了刘冀述。刘冀述者，人事不详。

此外，鲁迅还游历了陕西的古迹。到临潼的当天就游历了华清宫故址，洗了温泉浴。此后先后游历了碑林、大慈恩寺等。先后赴宴7次，计有临潼镇嵩军第四路步兵第二营营长赵清海午宴、陕西省省长兼督军刘镇华晚宴、西北大学讲师张辛南寓饭、刘省长易俗社晚宴等。

8月4日晨，鲁迅一行自西安返程。他们乘骡车出西安东门上船，由渭水东行，在逆风里走走停停6天，8月10日才乘陇海铁路车启行，中途又因铁轨积水尚未修复"步行二里许，复登车发"，至12日夜半方抵北平，结束了这次重要的远行讲学活动。

西安之行对鲁迅的创作有很大影响，导致的直接后果之一是长篇小说《杨贵妃》的破产。从1922年开始，鲁迅开始构思《杨贵妃》，先后向许寿裳、郁达夫、孙伏园、冯雪峰等谈起过《杨贵妃》的腹稿。小说的构想是从玄宗被刺一刹那间开始倒叙，把他的一生一幕一幕地映出来。据孙伏园回忆，鲁迅还曾想把《杨贵妃》写成剧本，"原计划是三幕，每幕都用一个词牌子，我还记得它的第三幕是'雨淋铃'"。鲁迅西安之行的动机之一是为创作小说《杨贵妃》做准备，以充实他"破费了数年之工"的小说腹稿。结果到西安一看，全然找不到想象中的长安的影子。鲁迅说："我不但什么印象也没有得到，反而把我原有的一点印象也打破了！"（《鲁迅先生二三事》）鲁迅后来致日本友人山本初枝信说："五六年前我为了写关于唐朝的小说，去过长安。到那里一看，想不到连天空都不像唐朝的天空，费尽心机用幻想描绘出的计划完全被打破了，至今一个字也未能写出。原来还是凭书本来摹想的好。"

鲁迅把陕西之行的思考也写到杂文和书信中了，比较重要的有《说胡须》《看镜有感》等。

《说胡须》篇首可以视作鲁迅西安之行的总结："今年夏天游了一回长安，一个多月之后，胡〔糊〕里胡涂的回来了。知道的朋友便问我：'你以为那边怎么样？'我这才栗然地回想长安，记得看见很多的白杨，很大的石榴树，道中喝了不少的黄河水。然而这些又有什么可谈呢？我于是说：'没有什么怎样。'他于是废然而去了，我仍旧废然而往，自愧无以对'不耻下问'的朋友们。"文中如此评价西安之行："陕西人费心劳力，备饭化钱，用汽车载，用船装，用骡车拉，用自动车装，请到长安讲演，大约万料不到我是一个虽对于决无杀身之祸的小事情，也不肯直抒自己的意见，只会'嗡，嗡，对啦'的罢。他们简直是受了骗了。"笔者认为，这是鲁迅固有的一种自嘲和他嘲的口气，并不代表他认为此次讲演使西安听众受了骗。

西安之行是鲁迅一生唯一的西北之行，其最大的收获是从长安昭陵带箭的骏马身上，看到了"汉唐魄力究竟雄大"，因此受了启发，认为必须"放开度量，大胆地，无畏地，将新文化尽量地吸收"。

六、灵宝大枣。

鲁迅去西安时曾在河南灵宝停泊一夜，但未上岸。

资料载，1924年7月10日，鲁迅去西安讲学时夜宿灵宝，路上看到了一望无际的枣林，说"号称桃林，不见桃树，只见大枣累累"。10年后的1935年初，著名翻译家曹靖华给鲁迅寄了灵宝大枣，鲁迅于1月26日复信："红枣早取来，煮粥，做糕，已经吃得不少了，还分给舍弟。南边也有红枣买，不知是从那里运来的，但肉很薄，没有兄寄给我的好。"1936年8月底，鲁迅再次复信曹靖华，称赞河南特产："红枣极佳，为南中所无法购得，羊肚亦作汤吃过，甚鲜。猴头闻所未闻，诚为珍品，拟俟有客时食之。"

2008年的一天，笔者去河南出差。有一天晚上在三门峡市住下后，以加油的名义，与司机小杨同学溜到街上去采购土特产，沿着全城绕了一圈，几经打问，打问得都会与河南人用河南话进行渔歌问答的时候，终于找到了一条专门卖土特产的街。

这里的土特产以灵宝大枣为主。灵宝黄河滩涂及其一级阶地特殊的小气候，孕育了"灵宝圆枣"这一品系。一袋枣卖35块钱，折算下来，一斤要12元左右。而家乡甘肃天水卖得最好的普通枣每斤不过5元。买了几袋，回家后发现，灵宝大枣真好，既大又圆，皮肉特别厚，核小，一颗枣可以当一颗小苹果吃，质感又远在苹果之上。女儿三三当时还只有一岁半，胖乎乎的小手拿着一颗枣，可以从早九时吃到午十二时，全程吃得津津有味，还时不时举起手中的枣向大人炫耀，嘴里说着我们听不懂的话。

如今，鲁迅成了灵宝大枣的代言人。大枣的包装袋上面印着鲁迅的话："灵宝大枣品质极佳，为南中所无法购得。"鲁迅的话，似乎使这个包装袋带上了现代文学的某种气息。

曹靖华给灵宝大枣写过诗，做过宣传，其中有"顽猴探头树枝间，蟠桃哪有灵枣鲜"之句。曹靖华是三门峡人，歌颂自己家乡的物产是分内的事，他所写的这首诗也成了灵宝大枣的广告语。

厦门

厦大生物楼

（1926 年 9 月 4 日—1926 年 9 月 25 日）

1926 年，鲁迅因支持北京女子师范大学的学生运动，被段祺瑞政府通缉，加之个人原因，他便于 1926 年 9 月初来到厦门，经林语堂推荐，任教于厦门大学国文系。

鲁迅在厦门大学任教的时间是 1926 年 9 月至 1927 年 1 月，前后共 134 天。

鲁迅当年 8 月 26 日从北京出发，晚抵天津，29 日晨抵上海，9 月 2 日晨乘"新宁号"轮船离开上海，在海上颠簸了两天两夜后，于 9 月 4 日下午 1 时抵达厦门，先寓中和旅馆，后林语堂、沈兼士、孙伏园来迎，雇船移入厦门大学，入住生物学院三楼东南靠海的国学院。

林语堂当年担任厦门大学文科主任和国学研究院总秘书，在筹备成立厦大国学研究院。

当天夜里，鲁迅就致信许广平，详述了入住厦大的过程："我九月一日夜半上船，二日晨七时开，四日午后一时到厦门，一路无风，船很平稳，这里的话，我一字都不懂，只得暂到客寓，打电话给林语堂，他便来接，当晚即移入学校居住了。""此地背山面海，风景佳绝，白天虽暖——约八十七八度——夜却凉。四面几无人家，离市面约有十里，要静养倒好的。普通的东西，亦不易买。听差懒极，不会做事也不肯做事；邮政也懒极，星期六下午及星期日都不办事。"

据当年在厦门大学求学的俞荻回忆，其时厦门大学的建筑物有：群贤楼、集美楼、同安楼、映雪楼、囊萤楼、博学楼、兼爱楼、笃行楼、化学院、生物学院，都是用花岗石建成的洋房，每一个窗子都装有纱窗、玻璃窗、百叶窗。学校还办有自来水厂。"站在小山上一望厦大的全景，好像在童话里一样：在沙滩上排列着一座一座的花岗石的洋房，前有海，后有南普陀，有四季常绿的树木，风景秀美。"①

接下来的几天，鲁迅或访友，或与孙伏园在林语堂寓所吃午餐，或在海滨闲步、捡拾贝壳，或游南普陀寺，努力适应新环境。20日参加了厦门大学开学典礼。21日是中秋，有月，"语堂送月饼一筐予住在国学院中人，并投子六枚多寡以博取之"，生活很新鲜并很有情趣。

9月7日，鲁迅致信许寿裳："此地风景极佳，但食物极劣，语言一字不懂，学生止四百人，寄宿舍中有京调及胡琴声，令人聆之气闷。离市约十余里，消息极不灵通，上海报章，到此常须一礼拜。"

---

① 俞荻：《回忆鲁迅先生在厦门大学》，《文艺月报》1956年10月号。

风景极佳，消息闭塞，是鲁迅对厦大的第一印象。

9月11日，鲁迅给许广平寄了一张明信片，正面写："想已到校；已开课否？此地二十日上课。"背面则标注了自己的临时住所，并写道："从后面（南普陀）所照的厦门大学全景。前面是海，对面是鼓浪屿。最右边的是生物学院与国学院，第三层楼上有＊记的便是我所住的地方。昨夜发飓风，拔木发屋，但我没有受损害。"

与此明信片同时发出的，还有一封信，鲁迅再次向许广平介绍了自己的住所："学校的房子尚未造齐，所以我暂住在国学院的陈列所空屋里，是三层楼上，眺望风景，极其合宜，我已写好一张有这房子照相的明信片，或者将与此信一同发出。"

明信片中所说的飓风是9月10日所发，当天日记说："夜大风雨，破窗发屋，盖飓风也。"这是鲁迅第一次见识海边的飓风，因此在接下来的信件中，当作一件大事说给友人。9月12日对许广平描述："十日之夜发飓风，十分利［厉］害，语堂的住宅的房顶也吹破了，门也吹破了。粗如笔管的铜闩也都挤弯，毁东西不少。我住的屋子只破了一扇外层的百叶窗，此外没有损失。今天学校近旁的海边漂来不少东西，有桌子，有枕头，还有死尸，可见别处还翻了船或漂没了房屋。"9月16日致信韦素园说："此地秋冬并不潮湿，所以还好，但五六天前遇到飓风，却很可怕（学校在海边），玉堂先生的家，连门和屋顶都吹破了，我却无损失。它吹破窗门时，能将粗如筷子的螺丝钉拔出，幸而听说这样的风，一年也不过一两回。"

鲁迅住在这座房子里，当年9月23日还给许广平写信，抒写来厦二十天的观感和心境。后来此信以《厦门通信》为题，发表于《波艇》创刊号，以支持新近成立的厦门文学青年团体泱泱社。

文中说：

我到此快要一个月了，懒在一所三层楼上，对于各处都不大写信。这楼就在海边，日夜被海风呼呼地吹着。海滨很有些贝壳，检［捡］了几回，也没有什么特别的。四围的人家不多，我所知道的最近的店铺，只有一家，卖点罐头食物和糕饼，掌柜的是一个女人，看年纪大概可以比我长一辈。

风景一看倒不坏，有山有水。我初到时，一个同事便告诉我：山光海气，是春秋早暮都不同。还指给我石头看：这块像老虎，那块像癫虾［蛤］蟆，那一块又像什么什么……。我忘记了，其实也不大相像。我对于自然美，自恨并无敏感，所以即使恭逢良辰美景，也不甚感动。但好几天，却忘不掉郑成功的遗迹。离我的住所不远就有一道城墙，据说便是他筑的。一想到除了台湾，这厦门乃是满人入关以后我们中国的最后亡的地方，委实觉得可悲可喜。……

鲁迅只对郑成功的遗迹感兴趣，提起来就觉得又悲又喜。而郑成功城脚的沙还被人盗卖给对面的鼓浪屿，快要危及城基了。有一天清早，鲁迅还亲眼看到"许多小船，吃水很重，都

厦门大学鲁迅的宿舍

（作者摄于2011年12月21日）

张着帆驶向鼓浪屿去，大约便是那卖沙的同胞"。

10月3日，鲁迅致信章廷谦，再次提及国学院的这处住所："若夫房子，确是问题，我初来时，即被陈列于生物院四层楼上者三星期，欲至平地，一上一下，扶梯就有一百九十二级，要练脚力，甚合式［适］也。然此乃收拾光棍者耳。倘有夫人，则当住于一座特别的洋楼曰'兼爱楼'，而可无高升生物院之虑矣。惟该兼爱楼现在是否有空，则殊不可知。"

在给许广平的信件及《海上通信》等文中，鲁迅明确说他住在生物院三楼的国学院，对章廷谦则说住在四楼，当是误记。鲁迅描述，教员宿舍有两所，"一所住单身人者曰博学楼，一所住有夫人者曰兼爱楼，不知何人所名"，对此，他觉得"颇可笑"。

厦大集美楼

（1926 年 9 月 25 日—1927 年 1 月 16 日）

9 月 25 日，鲁迅搬到了集美楼上左边第二间房。日记载："下午从国学院迁居集美楼。"

9 月 25 日致信许广平：

我原住的房屋，要陈列物品了，我就须搬。而学校之办法甚奇，一面催我们，却并不指出搬到那里，教员寄宿舍已经人满，而附近又无客栈，真是无法可想。后来总算指给我一间了，但器具毫无，向他们要，则白果又故意特别刁难起来（不知何意，此人大概是有喜欢给别人吃点小苦头的脾气的），要我开账签名具领，于是就给碰了一个钉子而大发其怒。大发其怒之后，器具就有了，还格外添了一把躺椅，总务长亲自监督搬运。因为玉堂邀请我一场，我本想做点事，现在看来，恐怕是不行的，能否到一年，也很难说。所以我已决计将工作范围缩小，希图在短时日中，可以有点小成绩，不算来骗别人的钱。

厦门大学并不优待鲁迅，房间里的器具，还要通过"大发其怒"之后才能配齐。鲁迅此时已经觉得他待在厦门大学不会超过一年。

与此同时，鲁迅细致描述了自己在集美楼上的新住处，以及吃饭、学生等情况：

> 至于我今天所搬的房，却比先前的静多了，房子颇大，是在楼上。前回的明信片上，不是有照相么？中间一共五座，其一是图书馆，我就住在那楼上，间壁是孙伏园与张颐教授（今天才到，原先也是北大教员），那一面本是钉书作场，现在还没有人。我的房有两个窗门，可以看见山。今天晚上，心就安静得多了，第一是离开了那些无聊人，也不必一同吃饭，听些无聊话了，这就很舒服。

此前，许广平在9月28日给鲁迅的信中谈到她自己在广州的住所，并画了两幅平面示意图说明情况，所以，鲁迅这次回信，也画了他的住所房间图。

这封信写在"厦门大学国学研究院用笺"朱格信纸上，信纸顶端，鲁迅手绘了厦门大学平面图，自右向左罗列了六幢建筑，分别是：寄宿舍、讲堂、礼堂、图书馆、寄宿舍，最后一栋三层楼标有"这是我住过的地方"字样，应是鲁迅此前住过的国学院。鲁迅又从图书馆引出一条线，画了二楼房间平面图，标注了其中的两间窗户："这两个是我的住房的窗"，右边的两个窗户分别标注了"孙""张"，指他的同事孙伏园和张颐的住室。二楼另一端，标有"这边是杂志阅览所"。此图属于示意性质，构图简单，笔触随意，但也非常传神，一目了然。

在上述致许广平的信中，鲁迅说他的新住房到平地只需走扶梯24级，比原先要少72级。

但在10月3日致章廷谦的信中，鲁迅又说："总之既聘教员，当有住所，他们总该设法。即不配上兼爱楼如不佞，现亦已在图书馆楼上霸得一间房子，一上一下，只须走扶梯五十二级矣。"在10月10日致章廷谦的信中，鲁迅又复述了楼梯："至于（厦大的）住处，却已搬出生物之楼而入图书之馆，楼只两层，扶梯亦减为二十六级矣。"

三封信中扶梯的级数略有出入，这也是鲁迅信件的一个特点，即信手写来，并不拘泥于某一确数。总之，住生物楼时一上一下需走192级扶梯，住集美楼时只需走52级或48级，确实受到"优待"了。

这一阶段的鲁迅，"秋来住在海边，目前只见云水，听到的多是风涛声，几乎和社会隔绝"（《华盖集续编》小引）。但是鲁迅在集美楼看不见海，只能看见轮船的烟囱。

住在集美楼上的鲁迅，还雇了一个当差的，叫作"春来"，每月连饭钱12元，懂得两三句普通话，"但恐怕颇有点懒"。听鲁迅课的学生，一共有23人，包括2名女生，除了国文系的，还有英文、教育系的。由于离厕所较远，大约有160步，天一黑，鲁迅就在楼下的草地上小解。"此地的生活法，就是如此散漫，真是闻所未闻。"后来鲁迅夜间小解索性都不下楼了，就用瓷的唾壶装着，看夜半无人时，即从窗口泼下去。"这虽然近于无赖，但学校的设备如此不完全，我也只得如此。"

鲁迅因为多住了几天，骂来了一些用具，又自买了一些用具，自雇了一个当差的，生活尚能对付；那些刚到的教员就没有这些待遇了，"被迎进在一间冷房里，口干则无水，要小便则须旅行，还在'茫茫若丧家之狗'哩"。

10月10日鲁迅致信许广平，谈及周围环境不靖，说他恐怕至多只能敷衍一学期：

> 我的住室并不阔，纵五步横六步（平常步），桌椅是拿各处的破烂的凑合成功的。但最苦的是那邻人三户，总是叫嚣吵闹，倘或早睡（十时），即常被惊醒。我的脾气又是要静一点，这才能够豫［预］备功课可写字的，而此处却大相反。如此看来，恐怕至多也只能敷衍一学期，现时我在想留意别的机会。

10月23日，鲁迅到厦门大学50天，在写给许广平的信中，他说"恰如过了半年"，听上去真有度日如年之感：

> 我所住的这么一所大洋楼上，到夜，就只住着三个人：一张颐教授，一伏园，一即我。张因不便，住到他朋友那里

去了，伏园又已走，所以现在就只有我一人。但我却可以静坐默想，所以精神上倒并不感到寂寞。年假之期又已近来，于是就比先前沉静了。我自己计算，到此刚五十天，而恰如过了半年。

同一天，在写给章廷谦的信中，鲁迅也表达了相似的意思："这里的情形，我近来想到了很适当的形容了，是：'硬将一排洋房，摆在荒岛的海边'。""我现在寄居在图书馆的楼上，本有三人，一个搬走了，伏园又去旅行，所以很大的洋楼上，只剩了我一个了，喝了一瓶啤酒，遂不免说酒话，幸祈恕之。"

信中张颐，字真如，四川叙永人，曾任北京大学教授，当时在厦门大学任文科哲学系教授。"不免说酒话"是指信前所说"斐君太太出版延期，为之怅然。其实出版与否，与我无干，用'怅然'殊属不合，不过此外一时也想不出恰当的字"。此处用"出版"戏指章廷谦的夫人斐君太太分娩，实是一个高明的玩笑，也是熟人之间无伤大雅的玩笑。鲁迅和章廷谦是乡党。章既是鲁迅的学生，又和周作人交往密切。周氏兄弟失和后，周作人的很多消息，鲁迅都是从章廷谦处知道的。

其间：

厦门的好处与坏处

在鲁迅眼里，厦门的好处与坏处同样显而易见。

好处是：

风景绝佳；海水浴倒是很近便；阶级观念没有北方深；点心很好；蚊子不多；眠食都好，饭两浅碗，睡觉是可以有八或九小时。对身体仿佛倒好；双十节先行升旗礼，三呼万岁，有演说、运动、放鞭炮，觉得鞭炮声也好听；阳桃汁多可取，香气出于各种水果之上。

坏处是：

四无人烟，图书馆中书籍不多，常在一处的人又都是"面笑心不笑"，无话可谈，真是无聊之至；近处买不到北京或上海的新出版物，觉得枯寂一些；茶水很不便；夜间电灯一开，飞虫聚集甚多，几乎不能做事；交通不便，四面是荒地，无屋可租；街道真是坏，其实是在绕着人家的墙下、檐下走，无所谓路；无人力车，只好坐船或步行；气候水土似乎于居民都不宜，本地人胖子很少，十之九都黄瘦，女性也很少有丰满活泼的；街道污秽，空地上就都是坟；人寿保险的价格，居厦门者比别处贵；工役似乎都与当权者有些关系，懒而狡猾，换不掉。

另外就是"食物极劣"。

鲁迅对厦门大学的饭菜颇有微词。他虽然并不注重口腹之欲，但每到一地，几乎都会以吃喝的水准评判此地是否宜居。

9月7日，在致许寿裳的信中说："此地风景极佳，但食物极劣。"

10月3日，在致章廷谦的信中又说："但饭菜可真有点难吃，厦门人似乎不大能做菜也。饭中有沙，其色白，视之莫辨，必吃而后知之。我们近来以十元包饭，加工钱一元，于是而饭中之沙免矣，然而菜则依然难吃也，吃它半年，庶几能惯欤。又开水亦可疑，必须自有火酒灯之类，沸之，然后可以安心者也。否则，不安心者也。"在其后的几封信中也提及："此处最不便的是饮食，饭菜依然不好，你们两位来此，倘若不自做菜吃，怕有食不下咽之虞。"

鲁迅从生物学院搬到集美楼之后，俞获、王方仁、崔真吾等几个爱好文艺的同学有一次去看他，一走进房门就闻到一股香气，原来鲁迅在自己做饭。他说："最近我想把自己的身体弄好一点，可是这儿的饭菜又吃不惯，所以只好自己动手来烧菜了。无非想增加一些营养，多延长几年寿命，给那些讨厌我的人，多讨厌几年！"[1]

自己做饭也非长久之计。11月6日起，鲁迅的吃饭成了问题，在致许广平的信中，不止一次抱怨为吃饭奔忙："从昨天起，吃饭又发生了问题，须上小馆子或买面包来，这种问题都得自己时时操心，所以也不大静得下。"11月7日起，鲁迅约定了

---

[1] 俞获：《回忆鲁迅先生在厦门大学》，《文艺月报》1956年10月号。

一个厨子包饭，每月十元，"饭菜还过得去，大概可以敷衍半月一月罢"。果然敷衍了一个月后，无法坚持下去，只好从本校厨房买饭，兼以买厨房的"毫不能吃之菜"：

> 现在我们的饭是可笑极了，外面仍无好的包饭处，所以还是从本校厨房买饭，每人每月三元半，伏园做菜，辅以罐头。而厨房屡次宣言：不买菜，他要连饭也不卖了。那么，我们为买饭计，必须月出十元，一并买他毫不能吃之菜。现在还敷衍着。伏园走后，我想索性一并买菜，以省麻烦，好在日子也已经有限了。（12月12日致许广平）

一边为吃饭与厨房斗智斗勇，一边还要大战蚂蚁。

"这里的蚂蚁可怕极了，有一种小而红的，无处不到。我现在将糖放在碗里，将碗放在贮水的盘中，然而倘若偶然忘记，则顷刻之间，满碗都是小蚂蚁。点心也这样。这里的点心很好，而我近来却怕［不］敢买了，买来之后，吃过几个，其余的竟无处安放，我住在四层楼上的时候，常将一包点心和蚂蚁一同抛到草地里去。"（9月28日）"防止蚂蚁，我现也用四面围水之法，总算白糖已经安全，而在桌上，则昼夜总有十余匹爬着，拂去又来，没有法子。"（10月4日）由于蚂蚁很多，许广平10月10日给鲁迅复信时还支着儿："防止蚂蚁还有一法，就是在放食物的周围，以石灰粉画一圈，即可避免。石灰又去湿，此法对于怕湿之物可采用。"

不与顾颉刚共事

在厦门大学期间，除了吃饭令人不愉快，鲁迅与古史辨派创始人顾颉刚也有过不愉快的交集。

鲁迅在厦门大学时，顾颉刚也受林语堂之邀，从北大来到厦大。顾颉刚年仅34岁，但因主编《古史辨》声名大噪，林语堂即聘他为研究教授，任国学研究院导师兼国文系教授。研究教授比教授还要高一级，这样，在厦大，顾颉刚就与鲁迅享受同等待遇了。

鲁迅为何与顾颉刚结仇呢？根本原因在于，早在北京的时候，顾颉刚认为，鲁迅的《中国小说史略》抄袭了日本盐谷温《支那文学概论讲话》。

顾颉刚的女儿顾潮在《历劫终教志不灰——我的父亲顾颉刚》一书中，对此做过分析。

> 鲁迅作《中国小说史略》，以日本盐谷温《支那文学概论讲话》为参考书，有的内容就是根据此书大意所作，然而并未加以注明。当时有人认为此种做法有抄袭之嫌，父亲即持此观点，并与陈源谈及，1926年初陈氏便在报刊上将此事公布出去。随后鲁迅在《不是信》中说道："盐谷氏的书，的确是我的参考书之一，我的《小说史略》二十八篇的第二篇，是根据它的，还有论《红楼梦》的几点和一张'贾氏系图'，也是根据它的，但不过是大意，次序和意见就很不同。"为这一件事，

鲁迅自然与父亲亦结了怨。①

由此可见，顾颉刚当年持有鲁迅"抄袭"的观点，并亲自对陈西滢说了，陈氏信以为真，于1926年初把此事公布在报刊上。也就是说，"鲁迅抄袭说"虽然是陈源公布的，而制造者却是顾颉刚。

1935年末，鲁迅在《且介亭杂文二集》后记中说他出版《中国小说史略》日译本，是经十年之久，报复了个人私仇：

> 在《中国小说史略》日译本的序文里，我声明了我的高兴，但还有一种原因却未曾说出，是经十年之久，我竟报复了我个人的私仇。当一九二六年，陈源即西滢教授，曾在北京公开对于我的人身攻击，说我的一部著作，是窃取盐谷温教授的《支那文学概论讲话》里面的小说一部分的；《闲话》里的所谓整大本的剽窃，指的也是我。现在盐谷教授的书早有中译，我的也有了日译，两国的读者，有目共见，有谁指出我的剽窃来呢？呜呼，男盗女娼，是人间大可耻事，我负了十年剽窃的恶名，现在总算可以卸下，并且将谎狗的旗子，回敬自称正人君子的陈源教授……

而在《中国小说史略》日译本出版之前，鲁迅自然认为他

---

①顾潮:《历劫终教志不灰——我的父亲顾颉刚》，华东师范大学出版社，1997年。

的冤屈没有得到洗刷，这就不难理解鲁迅为何对顾颉刚不依不饶了。

1926年9月至11月间，鲁迅在致许广平的多封信中提到顾颉刚：

> 在国学院里的，朱山根是胡适之的信徒，另外还有两三个，好像都是朱荐的，和他大同小异，而更浅薄，一到这里，孙伏园便要算可以谈谈的了。我真想不到天下何其浅薄者之多。他们面目倒漂亮的，而语言无味，夜间还要玩留声机，什么梅兰芳之类。（9月20日）

文中"朱山根"即指顾颉刚。因为顾颉刚的鼻子发红，鲁迅私下便称他为红鼻、鼻公、鼻。"朱山根"即由"红鼻"而来。

鲁迅经常让厦大国学院中顾颉刚推荐的几个人碰钉子，并宣称"我是不与此辈共事的，否则，何必到厦门"。鲁迅说顾颉刚要推荐一个人到国学院，要代替孙伏园的位置，并派人到鲁迅处探听消息。"我不禁好笑，答得极其神出鬼没，似乎不来，似乎并非不来，而且立刻要来，于是乎终于莫名其妙而去。"总之，大有水火不容之势。

鲁迅把对顾颉刚的反感也带到了自己的作品中。1926年10月，鲁迅在集美楼上创作了《铸剑》，以一只落水的老鼠影射顾："他近来很有些不太喜欢红鼻子的人。但这回见了这光光的小红鼻子，却忽然觉得它可怜了，就又用那芦柴，伸到它的肚下去，老鼠抓着，歇了一回力，便沿着芦干爬了上来。"1935年11月，鲁迅在《理水》中设定了一个"鸟头先生"的形象，带有口吃的毛病，指的也是顾颉刚。因为"鸟头"是从"顾"字而来：顾字从页雇声，雇是鸟名，页本义是头。顾颉刚曾在北京大学研究所歌谣研究会工作，搜集苏州民歌，出版过一册《吴歌甲集》，所以《理水》中说鸟头先生"另去搜集民间的曲子了"。

鲁迅离开厦门大学去广州中山大学谋差时，冤家路窄，中山大学文学院院长傅斯年偏偏聘请了自己北大时期的同窗好友顾颉刚担任史学系教授，鲁迅遂辞职离校。

1927年5月11日汉口《中央日报》副刊发表编者孙伏园《鲁迅先生脱离广东中大》一文，其中引用谢玉生和鲁迅给编者的两封信。鲁迅信中说："我真想不到，在厦门那么反对民党，使兼士愤愤的顾颉刚，竟到这里来做教授了，那么，这里的情形，难免要变成厦大，硬直者逐，改革者开除。而且据我看来，或者会比不上厦大，这是我所得的感觉。我已于上星期四辞去一切职务，脱离中大了。"

顾颉刚看到报纸后，于7月24日致信鲁迅，称："……先生等所以反对颉刚者，盖欲伸党国大义……诚恐此中是非，非笔墨口舌可以明了，拟于九月中旬回粤后提起诉讼，听候法律解决，如颉刚确有反革命之事实，虽受死刑，亦所甘心，否则先生等自当负发言之责任。务请先生及谢先生暂勿离粤，以俟开审，不胜感盼。"

鲁迅见此信后，即作《辞顾颉刚教授令"候审"》，文中说："来函谨悉，甚至于吓得绝倒矣……江浙俱属党国所治，法律当与粤不异，且先生尚未启行，无须特别函挽听审，良不如请即就近在浙起诉，尔时仆必到杭，以负应负之责。"

这是两人之间唯一的正面交锋。最后顾颉刚未起诉，鲁迅亦未应诉，但两人之间，自此结下了一生未解的梁子。

顾颉刚是开了一代学风的历史学家，他因为与鲁迅有隙，所以学术上的大成就和公共空间的大委屈共存。1927年4月28日，顾在给胡适的信中说："我真不知前世做了什么孽，到今世来受几个绍兴小人的播弄。"所谓"绍兴小人"，自然也包含鲁迅。顾颉刚晚年在自传中写下了一句话："我一生第一次碰到的大钉子是鲁迅对我的过不去。"虽是一家之言，却足见此事对顾而言，是一个沉重的包袱。为此，他去世前还一声长叹。

单调的厦大

仅仅在厦门大学生活了一周，鲁迅就已经不耐烦地抱怨厦大的单调了："此地初见虽然像有趣，而其实却很单调，永是这样的山，这样的海。便是天气，也永是这样暖和；树和花草，也永是这样开着，绿着。我初到时穿夏布衫，现在也还穿夏布衫，听说想脱下它，还得两礼拜。"（书信261004致韦素园等）

11月7日，在写给李小峰的信《厦门通信（二）》中，鲁迅就借住所周围的环境发起了牢骚：

> 今天又接到漱园兄的信，说北京已经结冰了。这里却还只穿一件夹衣，怕冷就晚上加一件棉背心。宋玉先生的什么"皇天平分四时兮窃独悲此廪秋，白露既下百草兮奄离披此梧楸"等类妙文，拿到这里来就完全是"无病呻吟"。白露不知可曾"下"了百草，梧楸却并不离披，景象大概还同夏末相仿。我的住所的门前有一株不认识的植物，开着秋葵似的黄花。我到时就开着花的了，不知道他是什么时候开起的；现在还开着；还有未开的蓓蕾，正不知道他要到什么时候才肯开完。"古已有之"，"于今为烈"，我近来很有些怕敢看他了。

在这封信里，鲁迅从"北京已经结冰"谈到厦门"四时皆春"，又谈到住所门前一株不认识的植物没完没了地开着秋葵似的黄花。故意加怨于眼前的花草，恰是鲁迅无聊苦闷心境的外化。

鲁迅通过评价周围的花草，暗示他不会在厦门大学久居。他很看不上那班正在要求永久聘书、由学校付给养老金的教员："他们似乎要想在这里建立他们理想中的天国，用橡皮做成的。"所以，他明确表示："现在可又有些怕上天堂了。四时皆春，一年到头请你看桃花，你想够多么乏味？"

这一阶段的鲁迅，要么是心绪很乱："我在此也静不下，琐事太多，心绪很乱……周围是像死海一样，实在住不下去，也不能用功，至迟到阴历年底，我决计要走了。"（书信261121致韦素园）要么是索然无味："厦大虽不欠薪，而甚无味，兼士早走，弟亦决于本学期结束后赴广大，大约居此不过尚有一月耳……"（书信261228致许寿裳）因此，他经常在盘算什么时候离去："此间甚无聊，所谓国学院者，虚有其名，不求实际。而景宋故乡之大学，催我去甚亟。聘书且是正教授，似属望甚切，因此不能不勉力一行，现拟至迟于一月底前往，速则月初。"（书信261229致许寿裳）"我本拟学期结束后再走，而种种可恶，令人不耐，所以突然辞职了。"（书信270108致韦素园）"此地很无聊，肚子不饿而头痛……梅花已开了，然而菊花也开着，山里还开着石榴花，从久居冷地的人看来，似乎'自然'是在和我们开玩笑。"（书信270112致翟永坤）

对于这一时期的心绪，一年之后的1927年10月，鲁迅在广州时描述过一次：

> 记得还是去年躲在厦门岛上的时候，因为太讨人厌了，终于得到"敬鬼神而远之"式的待遇，被供在图书馆楼上的一间屋子里。白天还有馆员，钉书匠，阅书的学生，夜九时后，一切星散，一所很大的洋楼里，除我以外，没有别人。我沉静下去了。寂静浓到如酒，令人微醺。望后窗外骨立的乱山中许多白点，是丛冢；一粒深黄色火，是南普陀寺的琉璃灯。前面则海天微茫，黑絮一般的夜色简直似乎要扑到心坎里。我靠了石

栏远眺，听得自己的心音，四远还仿佛有无量悲哀，苦恼，零落，死灭，都杂入这寂静中，使它变成药酒，加色，加味，加香。这时，我曾经想要写，但是不能写，无从写。这也就是我所谓"当我沉默着的时候，我觉得充实，我将开口，同时感到空虚"。

（《怎么写·夜记之一》）

鲁迅在厦门大学有两重身份：一是国文系教授，一是国学院研究教授。因此，除了与环境格格不入，他每天还处在教书和写东西势不两立的犹豫中："作文要热情，教书要冷静。兼做两样的，倘不认真，便两面都油滑浅薄，倘都认真，则一时使热血沸腾，一时使心平气和，精神便不胜困惫，结果也还是两面不讨好。"因心绪不佳，未免常有牢骚。

其实，鲁迅尽管在发牢骚，但工作仍然毫不懈怠。在厦门四个多月里，他讲授《中国文学史》和《中国小说史》两门课程，在写给许广平的信中，鲁迅说："此地学生似尚佳，清早便运动，晚亦常有；阅报室也常有人，对我之感情似亦好，多说文科今年有生气了。"俞荻回忆："本来在文科教室里，除了必修的十来个学生之外，老是冷清清的。可是从鲁迅先生来校讲课以后，钟声一响，教室里就挤满了人，后来的只好凭窗站着听了，教室里非但有各科学生来听讲，甚至助教和校外的报馆记者也来听讲了。"[1] 此间，鲁迅动手将这一年的旧作结集为

---

① 俞荻：《回忆鲁迅先生在厦门大学》，《文艺月报》1956年10月号。

《华盖集续编》，还做了5次讲演，写下了17万多字的文章。

决计离开厦门

早在1926年10月10日，鲁迅就在信中对许广平说："此地的生活也实在无聊，外省的教员，几乎无一人作长久之计。"10月29日又说："至于我下半年那里去，那是不成问题的。上海，北京，我都不去，倘无别处可去，就仍在这里混半年。现在的去留，专在我自己，外界的鬼祟，一时还攻我不倒。"

11月初，鲁迅已明确表达了想到别处去的意思："薪水不愁，而衣食均不便，——须自经理，又极不便，话也一句不懂，连买东西都难。又无刺戟，思想都停滞了，毫无做文章之意。这样下去，是不行的，所以我现在心思颇活动，想走到别处去。"（书信261107致韦素园）

事实上，到了11月11日，鲁迅已经收到了广州中山大学的聘书，约定月薪二百八，无年限。他一边抱怨"到我这里来空谈的人太多，即此一端也就不宜久居于此"，"我看厦门就像个死岛，对隐士倒是合适的"，一边开始谋划"从速走开此地"的步骤。

在写给李小峰的信中，鲁迅说：

厦门大学的职务，我已经都称病辞去了。百无可为，溜之大吉。然而很有几个学生向我诉苦，说他们是看了厦门大学革新的消息而来的，现在不到半年，今天这个走，明天那个走，叫他们怎么办？这实在使我夹脊梁发冷，哑口无言。不料"思想界权威者"或"思想界先驱者"这一顶"纸糊的假冠"，竟又是如此误人子弟。几回广告（却并不是我登的），将他们从别的学校里骗来，而结果是自己倒跑掉了，真是万分抱歉。

（《厦门通信（三）》）

鲁迅称病辞去了厦门大学的职务，对学生心有歉意。信的最后还说到了天气。

鲁迅一生特别留意天气和环境的变化，不仅在日记中每日必记，并且喜欢在信件中报告给友人。鲁迅自己也意识到这一特点，此前的1926年7月，他在《马上日记之二》中说："每日的阴晴，实在写得自己也有些不耐烦了，从此想不写。好在北京的天气，大概总是晴的时候多；如果是梅雨期内，那就上午晴，午后阴，下午大雨一阵，听到泥墙倒塌声。不写也罢，又好在我这日记，将来决不会有气象学家拿去做参考资料的。"

虽然不会被气象学家拿去做参考资料，但至少可以作为研究的参照。在《厦门通信》中，他对李小峰说："天气，确已冷了。草也比先前黄得多；然而我那门前的秋葵似的黄花却还在开着，山里也还有石榴花。苍蝇不见了，蚊子间或有之。"

秋葵似的黄花还在开着，真是没完没了，像个唠唠叨叨的长舌妇，鲁迅对厦门大学之嫌弃，从对这一朵小花的反复描述上即可看出。

睡了一觉醒来后，鲁迅听到了厦门大学的打更声，通过仔细甄别，他得出结论：打更的声调也有派别。他将这一发现也分享给了李小峰。

睡了一觉醒来，听到柝声，已经是五更了。这是学校的新政，上月添设，更夫也不止一人。我听着，才知道各人的打法是不同的，声调最分明地可以区别的有两种——

托，托，托，托托！

托，托，托托！托。

打更的声调也有派别，这是我先前所不知道的。并以奉告，当作一件新闻。

鲁迅静夜辨别打更声的"派别"，显示其孤寂的心态，也透出一股顽皮。不独文学界有派别有论争，即一介更夫，也各有声调，真是纷纷扰扰大千世界。

1927年1月2日，鲁迅在写给许广平的信中说："想来二十日以前，总可以到广州了。你的工作的地方，那时当能设法，我想即同在一校也无妨，偏要同在一校，管他妈的。"至此，鲁迅放下了最后一丝顾虑，卸下了最后一道世俗防线，决定要与许广平在一起。

1月16日，鲁迅坐船离开了厦门。

俞荻回忆，鲁迅临走的时候，"虽然已经是初冬了，不过在厦门还是和上海的秋天一样和暖，鲁迅先生穿一件深灰色的长袍，脚穿陈嘉庚公司的橡胶鞋，他比初来厦大更清瘦一些"。

在船上写给李小峰的信中，鲁迅说：

> 现在总算离开厦门坐在船上了。船正在走，也不知道是在什么海上。总之一面是一望汪洋，一面却看见岛屿。但毫无风涛，就如坐在长江的船上一般。小小的颠簸自然是有的，不过这在海上就算不得颠簸；陆上的风涛要比这险恶得多。

他还认为自己去年以来大大地变坏或者是进步了，即使加给他罪案，也并不觉着沉重。"这是我经历了许多旧的和新的世故之后，才获得的。我已经管不得许多，只好从退让到无可退避之地，进而和他们冲突，蔑视他们，并且蔑视他们的蔑视了。"

这段话，可以视作鲁迅离开厦门进军广州的一个宣言。他把这一态度带到了广州，进而带到了上海。

写此封信时，鲁迅注意到，"海上的月色是这样皎洁；波面映出一大片银鳞，闪烁摇动；此外是碧玉一般的海水，看去仿佛很温柔"。海面如此之美，所以鲁迅说，"我不信这样的东西是会淹死人的"，随即笑称这是玩笑话，他还毫没有跳海的意思。

闽行记

全国的鲁迅故居或鲁迅博物馆、纪念馆，我基本都走到了。鲁迅任教过的厦门大学是2011年12月探访的。

厦门大学非常漂亮，从正门进去，两排高大的椰树迎风摇曳如旗帜焉。北方也常常能见到椰树，但那是塑料的。

"厦门大学"四字，是鲁迅书法集字。全国高校校名用鲁迅书法集字的，据我所知，还有陕西师范大学、西北大学、聊城大学。

厦门大学离海滩仅有五六十米，据说是全球最适宜谈恋爱的大学。校内有很多外国留学生，我看到两位女生披着原生的金色长发，一位男生留着大胡子，手里拿着一本《现代汉语小词典》边走边看。

买了一份手绘厦门大学地图。从地图上看，鲁迅纪念馆应该离校门不远，问了好几个人，都说在附近，但具体在哪个楼上，说不清楚。

我一直走在"集美楼"一楼的走廊里。又问了一个女生，她说，你走到外面，应该能看到一个大牌子。于是从走廊里出去，一抬头，原来是骑驴找驴，此处可不正是鲁迅纪念馆吗？是郭沫若题写的馆名。

集美楼二楼便是鲁迅纪念馆。正是中午时分，楼上没有一个游客。纪念馆共分五部分。之一是鲁迅生平，草草一观。之二是鲁迅与厦门大学，看得仔细些。

据我研究，鲁迅对福建没有一点好感。当年鲁迅在北京绍兴会馆时，很讨厌闽菜和闽人。

鲁迅对厦门的第一印象很不好，厦门富人居住的市区是洋房别墅、酒吧菜馆，而郊外及居民区则野草丛生、荒坟累累。鲁迅曾到学校后山的丛冢中留影数张，并称自己"在草木丛中，坐在一个洋灰的坟的祭桌上，像一个皇帝"（致许广平信）。

鲁迅对厦门人的印象也不大好，说厦门"大概因为和南洋相距太近之故罢，此地实在太斤斤于银钱，'某人多少钱一月'等等的话，谈话中常听见"。

鲁迅对厦门大学的印象也十分糟糕，在给许广平的信中讽刺厦门大学是"硬将一排洋房，摆在荒岛海边上"，"我以北京为污浊，乃至厦门，现在想来，可谓妄想，大沟不干净，小沟就干净么？"

鲁迅在厦门大学教书之余，前后给许广平写了84封书信，还写了17万余字的著作。

此前一天，参观厦大旁边的南普陀寺时，我问导游，鲁迅是不是来过这座寺庙？导游断然否认。我很怀疑导游的话。南普陀寺离厦门大学这么近，鲁迅闲来无事，肯定来过这里。

查了一下书，果然找到了两条记录：

1926年10月21日，鲁迅应邀参加南普陀寺及闽南佛学院公宴太虚和尚的晚餐。

11月13日，鲁迅与孙伏园等往南普陀寺观傀儡戏。

展览的第三部分是鲁迅与许广平，也草草一观。第四部分

厦门大学鲁迅纪念馆

（作者摄于2011年12月21日）

是纪念室，镇馆之宝是1936年鲁迅逝世后厦门文化界举行悼念活动所用的挽联和挽幛。第五部分是鲁迅故居，按鲁迅当年居住时的原貌布置。

鲁迅1926年在厦门大学任教三个多月，在校长林文庆的秘密授意下，与鲁迅有直接冲突的几个教授逼鲁迅搬家，鲁迅被赶到厦大的地下室居住。屋里原有两个灯泡，还非得摘下一个不行，只准用一个灯泡。

这么美的校园，留不住一位伟人。大概伟人就得多受点苦吧。1927年1月16日，鲁迅离开厦门赴广州。他上船的地方叫白城，是一片沙滩。

广州

中山大学大钟楼

（1927 年 1 月 18 日—1927 年 3 月 29 日）

一

2017 年 5 月的一天，我从遥远的大西北奔赴广州，寻找鲁迅在这座城市留下的足迹。

长期以来，"广州鲁迅"一直被学界忽视和低估。一方面，鲁迅在广州的创作不如北京时期《呐喊》《彷徨》那般振聋发聩、气势磅礴。另一方面，广州时期的鲁迅处于中间转型期，攻守两端均似乎乏善可陈。其实这是一种错觉。不深入理解鲁迅在广州的时期，就无法深入理解鲁迅的晚年。

1927 年 1 月 18 日，鲁迅在广州天字码头"抱着梦幻"登陆，9 月 27 日，乘坐"山东号"轮船离开广州奔赴上海，与广州结缘 8 个月零 9 天。

吸引鲁迅来到广州的，可以用鲁迅自己的话表述："我抱着和爱而一类的梦，到了广州，在饭锅旁边坐下……"

"和爱而一类的梦"，当然是指与许广平的会合。

鲁迅和许广平离开北京前曾订下两年之约，鲁迅去福建厦门教学，许广平回老家广东工作，各自奋斗两年再见面。然而仅四个多月后，约定就被打破。这是中年鲁迅的主动抉择，离开了北京这个有许多熟人的城市，他在写给许广平的信里，说"我有时自己惭愧，怕不配爱那一个人；但看看他们的言行思想，便觉得我也并不算坏人，我可以爱"。鲁迅首先是奔着他的爱而去的。

此外还有饭碗的原因，即中山大学的邀请。当年，中山大学邀请鲁迅任文学系主任兼教务主任，在厦门大学郁郁不得志的鲁迅欣然同意，他想"造一条战线，更向旧社会进攻"。这个饭碗对鲁迅非常重要，他每月的薪酬高达500元，一半是现金，一半是广东国民政府以国库名义发行的债券。当时，同在中山大学担任预科教授的许寿裳的月薪只有鲁迅的一半，是240元，而助教级不过100元。

飞机从关中平原南下，切入青雾皑皑的秦岭腹地时，虽然隔着一个封闭的物理空间，还是能够明显感觉到地气发生了根本变化。半云半雾而行两小时余，待到飞机按下云头，看到百越之地的人间满眼苍翠，水网密布，地面温度竟比西安高出10度时，我不禁对着自己的外套摇头苦笑了。

先一夜宿于湖天宾馆。天下城市一张嘴脸，街面、宾馆、高楼、市民衣饰大率尔尔，除了比北方更热，数小时从春季变换到了盛夏之外，广州亦无甚殊异之处。唯宾馆大厅中外国人甚多，且多为穆斯林，房间也配备了礼拜毯，超市则售卖新鲜果蔬和阿拉伯薄饼。

次日晨起去二楼餐厅用餐，这才敏锐地感觉到广州与其他城市大不同的地方。这里充满了陌生的南国味道。我不是单指嗅觉，也是指视觉和气场。一般城市，当地人极少专门去酒店吃早餐，因其价固昂，味亦不佳，避之犹恐不及。但是在广州，酒店餐厅人头攒动，以当地人居多，三三两两风烛残年的老人一大早便颤颤巍巍来到酒店，团桌聚首而坐，稀疏的白发在晨曦中十分晃眼。他们在餐厅反客为主，住在酒店中的外地客人到此处用餐时，反而有些不知所措了。

原来，他们是在饮著名的早茶！

广州人爱饮早茶，早上见面，不是问"吃了吗"，而是问"饮咗茶未啊？"（喝茶了吗？）饮茶是岭南文化别于其他文化的一个显著特质。广州人说饮早茶，习惯说成是"叹早茶"。"叹"字在广州方言中含有品味和享受之意。据说这里还不是最热闹的地方，最热闹的是白天鹅宾馆，那里的早茶出品好，还可以欣赏珠江美景，早上七点半开门迎客，六点就得"派筹"。

排队和叹茶，都是广州人生活的态度。

现在，他们围着桌上酒精炉温着的一壶开水，就着甜得腻人的茶点，一边叹早茶，一边说着北方人听上去如同密电码的话，使人如置身异域。

这种语言的障碍，是"外江佬"在广州最大的障碍，鲁迅当年体会尤深。他在广州8个月，直到离开的时候，所知道的言语，除了数字，就只有两句听得懂的话，一句是 Hanbaran（统统），一句是骂人的话 Tiu-na-ma。这两句有时也有用，有一天，巡警捉住了一个窃电灯的偷儿，"那管屋的陈公便跟着一面骂，一面打。骂了一大套，而我从中只听懂了这两句。然而似乎已经全懂得，心里想：'他所说的，大约是因为屋外的电灯几乎 Hanbaran 被他偷去，所以要 Tiu-na-ma 了。'于是就仿佛解决了一件大问题似的，即刻安心归坐，自去再编我的《唐宋传奇集》"。广州话是难懂的，也许是看在许广平的面子上，鲁迅没有对粤语说更难听的话。

二

到广州后，鲁迅去的第一个地方是高第街。高第街在广州越秀区，许家聚族而居的地方是这条街上的"许地"，许广平属许家的第七房。鲁迅到广州的当晚就冒雨拜访许母。据说现在这一带是著名的"内衣一条街"，外围建筑保留有旧时骑楼风格，也面临拆迁。许广平故居在许地33、34号，但我未能亲见。

从高第街拜访许母返回后，鲁迅先在长堤宾兴旅馆住了一夜。我在鲁迅纪念馆中看到了宾兴旅馆的一张黑白图片，一楼单门单窗，二楼可见两间窗户，地甚狭，一望便知是当时比较便利的便宜旅社。过渡一夜后，第二天，鲁迅便在许广平、孙伏园的帮助下搬到了中山大学钟楼。

中山大学钟楼现辟有鲁迅纪念馆，鲁迅故居也复原了旧貌对外开放，高德地图上有明显的标志。但是广州的出租车司机并不认为钟楼是越秀区的标志性建筑，也不知道什么鲁迅纪念馆，他对讲普通话的客人有点爱理不理的样子，我只好打开手机导航，让一个机械的女声普通话指挥他把我拉到广东省立中山图书馆附近。

位于中山图书馆东侧的那座显眼的黄色建筑，就是鲁迅住过的钟楼。这是一座仿西欧古典式砖木结构建筑，形如"山"字，原是中山大学校本部办公楼，正门为拱形圆柱廊，因楼四面上方装置了时钟，故名"钟楼"。现在这里不仅是鲁迅纪念馆，也是国民党"一大"旧址，还保留着广东贡院号舍（考室）遗迹。清末时，黄遵宪、康有为、梁启超等中国近代名人，都曾在此参加乡试。钟楼前的绿地曾是广州最早的标准化运动场，孙中山每周在这里讲解三民主义，此地因而被誉为"革命的大本营"。现在，这里古榕环抱，木棉参天，树木簇拥着安静的钟楼，革命的气息早已远去，游人闲闲，时光从容。

据广州鲁迅纪念馆老馆长张竞先生介绍，鲁迅到广州的翌日，就"住在庄严瑰丽的不是普通的教授可以搬入去的大钟楼上"，任中山大学文学系主任兼教务主任。鲁迅入住的"大钟楼"是中山大学中最中央且最高的地方，入住一月后，一个戴瓜皮小帽的秘书对他说，这是最优待的住所，非"主任"之流是不准住的。当然，后来鲁迅一搬出，一位办事员就住进去了。对此，鲁迅是又感激，又惭愧。鲁迅用两条木凳搁着两块木板搭成一张床，用竹竿撑起一顶麻布蚊帐；一个藤书架和几个书箱用来装书；四方桌、小茶几、衣物箱和许广平带给他的煤气炉，各自布置在房间里。目前，这些设施都能在房间里看到。然而这优待室住着并不易，至少睡觉不易。一到夜间，便有十多只或二十来只鼠出现，"驰骋文坛，什么都不管"。只要可吃的，它就吃，并且能开盒子盖，鲁迅戏言，"广州中山大学里非主任之流即不准住的楼上的老鼠，仿佛也特别聪明似的，我在别地方未曾遇到过"。而且一到清晨，就有"工友"们大声唱鲁迅所不懂的歌，形如今日广场舞之扰民。

鲁迅住入大钟楼时，与许广平的感情已有明显发展，许广平已开始挺身照顾鲁迅的生活起居。有见证者回忆道，"鲁迅搬入大钟楼之初，许女士怎样替他布置卧室，挂窗帘，买东西一类的事，我早已看在眼内"，而有一次前去探望时，"室内只有他和许二人，许手中的小本线装书还未放下，起来招呼我。就相对坐谈书的情形看来，二人的超过师徒的感情，是不待想而知的"。①

其实，这一切，早在《两地书》那些公之于众的信件中，一步步展开了情节。鲁迅来到广州时，他是"风子"。许广平说："风子是我的爱，于是，我起始握着风子的手"。她是他的爱人与助手。

鲁迅最初一个人住在大钟楼。后来，应聘到中山大学讲授

---

① 刘金星：《大师的巅峰时刻·文学家卷》，花山文艺出版社，2015年。

教育学与西洋史的许寿裳也搬入大钟楼。

鲁迅与许寿裳之间的友情已超越了一般的朋友。许广平描述，鲁迅和许寿裳之间也会有争执，但很快会被一阵欢快的笑声所掩盖，这背后是高山流水的互相印证，非外人所能道。鲁迅和许寿裳有很长时间的共同生活经历，在日本留学期间就曾一起租住东京一所华美的住宅，名为"伍舍"。回国后，他们又是教育部同事，"白天则同桌办公，晚上则联床共话，暇时或同访图书馆"。鲁迅南下后，他们又在中山大学聚首，重新"同住"。"那时候，他［鲁迅］住在中山大学的最中央而最高最大的一间屋——通称'大钟楼'，相见忻然。书桌和床铺，我的和他的占了屋内对角线的两端。这晚上，他邀我到东堤去晚酌，肴馔很上等甘洁。次日又到另一处去小酌。我要付账，他坚持不可，说先由他付过十次再说。从此，每日吃馆子，看电影，星期日则远足旅行，如是者十余日，豪兴才稍疲。"如此友谊，确可信任一生。

原以为鲁迅旧居一定在大钟楼最中央，其实不然，而是在二楼最西边一间像普通教室的大屋中，门口立着一尊鲁迅雕塑，旁边是会议室。旧居对角线的两端，果然各摆着一张带纱帐的床和一张书桌，炊具和书柜则是共用的部分。两个人共处一室，空间上丝毫感觉不到拥挤。这个房子的布置恰好是鲁迅和许寿裳两人关系的一个象征，各自独立而又互相依赖，亲密无间又有距离存焉。许寿裳说："我和鲁迅合居其间，我喜欢早眠早起，而鲁迅不然，……晚餐后，鲁迅的方面每有来客络绎不绝，大抵至十一时才散。客散以后，鲁迅才开始写作，有时至于彻夜通宵，我已经起床了，见他还在灯下伏案挥毫，《铸剑》等篇便是这样写成的。"可以想见，大钟楼上的灯光一定是全校亮得最久的灯光，有时甚至是迎接晨曦到来的灯光。

三

鲁迅到广州任教的消息，早在他成行的前一年即1926年11月15日，就已经见诸《广州民国日报》，题目是《中大聘鲁迅担任教授》，全文如下：

> 著名文学家鲁迅，即周树人，久为国内青年所倾倒，现在厦门大学担任教席，中山大学委员会特电促其来粤担任该校文科教授，闻鲁氏已应允就聘，不日来粤云。

鲁迅到达广州后，来访者络绎不绝。他拒绝了学校当局的欢迎会，却于1月25日下午在中大学生代表毕磊的陪同下，出席了中大学生会为他举行的欢迎会。据当年中大学生回忆，鲁迅当时穿布袍，穿那种叫作"陈嘉庚式"的帆布胶底鞋，吸当时最便宜的彩凤牌香烟，头发长长的，好像一个乡下老头子。

当时，中大校务委员会副主任朱家骅（1893—1963）以学校当局身份上台致欢迎词，说鲁迅是革命家、是战士。鲁迅当即回应说，"朱先生那一套我不承认"，原因是如果他是革命家、是战士，就应在北京或厦门与恶势力斗争，为什么还要来广州呢？鲁迅深知革命话语中的流动性与多变性，他不愿意被所谓的革命收编。他觉得广东像红布标语中写的白字那样，"红中夹白"，既可以是革命的策源地，又可以是反革命的策源地。鲁迅说话的声音"不高也不低"，演讲完后，掌声雷鸣，出门后被学生拥得寸步难行。欧阳山回忆，"鲁迅一来就把青年们吸引住了，他那一举一动，他的容貌、声音、外表，他的理发问题、抽烟、服装，以及他著作的介绍，都成了青年人谈话的中心"。

1927年2月8日的《广州民国日报》公布了中山大学新聘定之各科系主任，鲁迅排名第一："周树人教授为文学系主任兼教务主任。"其后是哲学系主任兼文科主任傅斯年，再后是史学系主任孙伏园等等。

作为文学系主任，鲁迅在中山大学开设了多门课程。广州鲁迅纪念馆别出心裁地把鲁迅开设的课程用粉笔罗列在黑板上，使人身临其境。计有"文艺论""中国文学史（上古至隋）""中国小说史"等。其中"文艺论"分别是文史科选修科目、文学系中国文学组必修科目、文学系英国文学组必修科目，每周均为3小时，学生人数多至204人，教室无法容纳，就改在中大礼堂。欧阳山回忆，"不只大礼堂里坐满了人，连四周的窗台也坐满了人，还有更多的人，是站在窗子外，大门口"。

值得注意的，鲁迅本拟为文学系中国文学组开一门"中国字体变迁史"的选修课，他此前还广泛搜集砖文、金文等资料，可惜选修课"暂缓"，这本著作也没能完成。后来，写过《鲁迅传》的王士菁先生完成了一本类似的书。我的理解是，王士菁从鲁迅那里受到了启发，这是"偷拳"的成果。

鲁迅在中山大学时，常去位于昌兴街的创造社出版部广州分部（今昌兴街42号二楼）和丁卜书店（今昌兴街20号）购书。

昌兴街是北京路上一条约100米的老街。"与创造社联合起来，造一条战线，更向旧社会进攻"是鲁迅到广州的主要目的，因此，到广州后没几天，他便去创造社访问。当时创造社的骨干郭沫若已经北上，两人未能会面。

鲁迅在中山大学期间，《阿Q正传》在广州脱销，兼营床上用品的丁卜书店就出售油印的64开横写本，每本售价一角，大为畅销。据许广平回忆，鲁迅是这里的常客，线装本的书固然吸引过他，但丁卜书店里的新作品和带有理论性的读物更吸引他。

鲁迅初到广州的时候，"有时确也感到一点小康"。

广州是鲁迅甜蜜生活的据点，是爱人许广平的老家。经历过《两地书》精神对望之后，二人终于得以彼此面对，虽然不能光明正大同居一室。这种由爱情促发的美好某种意义上反映在鲁迅对广州饮食的喜好上。

鲁迅在厦门大学时，常吃罐头混日子，许广平则在来信中不断用广州的吃食诱惑他。她说，广州素以善食著称，吃的应有尽有。"你在北京生活了十四年，偏好北方口味，而这里也有北方馆子。"鲁迅显然为之心动，表示"我还想吃一回蛇，尝一点龙虱"。鲁迅到广州后，有许广平当向导，就光顾了荟芳园、别有春、妙奇香、北园等酒店。鲁迅给朋友写信时如是说："这里很繁盛，饮食倒极便当，食物虽较贵而质料殊佳。"据不完全统计，鲁迅在广州9个月光顾过的茶室酒楼就有20多家。在和友人的通信中，他也列举了广州的水果。如5月，"荔枝已上市，吃过两三回了，确比运到上海者好，以其新鲜也"。7月，"吃糯米糍（荔枝），龙牙蕉，此二种甚佳，上海无有"。8月，"荔枝已过，杨桃上市，此物初吃似不佳，惯则甚好，食后如用肥皂水洗口，极爽。秋时尚有，如来此，不可不食，特先为介绍"。鲁迅自己更是认为，他在广州"最卓著的成绩"是宣传阳桃的优点。他认为阳桃"滑而脆，酸而甜"，"我常常宣传杨桃的功德，吃的人大抵赞同，这是我这一年中最卓著的成绩"。

喜好饮食水果，是鲁迅身心得到放松的一个例证。

但渐渐地他发现，好日子远远没有到来。

"我在这里，被抬得太高，苦极。作文演说的债，欠了许多。阴历正月三日从毓秀山跳下，跌伤了，躺了几天。十七日到香港去演说，被英国人禁止在报上揭载了。真是钉子之多，不胜枚举。"这不是鲁迅希望的结果，因此他说"我想不做'名人'了，玩玩。一变'名人'，'自己'就没有了"。（书信270225致章廷谦）

"我到此只三月，竟做了一个大傀儡。"（书信270515致章廷谦）

鲁迅戴着"教务主任"的纸冠的时候，是忙碌的时期，"学校大事，盖无过于补考与开课也"，于是点头开会，排时间表，发通知书，秘藏题目，分配卷子，开会，讨论，计分，发榜，辩论，等等。这样一天一天地过去，而每夜是十多只或二十只老鼠的驰骋，早上是三位工友的响亮的歌声。"现在想起那时的辩论来，人是多么和有限的生命开着玩笑。"

他的内心深处是很焦虑的，这是职业、革命和创作的逼迫。

在中大，鲁迅一方面想创造一条联合战线，攻击旧社会和旧思想，又想为中大文科出点力，可以说是心力交瘁。鲁迅当时并不想做学官，"我是来教书的，不意套上了文学系（非科）主任兼教务主任，不但睡觉，连吃饭的功夫也没有了。"他后来在致章廷谦的信中说，"中大当初开学，实在不易，因内情纠纷，我费去气力不少"。同时，广州青年对鲁迅抱有很大期望，提出了"思想革命"的任务，"希望鲁迅先生能多做些作品惠与我们，给我们以艺术精神上的安慰。同时，希望先生继续历年来所担负的'思想革命'的工作，引导我们一齐到'思想革命'的战线上去！"（薛绥之《鲁迅生平史料汇编》）拔高、利用或打压鲁迅的势力都给他造成了困扰，引发其思想和精神的焦虑。

在致李霁野的信中，他说："我太忙，每天胡［糊］里胡涂的过去，文章久不作了，连《莽原》的稿子也没有寄，想到就很焦急。但住在校内是不行的，从早十点至夜十点，都有人来找。我想搬出去，晚上不见客，或者可以看点书及作文。"

鲁迅在思想和行动上，开始一点一点疏远中山大学。

其间：

香港青年会

一

1926年9月至1927年1月，在厦门大学任教的鲁迅为革命风暴在南方的风起云涌而欢欣鼓舞，但鲁迅不久就发现，厦门"沉沉如死"，骨子里和北京并没有什么两样。厦大校长兼国学院院长林文庆是个顽固守旧分子，他使厦大弥漫着尊孔复古的空气，令人窒息。与此同时，"语丝派"的死对头"现代评论派"尾随鲁迅把斗争带到了厦大，要密谋赶走鲁迅和林语堂，鲁迅于是又陷入渴望战斗而不可得的新的孤寂与苦闷之中。

其时，在中共广东区委学委会的提议下，当时主持广州中山大学校务的副主任委员、国民党要人朱家骅出面发电报邀请鲁迅到中山大学去"指示一切"。因朱氏的国民党身份，20世纪七八十年代的研究者多对朱氏颇有不敬之词，近年来始有公允评价。朱氏担当过教育、学术、政府、政党等多项重要职务，与中国政局的演变有密不可分的关系，影响现代中国甚巨。

在鲁迅尚未最后决定去广州时，1926年11月15日国民党在广州的机关报《广州民国日报》即迫不及待地发表消息："著名文学家鲁迅，即周树人，久为国内青年所倾倒，现在厦门大学担任教席，中山大学委员会特电促其来粤担任该校文科教授，闻鲁氏已应允就聘，不日来粤云。"其时的国民党迫切需要一些在社会上尤其是在青年中有威望的知识分子为他们装潢门面、粉饰太平，所以对鲁迅"期盼"极切。

经朱家骅一再来电催促，鲁迅于1927年1月16日从厦门大学辞职，坐船南下，到中山大学任教，17日"午抵香港"。这是鲁迅第一次踏上香港的土地，但因时间仓促，只在维多利亚港暂泊一宵，并未上岸。

夜半钟声到客船。沉睡的维多利亚港不会知道，一个伟大的思想家正在靠近香港。

18日，"晨发香港。午后雨，抵黄浦，雇小舟至长堤，寓宾兴旅馆"。

鲁迅一到广州即受到各方热烈欢迎，在中大欢迎会上朱家骅即尊鲁迅为"战斗者，革命者"。他不仅安排许广平为中大助教，而且对鲁迅推荐的许寿裳、章廷谦等人也一一妥为安排。与此同时《国民日报》《国民新闻》纷纷发表消息、文章、照片。国民党在广州的一些要人孔祥熙、戴季陶等也纷纷发出请柬，场面热烈，呈一时之盛。

二

省港大罢工之后，香港英国当局强化了殖民主义统治，港内政治空气令人窒息。1926年，香港大学工科毕业班学生赵今声担任中华基督教青年会《大光报》的社外编辑。为了打破这种窒息，抗衡港英政府的打压，鼓励港岛人心，1927年春，赵今声通过他的同乡、广州国民党总部青年部交通员叶少泉的联络，以《大光报》名义，邀请当时在广州中山大学讲学的鲁迅先生访港。鲁迅欣然应允。

"香港应该产生诗人和画家，用他们的艺术来赞颂这里的海光山色。有些人听了颇觉诧异。他们看惯了，住腻了，终日只把这地方看作一个吃饭做买卖的商场，所以不能欣赏那山水的美景了。"（胡适《南游杂忆》）鲁迅要给这个"吃饭做买卖的商场"带来文化和思想的激荡。

1927年2月17日，鲁迅踏上香港之行。为了便于次日凌晨上船，"夜出宿上海旅馆"。其时英国殖民当局不大欢迎鲁迅登港，在赴港的船上，就有船员为他的安危担忧，以为他去香港"说不定会遭谋害"，但鲁迅还是成行了。

2月18日，"雨。晨上小汽船，叶少泉、苏秋宝、申君及广平同行，午后抵香港，寓青年会"。同行者中，叶少泉是促成鲁迅香港之行的联络人。苏秋宝是河北满城人，1922年北京大学理学院预科毕业；申君不详——此二人似为鲁迅香港之行的跟班。

当晚，赵今声在基督教青年会食堂设便宴，招待鲁迅一行。

基督教青年会建筑今为香港必列者士街51号，耸立在香港岛太平山麓，依山坡而建，高六层，坐北向南。"朝阳初出，对海则可以观日，夕阳西坠，面山则见世界如黄金"，因其地势高，殊无尘嚣气味，极宜文人雅集。是夜，鲁迅兴致很浓，喝了好几杯黄酒。

2月18日晚九时，鲁迅不顾跌伤的脚尚未痊愈，也来不及缓解舟车劳顿之困，就在香港中华基督教青年会会堂做了第一场演讲：《无声的中国》。许广平将鲁迅先生带着绍兴味的国语"翻译"给香港听众，两位香港记者担任笔录。

在滂沱的雨夜，鲁迅开始演讲。

"以我这样没有什么可听的无聊的讲演，又在这样大雨的时候，竟还有这许多来听的诸君，我首先应当声明我的郑重感谢。"自谦之后，鲁迅激越的演讲振聋发聩。鲁迅回顾了"五四"以来的白话文运动，他认为只有白话文才能使人更好地交流，思想的革新需要有白话文这样一个工具来传达，也就是"我们要说现代的，自己的话；用活着的白话，将自己的思想，感情直白地说出来"。"青年们先可以将中国变成一个有声的中国。""只有真的声音，才能感动中国的人和世界的人，必须有真的声音，才能和世界的人同在世界上生活。"唯其如此，中国才能摆脱无声状态，才能避免亡国的危险。

鲁迅从语言文化入手分析了中国是怎样成为"无声的中国"的，找出了病根，并开出了一剂药方："舍掉古文而生存"。

2月19日，在同一地点，鲁迅做了第二场演讲：《老调子已经唱完》，主题仍延续《无声的中国》。

鲁迅从第一场演讲只谈文言白话中跳开来，把整个中国传统文化视为"老调子"。除了回顾历史上中国的老调子把一个个朝代一一唱完，还重点讨论了中西关系，即在外国人别有用意地赞美中国文化的背景下，中国人生存的艰难无望。在鲁迅看来，别国人尊重中国的旧文化，"哪里是真在尊重呢，不过是利用！"这样的"尊重"，其实是一把"割头不觉死"的"软刀子"，其目的，是用中国人自己的老调子唱完自己。这类似于今天的"和平演变"。可见鲁迅的这一犀利眼光，对当下传统文化的接受、继承与批判，以及外来文化的批判与吸收仍有积极的现实意义。鲁迅说，如果这样的老调子一直唱下去，全国就会变得像上海一样："最有权势的是一群外国人，接近他们的是一圈中国的商人和所谓读书的人，圈子外面是许多中国的苦人，就是下等奴才。"

三

作为20世纪中国最有影响的知识分子，鲁迅的名字已经是一个民族的符号，没有谁能够回避。当年英当局慑于鲁迅思想的巨大威力，对《无声的中国》之演讲及发表，处处设置障碍，"钉子之多，不胜枚举"。鲁迅在《略谈香港》中说："我去讲演的时候，主持其事的人大约很受了许多困难，但我都不大清楚。单知道先是颇遭干涉，中途又有反对者派人索取入场券，收藏起来，使别人不能去听；后来又不许将讲稿登报，经交涉的结果，是削去和改窜了许多。"2月25日，他给章廷谦写信说："十七日到香港去演说，被英国人禁止在报上揭载了。"几经波折，《无声的中国》终刊于香港报纸（报纸名称及日期未详），1927年3月23日汉口《中央日报》副刊转载，后收入《三闲集》。

《老调子已经唱完》的发表与出版更是历经坎坷。鲁迅1927年4月26日致孙伏园信称，"这一篇在香港不准登出来，我只得在《新时代》上发表"。即指文章最初发表于1927年3月广州《国民新闻》副刊《新时代》。同年5月11日汉口《中央日报》副刊第48号曾予转载。该文收入《集外集》后，被国民党图书杂志审查委员会连同鲁迅的另外八篇杂文以及编辑杨霁云的《编者引言》一起删除。鲁迅在致曹聚仁的信中说："《集外集》之被捣乱，原是意中事。那十篇原非妙文，可有可无，但一经被删，却大有发表之意了，我当于今年印出来给他们看。"但鲁迅此愿生前并未实现，直到1938年该文才由许广平编入《集外集拾遗》出版。在鲁迅佚文的搜遗辑补方面，杨霁云等人做了不少开拓性的工作，令人钦颂。杨霁云后来遗憾地说，"《老调子已经唱完》是一篇极重要的文章，我从《鲁迅在广东》书上撕下寄给他改正，因过长未重抄一过，原稿送检查会审定时却给抽去没收了，现在想来真可惜得很"。许广平曾把杨霁云的《编者引言》作为附录收入《集外集拾遗》，应该说是对杨霁云这位鲁迅精神遗产的守护者的最好纪念。现在通行的版本中已少见这篇文章及同是杨霁云作的《编者后记》，不亦憾乎！

四

关于在香港的演讲，鲁迅在返回广州后不久作《略谈香港》说："然而我的讲演，真是'老生常谈'，而且还是七八年前的'常谈'。"傅国涌先生认为，鲁迅之所以一再坚持"老生常谈"，是因为真的"民国"并未出现，只有"军国""党国"。傅所言确是。比如鲁迅到广州之后，发现所谓的"革命大本营"中的人民"并无力量"，广州"可以做'革命的策源地'，也可以做反革命的策源地"。同时，先生耳闻目睹了"三一八""四一二""四一五"的杀戮，那么多热血青年的血，抛洒在他的周围，使人艰于呼吸视听。"长歌当哭，是必须在痛定之后的。"他的演讲，便是痛定之后的歌哭。他在致许广平的信中说，"倘笔舌尚存，是总要使用的"，但"一演说，则与当局者的意见一定相反"。战斗着的鲁迅决不帮闲，即使在英国占据的香港，他也要喊出"老调子已经唱完"，呼吁变"无声的中国"为"有声的中国"。这是鲁迅式的"深沉的韧性的战斗"，而不是"震骇一时的牺牲"；是壕堑战，而不是许褚式的赤膊上阵。

鲁迅在香港的演讲是文化名流与香港各界极为重要的一场约会，其核心主旨是希望青年追求创新，反思传统文化，寻找新的突破。由于鲁迅来港的实质记录或回应本来并不多，加之历史本身的不完整、当事人处理史料的态度和两文发表过程中的周折，今人读后不禁要问：鲁迅在港的演讲稿是否遭到删禁？亦即现今所见的鲁迅在港演讲记录，包括《鲁迅全集》所收文字，是否完整？

这个问题很值得讨论。

澳大利亚昆士兰大学的教授张钊贻先生撰文《鲁迅与香港新闻检查》，论及1927年鲁迅来港演说的事件，就指出了一些回忆文章中的矛盾点。作者从香港历史档案馆和中央图书馆查知相关文献，把鲁迅来港之事件与当时香港对中文报纸实行新闻检查的情况相结合，重点讨论鲁迅在港的演讲稿是否遭到删禁。据张钊贻研究，由于粤语传译和报纸编辑等因素，演讲记录并不完整。对香港文学而言，有关鲁迅来港及相关记录的具体历史情况有必要重新检视——辨清这个问题，对校正处理文学史料的态度、正视历史的复杂性以及撰写文学史大有意义。

五

1927年2月20日，鲁迅和许广平乘小汽船从香港启程，午后返回广州。他在《略谈香港》中叙述，到香港时因脚跌伤未愈，"不能到街上去闲走，演说一了，匆匆便归，印象淡薄得很"。他以香港《循环日报》披露香港"警司"随便向中国人抽藤条、搜身等屡见不鲜的事实，称"香港总是一个畏途"。

这一"畏途"的印象伴随鲁迅北上——当年9月28日，先生坐船离开广州前往上海，第三次来到香港，当然也只是途经，稍事停留而已。仅仅是稍事停留，鲁迅便有不测之感，比前两次"仿佛先就感到不安"。果然第二天，即29日，鲁迅遇到了"与广州不同的查关"的蛮横与严厉。当"这一位同胞在查提包和衣箱时，那一位同胞是在查网篮。但那检查法，和在统舱里查书籍的时候又两样了。那时还不过捣乱，这回却变了毁坏！"（《再谈香港》）事后才得知，大概因为鲁迅太瘦弱，所以海关怀疑他是走私鸦片的。无论如何，香港为鲁迅提供了素材，足以审视国人灵魂深处。

在赴上海的轮船上，鲁迅写了《再谈香港》，记述了他于28日途经香港时遭到洋人和奴性同胞"查关"的无理待遇，感慨地说："香港虽只一岛，却活画着中国许多地方现在和将来的小照：中央几位洋主子，手下是若干颂德的'高等华人'和一伙作伥的奴气同胞。此外即全是默默吃苦的'土人'，能耐的死在洋场上，耐不住的逃入深山中，苗瑶是我们的前辈。"

可以说香港给鲁迅的印象难以言说又难以磨灭，而"香港虽只一个岛，却活画着中国许多地方现在和将来的小照"之语，流传甚广，委实可见先生深刻之处。

20世纪三四十年代的香港文学在中国现代文学史的书写中几乎空白，但香港的新文学至少在20世纪20年代即鲁迅来港之前便已出现。1927年，鲁迅在香港通过《无声的中国》和《老调子已经唱完》两场经典的演讲，亲手点旺了新文学之火，为当时香港保守的文化气氛带来冲击，鼓励了从事新文学的青年，影响了日后香港现代文学的书写。此后任何时候回头检视，鲁迅的演讲都可以看作香港文学史上具有划时代意义的事件。

芳草街44号北新书屋

广州的天气说变就变，耳听得头顶的钢瓦上噼噼啪啪如落炒豆，声势大得骇人，原来大雨如注，我被困在大钟楼上了，眼见楼下行人仓皇避雨，我索性放慢节奏，去参观纪念馆内复原的北新书屋。

旧砖墙上嵌着芳草街44号的门牌，一盏老电灯、几行电线瓷瓶共同营造出强烈的旧时氛围，"北新书屋"的木匾挂在大门上方。

这个书屋的老板便是鲁迅。鲁迅一生也只当过这一次老板。

鲁迅有感于广州的文艺园地暮气沉沉，"除创造社一些读物外，其他芜杂得很"，就想开一家书店，把北方的北新书局、未名社的出版物介绍给广州青年，传播新思想，培育南方文学新苗。他一方面与上海北新书局的李小峰联系，组织书源运到广州；另一方面以每月60元租金租下惠爱东路（今中山四路）芳草街44号二楼，开办了北新书屋，前房用作办书店，后房住人。该房原是孙伏园离粤赴武汉留下的空房，有两个房间、一个厨房。

为什么叫"北新书屋"？因所售之书多由北新书局出版，

北新书屋的门牌号

（作者摄于 2017 年 5 月 13 日）

故取名"北新书屋"。许广平特意写过一篇题为《北新书屋》的短文，详述书屋开张的前因后果，发表在1927年3月31日广州《国民新闻》的副刊上，广而告之。其中说："名目呢？书籍多是北新书局的，但这里又不是书局，倒是人家，那么，叫作'北新书屋'吧。"相当于北新书局设在广州的代售点，实际上完全由鲁迅自收自支；北新书局不参股，也不干涉经营，只是给鲁迅不定期邮寄书籍。如开业前几天，3月17日收到9包，3月24日收到26包，3月25日收到15包。此后鲁迅每月均能收到图书，最多的一次是4月30日收到北新书局的32包和未名社的8包，计40包。因未名社包装之法非常简陋，最初所寄之书，"纸包无一不破，书多破损，而北新之包，无一破者"，故鲁迅提醒李霁野"望此后寄书，可往北新参考其包装之法，以免损失"，做事不可谓不缜密。

1927年3月25日，北新书屋在芳草街开业，原来清冷的芳草街顿时热闹起来，鲁迅也兴高采烈地在书屋里招呼前来购买新书的青年，并和大家畅谈未名社的书刊和《莽原》杂志在北方的影响。

北新书屋平时由许广平的妹妹许月平打理，稍有空闲，许广平也来帮忙。从3月25日到8月15日，这里成了鲁迅和爱好文学的青年见面、谈论文学的一个去处。鲁迅辞去中山大学职务不久，书店停业，剩书廉价让给共和书局。移交时，鲁迅动手包装、搬运，自掏腰包付清停业结欠的80元，之后兴致勃勃地请那几位帮忙的青年去"妙奇香"茶楼吃饭，并亲自提壶酌酒，谈笑风生，场面热闹，旁人还以为是祝捷宴。

北新书屋开业头两个月，确实热闹兴旺了一阵子。这一点，从鲁迅的书信中就能看出来：

4月9日致李霁野："前回寄来的书籍，《象牙之塔》《坟》《关于鲁迅》三种，俱已卖完，望即续寄。《莽原》合本也即卖完，要者尚多，可即寄二十本来。"并讲了他当老板的一个发现："这里的学生对于期刊，多喜欢买合本，因为零本忽到忽不到，不容易买全。""《穷人》卖去十本，可再寄十本来。""托罗兹基的文学批评如印成，我想可以销路较好。"如此大谈图书生意，在鲁迅一生中，绝无仅有。

4月9日致台静农："《莽原》合本，来问的人还不少，其实这期刊在此地是行销的，只是没处买。第二卷另本也已售罄，可以将从第一期至最近出版的一期再各寄十本来。以挂号为稳，因此地邮政似颇腐败也。"

4月20日再致李霁野："来信可寄'广州芳草街四十四号二楼北新书屋'（非局字）收转。""屋"字下面还加了圆圈。又云："书籍亦径寄'北新书屋'收。这是一间小楼，卖未名社和北新局出板［版］品的地方。《莽原》第五、六期各十本及给我之二本，今天收到了。广东没有文艺书出版，所以外来之品，消场还好。《象牙之塔》卖完了，连样本都买了去。"

许广平回忆道："作为文艺性的读物，广州青年这方面却大感缺乏，鲁迅为填补这一缺憾，经过一位青年朋友的帮助，在芳草街的一个楼上借租下来，在当时还流通不到南方的鲁迅作品以及未名社的一些作品，陆续寄到这里出售……"①在鲁迅的辛勤开垦和耕耘下，北新书屋成了广州"文艺沙漠"中一块小小的绿洲。

但是好景不长，由于蒋介石在广州"清共"，广州的革命形势急转直下，一批进步青年被抓被杀，进步出版物受到查处，鲁迅悲愤万分，毅然辞去中山大学的一切职务以示强烈抗议。与此同时，书店也迅速走上下坡路。

鲁迅本来不善于做生意，这个书店，也是在犹豫中开起来的。许广平说："幸而四五天以前，书籍陆续的寄到了，书店本可以逐渐开起来。但是这位先生却又不想开书店了，——其实也不会，——以为麻烦得很，不如托一个熟人随便出掉它。"鲁迅开书店的初衷首先是觉得"广州的文坛太寂寞了，想'挑拨'一下"，从效果来看，"挑拨"的目的也达到了，而此时形势不容乐观，是该关停了。6月30日，鲁迅致信李霁野："这里的北新书屋，我想关闭了，因为我不久总须走开，所以此信到后，请不必再寄书籍来了。"

8月，北新书屋关停，鲁迅将所剩存书廉价让给了永汉路（今北京路）的共和书局。8月15日鲁迅日记："上午至芳草街北新书屋将书籍点交于共和书局。"停业所欠的80元，也由鲁迅付清。

9月27日，鲁迅离开了涉足仅几个月的广州。开北新书屋

---

① 许广平：《回忆鲁迅在广州的时候》，《鲁迅在广州》，广东人民出版社，1976年。

是鲁迅唯一一次当老板，尽管耗时耗力又折本，但毕竟对广州新文学运动起到了一定的推动作用。

芳草街在中山四路农讲所旁边。目前，麻石地板上"芳草街"三个字历历在目。北新书屋旧址在芳草街44号，因房地产开发已被拆了，连门牌都找不到。

开办书店在鲁迅一生中是绝无仅有之事，在我看来，那也只是他觉得好玩而已。

白云楼26号二楼

（1927 年 3 月 29 日— 1927 年 9 月 27 日）

一

1927年3月29日，鲁迅搬出中山大学的标志性建筑大钟楼，搬进了珠江东堤上的白云楼。

欲访白云楼，先寻白云路。

"白云"是广州市的文化符号，无论白云路、白云楼，还是白云机场，都与广州东北部的南粤名山白云山有关。秦末高士郑安期隐居白云山采药济世，晋人葛洪在此炼丹，唐宋以后，杜审言、韩愈、苏轼等文人登山吟诗，寓情于物，丰富了岭南文化。明清羊城八景中，"白云晚望"居其一。羊城新八景中，"白云松涛"居其一。白云楼所在的白云路建于1912年，当时路北段东川桥一带称川龙口，是源于白云山的水道，故名。这条路一直是建国前广州最宽的马路，且首次试验性建成中间有绿化带的复式马路，有"模范马路"之称。

现在，当年试验性的复式马路早已成为天下马路的基本样式，白云路上也是绿意森森，一棵棵遒劲的榕树立在路边，盘曲扭结的枝干透着南方式的倔强。道路的尽头，一幢土黄色的旧式洋楼在周围的环境中显得极其醒目，并且气度不凡，这就是白云楼。

白云楼建于1924年，是一座钢筋混凝土结构的二层楼房（目前的三楼是后来加盖的），圆形立柱有罗马建筑韵味，门窗装饰富巴洛克风格，透露出富丽堂皇的感觉。据说此楼西南和北面墙壁上原悬挂木刻"白云楼"横匾，后改为水泥，今已不存，只看到西段第一道门上方浮雕有"邮局"二字。原来新中国成立后，白云楼曾为邮电部门职工宿舍。外墙上钉着一白一黑两块石碑，其中显示白云楼鲁迅故居早在1985年就成为广东省文物保护单位。

当年，鲁迅租赁了白云楼西段第一道门二楼的北室，计有1厅3房，与许寿裳、许广平合居。

白云楼底层是邮局，二楼中间是楼梯，一梯两户，分为北室和南室。北室"一厅三房一厨房一厕所"，共五六间房。南室共十间房，包括一个八角亭。历来将南室定为鲁迅故居，事实上不然。1963年当广州鲁迅纪念馆馆长张竞先生询问许广平鲁迅故居位置时，她当场手绘了白云楼故居的方位图，确认了北室才是鲁迅故居。

许广平在《我所敬的许寿裳先生》中说："租了广九车站的白云楼，除了厨房、女工住房、饭厅兼会客厅之外，我们每人有一间房子，但鲁迅先生首先挑选那个比较大而风凉朝南的给许先生住，宁可自己整天在朝西的窗下书写。"鲁迅的《朝花夕拾·后记》文末所署是："一九二七年七月十一，写完于广州东堤寓楼之西窗下。"

鲁迅给许寿裳让出来的是北室最大的一间，许寿裳在《亡友鲁迅印象记》中说："后来搬出学校，租了白云楼的一组，我和鲁迅、景宋三人合居。地甚清静，远望青山，前临小港，方以为课余可以有读书的环境了。"

据何春才回忆，"白云楼是一所很大的洋房，鲁迅先生只赁了其中二楼的一幢有一厅二房一厨房一厕所的房子。他的书房、寝室兼会客厅的房子是入门的第一间，面积相当宽阔，当中的一边，安置着一张板床，对面是一个放满了书的架子，西窗下有一张书桌，此外还有几张藤椅。他的书桌上经常放着一盆青葱可爱的水横枝"。①

何春才此文编入《鲁迅生平史料汇编》时，有一条注，说"一厅二房"应为"一厅三房"，这也是北室的结构。

何春才回忆：

　　我常去见他的时候，正是南方特有的闷热的时候。他喜欢在深夜趁着风凉写作，甚至有时写到天亮，白天是起得很迟的，会客的时间大半在下午。这时强烈的阳光从西窗射入，我

---

① 何春才：《鲁迅在广州的生活点滴》，周建人、茅盾等著《我心中的鲁迅》，湖南人民出版社，1979年。下同。

白云楼鲁迅旧居之一

（作者摄于2017年5月13日）

往往走得满头大汗到了他那里去时，他总是很关怀地说："把大衣脱下来吧。"我便把中山装解下，穿着没有袖的薄背心，起初很不自然，以后也就习惯了。他也很怕热，经常穿着半袖的底衣，有时将席铺在饭厅的花砖上困觉，这多半当他身体有些不舒服的时候。

　　何春才还说，鲁迅自奉薄而待人厚。比方他抽的香烟是彩凤牌之类的次等货，而给朋友或学生抽的却往往是美丽牌之类较好的香烟。另外，平时吃的菜蔬很随便，款待熟人时，肴馔则颇丰厚。

　　白云楼"地甚清静，远望青山，前临小港"，非常适合写作，看得出，鲁迅对此处环境是很满意的。

　　即便如此清幽，也有不尽如人意之处。鲁迅在《而已集·小杂感》中这样描写白云楼周围的环境："楼下一个男人病得要死，那间隔壁的一家唱着留声机；对面是弄孩子。楼上有两人狂笑；还有打牌声。河中的船上有女人哭着她死去的母亲。人类的悲欢并不相通，我只觉得他们吵闹。"

　　在清幽又吵闹的白云楼上，鲁迅开始着手整理《小约翰》译稿。

　　鲁迅在《小约翰》引言中谈到了与齐宗颐（齐寿山）翻译《小约翰》的过程，最初是在北京中央公园一间红墙的小屋里译成草稿，然后鲁迅把草稿带到厦门大学，又带到中山大学，"想在那里抽空整理，然而又没有工夫；而且也就住不下去了，那里又来了'学者'。结果是带着逃进自己的寓所——刚刚租定不到一月的，很阔，然而很热的房子——白云楼"。

白云楼外是什么风景呢？鲁迅写道：

> 满天炎热的阳光，时而如绳的暴雨；前面的小港中是十几只蜑户的船，一船一家，一家一世界，谈笑哭骂，具有大都市中的悲欢。也仿佛觉得不知那里有青春的生命沦亡，或者正被杀戮，或者正在呻吟，或者正在"经营腐烂事业"和作这事业的材料。然而我却渐渐知道这虽然沈［沉］默的都市中，还有我的生命存在，纵已节节败退，我实未尝沦亡。只是不见"火云"，时霎阴雨，若明若昧，又像整理这译稿的时候了。于是以五月二日开手，稍加修正，并且誊清，月底才完，费时又一个月。
>
> （《小约翰》引言）

白云楼西窗下，不仅天气炎热，还常有暗探盯梢，有人甚至冒充访问者闯入居室，鲁迅就是在这样的情况下坚持写作和战斗的。

鲁迅由于常常晒在白云楼西窗下，浑身长满了痱子，他为此还在致友人的信中如此调侃："我诸事大略已了，本即可走，而太古公司洋鬼子，偏偏罢工，令我无船可坐；此地又渐热，在西屋中九蒸九晒，炼得遍身痱子。继而思之，到上海恐亦须挤在小屋中，不会更好，所以也就心平气和，'听其自然'，生痱子就生痱子，长疙瘩就长疙瘩，无可无不可也。"（书

信270817致章廷谦)

北伐节节取胜的时期，4月10日，鲁迅在白云楼寓所听到了广州民众上街庆祝北伐军攻克上海南京的欢呼声，于是写下了《庆祝沪宁克复的那一边》，提醒人们防止革命精神"浮滑，稀薄，以至于消亡，再下去是复旧"。仅仅两天后，鲁迅的预言就应验了，上海发生了"四一二"政变。紧接着，广州发生了"四一五"政变，国民党在广州开始"清党"，中山大学遭到大搜捕。这一天，鲁迅顶着狂风暴雨，从白云楼赶回中大，以教务主任的名义召集各系主任开会，设法营救被捕学生。但他的主张未能得到中大校务实际主持者朱家骅的支持，会议无果而终，鲁迅愤怒退席。中山大学图书馆前贴出开除数百名学生学籍和教职员工职务的布告后，鲁迅愤而辞去中山大学一切职务表示抗议。校方三番五次自上而下进行挽留，其中刊登在《中山大学校报》上的《挽留周树人教授》一文写道："本校革新伊始，主理教务，正赖鸿猷，何可遽予舍去。承示日内归里，怅望至殷，切希查照前函早日返校，共策进行云云。"其中不乏恭维意味。当然，鲁迅之于教务工作之重要，似乎也是事实。1927年5月，鲁迅在致章廷谦的信中说："我在此只三月，竟做了一个大傀儡——现在他们还挽留我，当然无效，我是不走回头路的。"显示出非走不可、无可商量的决心。

鲁迅去意已决，特别是对中大拟聘请顾颉刚来校任教之事，鲁迅反应比较激烈。鲁迅和顾颉刚在厦门大学时期即已交恶，鲁迅到广州中山大学任职后，"不是冤家不聚首"，顾颉刚随后也来到中山大学。鲁迅当然是很不痛快的，宣称"鼻来我走"。

"四一五"事件使鲁迅"既悲且愤，复又感到落寞，这一段时间精神上是很为痛苦的"。但同时，鲁迅也学会了如何保护自己。如致电《循环日报》要求澄清流言，声明他在广州的事实，最后未能如愿；同时，他写信给广州市公安局长报告自己的住址，"表示随时听候逮捕"，虽然公安局长回信安慰他，又有些有力者保证他的安全，而他似乎仍不免有些愤懑烦躁。（林贤治《人间鲁迅》）

虽然被鲜血吓得目瞪口呆，但鲁迅还是选择留在广州。他从中山大学辞职后并没有马上离开广州，他说："他们不是造谣说我已逃走了，逃到汉口去了吗？现在到处都是乌鸦一般黑，我就不走，也不能走。倘一走，岂不正好给他们造谣？"他既能够自我保护，同时又选择以相对安全的方式针砭现实。比如7月份的夏期演讲会"魏晋风度及文章与药及酒之关系"，借魏晋间的知识分子的遭遇和苦闷来对照他自己目前的遭遇和苦闷。正是"借他人酒杯，浇自己块垒"。

1927年5月1日，无官一身轻的鲁迅在白云楼上，难得地写到了他居住的环境及其时的心境：

> 广州的天气热得真早，夕阳从西窗射入，逼得人只能勉强穿一件单衣。书桌上的一盆"水横枝"，是我先前没有见过的：就是一段树，只要浸在水中，枝叶便青葱得可爱。看看绿叶，

编编旧稿，总算也在做一点事。做着这等事，真是虽生之日，犹死之年，很可以驱除炎热的。

这段文字非常精彩，颇富张力，但正如朱崇科先生在论及鲁迅的精神焦虑时所言，其中也藏匿着鲁迅的一种中年心境：在现实与理念之间、绿叶的生机盎然与自己的混天度日编旧稿之间，显出淡淡的不甘与无奈。

纪念馆复原的鲁迅书桌上，就放着一盆著名的水横枝，果然只是将一段树枝浸在清水中便绿意盎然。这种无土栽培法，不知道在北方的气候中是否可以效仿。

资料载，白云楼的陈设是这样的：会客厅在入门处，陈设简朴，椅子是竹制的；鲁迅的房子、窗户正对马路。楼下西侧是走廊，面对东濠涌，螺旋式楼梯，可通二、三楼。但目前白云楼大门紧闭，木门油漆剥落，拉手锈迹斑斑，看不出有人进出的痕迹。

至此，鲁迅的国内住处的门牌号，我基本寻访到了。

从网上看到，广州鲁迅纪念馆原馆长张竞老先生称，介绍白云楼的碑文曾出现过几处错误，修改过后现仍有一处错误。而鲁迅住过的房间现仍为民居，多年以前他们曾向省文化厅打过报告，打算与邮局方面磋商，将白云楼收归文物部门管理，市人大也提过议案，但终因住户安置等棘手问题无法解决。因此，不少慕名而至的远近游客顶多只能在鲁迅先生住所的西窗之下望而却步。

我在白云楼外面徘徊的时候，一位戴着红袖章在附近巡逻的"越秀群众"警惕地走过来。在向我说明了这处故居暂未开放之后，她又用吃力的普通话对我说：你可以给政府写信让早点开放！

白云路最东段的街角，还有一个鲁迅主题公园。鲁迅塑像前居然摆着三个空饮料瓶。如此庄重之地，岂容小子撒野！我一边生着气，一边将饮料瓶清理掉了。

二

鲁迅回归创作，是他在广州做出的抉择。从骨子里说，鲁迅更擅长自由创作。

鲁迅此前一直生活在要学术还是要创作的纠结中。早在厦大时期，他就在思考："兼作两样的，倘不认真，使两面都油滑浅薄，倘都认真，则一时使热血沸腾，一时使心平气和，精神便不胜困惫，结果也还是两面不讨好……或者还不如做些有益的文章，至于研究，则于余暇时做，不过倘使应酬一多，可又不行了。"1927年7月16日在广州知用中学演讲时，他又重提此话题："研究是要用理智，要冷静的，而创作须情感，至少总得发点热，于是忽冷忽热，弄得头昏，——这也是职业和嗜好不能合一的苦处。苦倒也罢了，结果还是什么都弄不好。那证据，是试翻世界文学史，那里面的人，几乎没有兼作教授的。"

1927年7月17日，鲁迅致信章廷谦，告知其通信地址将发生变化：

> 这里的"北新书屋"我拟于八月中关门，因为钟敬文（鼻之傀儡）要来和我合办，我则关门了，不合办。此后来信，如八月十日前发，可寄"广九车站旁，白云楼二十六号二楼，许寓收转"，以后寄乔峰收转。

广州期间，由于事务繁杂，鲁迅几乎停止了他的小说创作，完成于广州的《眉间尺》其实早在厦门时期就构思和准备好了。鲁迅在广州时期的绝大部分作品属于机动灵活的杂文，其中不乏对困顿、挫败的书写。鲁迅把在广州所写的一批杂文辑为《而已集》，可以看作他对自己在广州的小结："这半年我又看见了许多血和许多泪，然而我只有杂感而已。泪揩了，血消了；屠伯们逍遥复逍遥，用钢刀的，用软刀的；然而我只有'杂感'而已。连'杂感'也被'放进了应该去的地方'时，我于是只有'而已'而已！"

他曾经批评广东文艺氛围淡薄，可读之书甚少，于是他接过孙伏园租过的芳草街44号创办了北新书屋，而且累计自掏腰包60元付房租。该书屋于3月25日开业，在鲁迅离开前的8月15日停业，不但没有赚到钱，鲁迅还倒贴上了80元左右。但该书屋对当时广州的文艺青年而言，是一个不可替代的好去处。"青年们像蜜蜂飞进花丛一般，尽情地采撷着珍贵的养分……鲁迅为了让生活在沉闷中的青年呼吸到一点新鲜空气，丝毫不计较自己付出的代价。"（李江《鲁迅与中山大学》）

在广州，鲁迅见证了革命策源地到反革命策源地的转换，被淋漓鲜血吓得失语，他也受了"红中夹白"的广州"革命"的欺骗，感受到政治背后的肮脏。他不得不为和许广平的生活寻找更合适的安置空间。此时，国际化大都市上海可以为鲁迅的安全提供更好的屏障。上海有租界，并且由于国共的对抗、国际势力的介入，在混乱之中鲁迅反倒相对安全。据曹聚仁分析，鲁迅在上海"那十年间，有惊无险，太严重的迫害，并不曾有过"。鲁迅完全可以靠稿费和版税体面生存，并且给许广平一个名分。

1927年9月3日，即将离开广州的鲁迅致信李小峰，谈及他对广州生活的小结："访问的，研究的，谈文学的，侦探思想的，要作序，题签的，请演说的，闹得不亦乐乎。我尤其怕的是演说，因为它有指定的时候，不听拖延……事前事后，我常常对熟人叹息说，不料我竟到'革命的策源地'来做洋八股了。"

这已经预示着鲁迅不得不逃离广州。

四年多后的1932年4月24日夜，编完《三闲集》的鲁迅，在该书的序言里回首往事，更加坦率地说到了离开广州的根本原因："我是在二七年被血吓得目瞪口呆，离开广东的，那些吞吞吐吐，没有胆子直说的话，都载在《而已集》里。"

鲁迅是这样评介广州的："那时我于广州无爱憎，因而也就无欣戚，无褒贬。我抱着梦幻而来，一遇实际，便被从梦境放逐了，不过剩下些索漠。我觉得广州究竟是中国的一部分，虽然奇异的花果，特别的语言，可以淆乱游子的耳目，但实际是和我所走过的别处都差不多的。倘说中国是一幅画出的不类人间的图，则各省的图样实无不同，差异的只在所用的颜色。黄河以北的几省，是黄色和灰色画的，江浙是淡墨和淡绿，厦门是淡红和灰色，广州是深绿和深红。我那时觉得似乎其实未曾游行，所以也没有特别的骂詈之辞，要专一倾注在素馨和香蕉上。"

他还说："广东还有点蛮气，较好。"

在广州短短的8个多月时间内，鲁迅整理了脍炙人口的《野草》《朝花夕拾》《唐宋传奇集》和《小约翰》等著译，写下《而已集》《三闲集》中的不少名篇，世界观、人生观发生了深刻的变化。

1927年9月27日，焦虑的中年人鲁迅携他的爱人许广平登上"山东号"轮船，离开广州去上海。

一代文豪与广州的缘分终结了。这不是单纯的个人选择，而是时代风云和个人命运淘洗的必然结果。

上海

景云里23号

（1927 年 10 月 8 日—1928 年 9 月 9 日）

1927 年 10 月 3 日，47 岁的鲁迅携许广平抵达上海虹口，在这里度过了生命的最后 9 年。

我专程前往虹口区四川北路一带寻找鲁迅的踪迹。热闹非凡的鲁迅公园中，一片油菜花开得正旺；而老家所在的关山一带昨夜刚刚降下一场罕见的大雪，陕甘两省摄影家正在那里寻找冰雪覆盖的"大秦帝国"。南北物候殊异如此，慨叹久之。一支老年人组成的铜管乐队正在排练，老人们沉浸在亲手奏出的巨大乐声中。梧桐树下，民国时期设置的英式风格饮水器造型精美，显示出对生活品质一丝不苟的追求，且尚能使用。两株高大的广玉兰保护着的鲁迅墓地朴素庄严，毛泽东亲书"鲁迅先生之墓"镌刻在墓室后方的砖墙上，给墓地某种国家尊奉的意义。四名戴眼镜的儿童在大人的提议下边向鲁迅像鞠躬边问：妈妈，我们为什么要给他鞠躬？三五群当地居民将手中的布袋和水瓶挂在树枝上，正在演练太极拳，似乎也并不忌讳与一位伟大文学家的墓地相伴。若是比赛日，旁边的足球场一定沸反盈天，谁能想到一箭之外，球迷座位的后面，安息着大先生呢？

鲁迅纪念馆的陈列较前几年也有很大变化，增加了电子屏展示的内容，特别是1936年鲁迅葬仪的录像殊为珍贵，鲁迅身后哀荣可见端倪。展览馆的编排体例也突出了鲁迅的思想逻辑，如"首在立人""保存者、开拓者、建设者""画出国人的魂灵""精神界之战士"等。三面巨大的书墙借鉴了西方美术馆后现代展览的装置美学，煞是好看，且增加了近年来新的鲁迅研究成果。鲁迅著作初版本则分散到各个陈列单元，它们是现代文学史上的标志性的"纸上建筑"。鲁迅同时代作家的著作初版本，如高长虹《心的探险》、萧红《生死场》、许钦文《故乡》、叶紫《丰收》等，这次也得睹真容。它们整体营造出民国时期狂飙突进的时代风气，令人大饱眼福。馆内竟也允许拍照，虽然隔着反光的玻璃，也毫不影响民国版本骨骼清奇的时代风神。

一

鲁迅晚年选择在虹口这一帝国主义势力越界筑路的租界安身，看似无心，实则有意——此处进可攻，退可守，有许多周旋空间，可以从容应对"官民的明明暗暗、软软硬硬的围剿

'杂文'的笔和刀"。他将"租界"二字各取一半,写作"且介",以此表达某种半殖民地国家的耻辱感,而这一时期的杂文中"有着时代的眉目,也决不是英雄们的八宝箱,一朝打开,便见光辉灿烂。我只在深夜的街头摆着一个地摊,所有的无非几个小钉、几个瓦碟,但也希望,并且相信有些人会从中寻出合于他的用处的东西"。

鲁迅是现代文学这条大河的重要源头之一。我已不再满足于鲁迅纪念馆的书墙带来的冲击,要探访虹口区鲁迅留下的足迹——那在深夜的街头摆着的"地摊",究竟是何等模样?只有探寻到鲁迅的足迹,才可以把上海还原到民国的时空中。

鲁迅在上海的居住生活,是一场耗时9年,从景云里23号到大陆新村9号的微迁徙。

初到上海,鲁迅寓于共和旅馆。5天后,便和许广平迁居景云里23号。

上海的典型地名是"里",即由多条弄堂组成的集中连片的住宅单元。北京有胡同,上海有弄堂,各自代表着所在城市的气质和颜值。上海的弄堂始自19世纪中叶洋人建造的专为出租给租界内华人的木板简易房,一般采用联排式布局,起"某某里"为其名称,后来和中国传统住宅较为封闭的特征结合在一起,形成"石库门"。一排排石库门住宅之间,形成了一条条"弄堂"。

弄堂像上海滩的毛细血管,细小却充满生机。鲁迅晚年活动的四川北路这一带,有景云里、永安里、求安里、恒丰里、四达里、东照里等，甚至有些里弄还受到日本文化的影响，如千爱里等。

景云里在多伦路一带。这条上海老街或多或少仍保留着民国风情。旧书店的店主也把老版本的鲁迅著作立于玻璃橱窗的显眼处。老杂货店中有很多民国物事，像一个巨大的上海滩道具场，其中有黄铜信箱，投递口背面有弹簧装置，可使投递口自动复位，古意盎然，但索价奇高。不时可见民国政治、文化名流的官邸或旧居，但这不是我此行的目标。沿途不停打问景云里的位置。手机上的高德地图显示就在附近，但总是不得其门。上海街头多外地人，景云里这个现代文学史上如雷贯耳的地名并不为更多的人所膜拜和熟知，很多人都茫然地摇摇头。最后在多伦路遇到一位热心的大妈，专门带我到弄堂口。

沿多伦路向南，道路分岔的西边，横浜路35弄，可以清楚地看到砖雕的"景云里"三字，灰框红字，十分醒目。一位女子正将晾晒的内衣从高处取走。弄堂口拆了一半的卷闸门上，涂鸦着巨大的鲁迅半身像。

景云里建造于1925年，内有三排坐北朝南、砖木结构的石库门三层楼房。1927年10月至1930年5月，鲁迅和许广平在此生活。时光回流到20世纪20年代末，出进景云里的，一定会有这样一位先生："穿蓝长衫的，身材小而走着一种非常有特色的脚步，鼻子下蓄着浓黑的口髭，有清澄得水晶似的眼睛的，有严威的，哪怕个子小却有一种浩大之气的人。"（内山完造语）

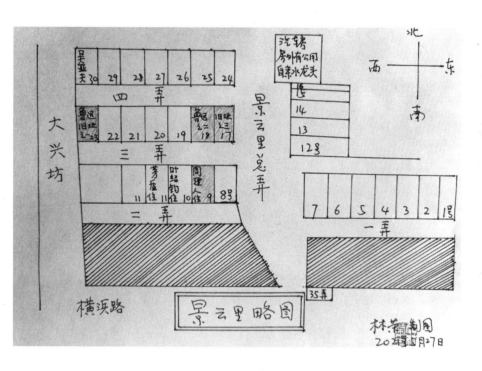

景云里略图（作者制）

弄内第二排最后一幢，即是景云里23号。我先找到的是后门，门扇上钉着一个简陋的木质信箱，墨书收信人居然也姓"周"。后门旁是一扇小小的铁门，门外便是大兴坊。周围的住户也许见多了我这样的朝圣者，并不感到奇怪，指点我绕到前门去。前门的墙壁上悬挂着"鲁迅寓所"的标志，门扇上喷着两行白字：创建安全小区，防火防盗防毒。还钉着一个铁质信箱，上置几小盆绿色植物。房门紧锁，貌似很久没有打开过，但附近的人说至今还有人租住。对门一家住户莳弄的花草占满了屋前的空地，衣物挂满屋门两侧。上海人是很贪恋阳光的。

景云里23号是"密斯许"和"小白象"的爱巢，民国著名"师生恋"的大团圆结局就发生在这所房子中。鲁迅搬到景云里的第一天就过得十分舒心：购书、外出吃饭、看电影，完全是一种令人向往的小资生活。1928年，章廷谦见到的鲁迅是这样的："不但是精神愉快、旺盛，而且使我对他有一种新鲜的感觉：脸上气色很好，不像以前那么沉郁而带着苍白色了；人也似乎胖了一些；身上的衣着也比以前整洁的多。"章廷谦把这种变化归功于许广平的照顾。

其实鲁迅初到上海时，是很不习惯的。"我生在乡下，住了北京，看惯广大的土地了，初到上海，真如被装进鸽子笼一样，两三年才习惯。"（书信350104致萧军、萧红）鲁迅在上海的9年，虽然只占其生命的不足六分之一，却因为许广平的存在，而成为他一生名副其实的下半场。许广平使鲁迅有了家，虽然只是租住，但在许广平眼里，"景云深处是吾家"，其间包

景云里23号鲁迅寓所

（作者摄于2017年3月21日）

含几多深情几多思念啊。

对于自己人生的下半场，即和许广平成家，鲁迅很低调，轻描淡写，那只是为了防止流言和中伤。他在1929年3月22日致韦素园的信中说："前年来沪，我也劝她同来了，现在住在上海，帮我做点校对之类的事……""不过我的'新生活'，却实在并非忙于和爱人接吻，游公园，而苦于终日伏案写字……"

同样的事情，面对日本人内山完造，鲁迅却很坦率，主动承认自己"结婚了"："记得他跟我这么说过：'老板，我结婚了。'我问道：'跟谁呀？'先生极其简单干脆地回答说：'跟许。人们太为我们操心了，说这说那的，不结婚，反而于心不安了。'"话里话外不但坦率，还透着一种鲁迅式的冷幽默。

许广平又如何定位她和鲁迅的关系呢？鲁迅去世后，许广平曾这样描述："我自己之于他，与其说是夫妇的关系来的深切，倒不如说不自觉地还时刻保持着一种师生之谊。"

这个家，当初他们并不打算久住，因此陈设也简单："每人仅止一床、一桌、二椅等便算足备了。没有用工人，吃饭也和建人先生以及他的同事们在一起。"

景云里地势较高，就是下大雨对生活的影响也不大。"上海大水，微有所闻，据云法租界深可没膝；但敝里却并无其事，惟前两天连雨，略有积水，雨止即退，殆因地势本高，非吾华神明之胄，于治水另有心得也。盖禹是一个虫，已有明证矣。"（书信280919致章廷谦）

景云里一带在上海滩并不属于国际化程度很高的光鲜地

方。如今的景云里更像城中村，城市管理的触角无法延伸到这里，三五个工人正在巷口组装摩拜单车。这里到处拆迁，一派芜杂，其实当年也不清静。有时失火："夜邻街失火，四近一时颇扰攘"（1929年4月15日）。有时吵闹："四近喧扰，失眠。"（8月6日）房子还漏雨："夜大风雨，屋漏不能睡。"（8月14日）许广平也回忆："隔邻大兴坊，北面直通宝山路，竟夜行人，有唱京戏的，有吵架的，声喧嘈闹，颇以为苦。加之隔邻住户，平时搓麻将的声音，每每于兴发时，把牌重重敲在红木桌上。静夜深思，被这意外的惊堂木式的敲击声和高声狂笑所纷扰，辄使鲁迅掷笔长叹，无可奈何……"

这里甚至还上演过上海滩警匪片，砰砰的枪声接连不断，他们只好蛰居斗室，听候究竟。事后了解，原来是警察和绑匪对射，"流弹还打穿二十三号的一扇玻璃窗，圆圆的一个小洞，煞是厉害"。这次枪战，绑匪打死了一个警察，警察打死了两个绑匪，果然厉害。

我非常好事地试图在景云里23号窗玻璃上找到那个弹孔，当然早已无存了。

鲁迅对上海弄堂的印象，大致以喧闹而无法写作为主。1935年4月23日，鲁迅作《弄堂生意古今谈》，写到他初到上海时听见闸北弄堂一带叫卖零食的声音的情形：

　　　　"薏米杏仁莲心粥！"

　　　　"玫瑰白糖伦教糕！"

"虾肉馄饨面!"

　　"五香茶叶蛋!"

　　这是四五年前,闸北一带弄堂内外叫卖零食的声音,假使当时记录了下来,从早到夜,恐怕总可以有二三十样。居民似乎也真会化零钱,吃零食,时时给他们一点生意,因为叫声也时时中止,可见是在招呼主顾了。而且那些口号也真漂亮,不知道他是从"晚明文选"或"晚明小品"里找过词汇的呢,还是怎么的,实在使我似的初到上海的乡下人,一听到就有馋涎欲滴之概,"薏米杏仁"而又"莲心粥",这是新鲜到连先前的梦里也没有想到的。但对于靠笔墨为生的人们,却有一点害处,假使你还没有练到"心如古井",就可以被闹得整天整夜写不出什么东西来。

　　鲁迅在景云里租住期间,与柔石、冯雪峰过从甚密,也结交了美国进步作家、记者史沫特莱。他前往位于魏盛里的内山书店买书时,用漂亮的日本话要求内山完造把《蕗谷虹儿画集》等书送到景云里23号。这一时期,鲁迅的友人对景云里中的鲁迅也有过零星描述。如1927年11月的一天,陶元庆和钱君匋共访鲁迅,"当我们到了横浜路景云里,刚一进门,鲁迅先生就从楼上下来迎接,我们跟他上楼"。谈到封面设计民族化的问题时,鲁迅将其所藏画像石拓片取出来与来客欣赏探讨,提醒他们也许可以从这些东西中吸取养料。"由于拓片幅面过宽,只能一幅幅打开摊在地上欣赏,楼上地位不够,还发展到

楼下，同时他还逐幅作了一些必要的说明，一直看到将近午饭时分。"（钱君匋《忆念鲁迅先生》）

这只是景云里一次沙龙形式的交谈互动，相当于今天所说的"微讲堂"。类似的活动，几乎每天都在景云里发生。

生活在景云里的鲁迅出版了《小约翰》《唐宋传奇集》《思想·山水·人物》《朝花夕拾》《而已集》及多本木刻集等，海婴也出生于此。

景云里内18号、17号

（1928 年 9 月 9 日—1930 年 5 月 12 日）

鲁迅夫妇在景云里23号住得并不称心，"苦于终日伏案写字，晚上是打牌声，往往睡不着，所以又很想变换变换了……"（书信290322致韦素园）最初也只是在弄里搬，先后住过18号和17号。

鲁迅所住景云里中间一幢楼房最西边是23号，最东边是17号。23号"因原寓所环境嘈杂，又因后门邻居家孩童经常顽皮搅扰，故觅屋迁居"，于1928年8月6日"晚同三弟往四近看屋"，9月9日"下午移居里内十八号屋"；1929年2月21日搬到17号，因为东侧有窗，更利于鲁迅写作。周建人一家仍居18号，两户打通，出入仍由18号，兄弟怡怡之情可见。正因为两户相通，互相关照，各家动静也就听得分明。所以，1929年5月，鲁迅回北平省亲，许广平信中多次提及周建人女儿因出牙嘴痛而夜里哭得甚厉害的细节，如不了解鲁迅、周建人兄弟住宿条件，是很难读懂这一细节的。

从法国回沪的陈学昭曾住在景云里茅盾家，据她回忆：

　　和大先生比较熟识起来，还是在一九二八年秋天，我第一次回国，留沪的二、三个月间，我寓在沈雁冰夫人处，沈家的后门斜对着周家的前门，他们都在景云里，大先生和三先生同住在一幢房子里。周家的饭开得比沈家的早，因之每当德沚姊［茅盾夫人］正在布置开饭的时候，三先生的夫人已在后门口喊了："陈先生吃饭去。"①

居住在景云里的鲁迅有一点让陈学昭印象很深："每天晚饭，他喝一点酒，很少，大约至多不过半两，旧式的小酒盅一盅。每天晚饭他要固执地劝我喝酒，使我很窘，并且总要用了这类的话来说服我：'虽然你不喜欢喝酒，喝一点实在是很好的，可以帮助血液循环……'于是，当我还没有注意到，面前已放了半盅酒了。"

陈学昭还记录了一件趣事，可以看出鲁迅的幽默无处不在：

　　一天午后，我从沈家后门出来往周家去，看见一个青年正在敲门，我就停住了脚步。"鲁迅先生在家吗？"出来开门的是鲁迅先生自己："我去看看。"接着，景宋先生出来了："你有什

---

① 陈学昭：《回忆鲁迅先生》，周建人、茅盾等著《我心中的鲁迅》，湖南人民出版社，1979年。下同。

么事找鲁迅先生？""我要出国去了，想听听鲁迅先生的勉励！"

从景云里搬出之前一月，鲁迅与外界的通信，一般是通过周建人收转的，如1930年4月12日致李秉中："我仍碌碌，但身体尚健，差堪告慰耳。此后如惠书，寄'上海闸北、宝山路、商务印书馆编译所、周乔峰收转'，较妥。"

1930年5月12日，鲁迅离开了景云里，搬到四川北路拉摩斯公寓A3楼4号。

施高塔路11号内山书店

我专门从拉摩斯公寓步行前往大陆新村9号，前后不过5分钟，中间要经过三角路口的内山书店。

内山书店是中国现代文学史上最著名的书店，远非其他普通书店可比。书店创立于1917年，最初在四川北路的魏盛里（现四川北路1881弄）。景云里时期，鲁迅第一次在内山书店购书时，书店就在魏盛里；1929年才迁至现址，当时叫施高塔路。鲁迅频繁到书店买书，参加文艺漫谈会，组织和参与"左联"的活动，并且和内山完造互有酬请。1930年，鲁迅的名字上了国民党的一份"勾命单"，"蓝衣社"拟谋杀中国共产党领袖、左翼作家、反蒋军人政客，鲁迅因此避居内山书店达一月之久。他和内山书店唇齿相依的关系于此可见。

鲁迅对书店和印刷厂的要求是很苛刻的，他在1929年7月8日写给李霁野的信中说："此地书店，旋生旋灭，大抵是投机的居多。去年用'无产阶级'做招牌，今年也许要用女作家做

位于北四川路上的内山书店

招牌了，所登广告，简直像香烟广告一样。"至于印刷厂，鲁迅也是略有微词，认为"脾气亦大，难交涉"。内山书店独能受鲁迅器重，可见绝非偶然。

内山书店的地址，鲁迅曾于1936年7月23日在写给捷克人普实克的信中，用英文记录如下：

再者：

以后倘赐信，可寄下列地址：

Mr.Y. Chou,

C/O Uchiyama Bookstore,

11 Scott Road,

Shanghai, China.

翻译过来即"中国，上海，施高塔路十一号，内山书店转，周豫先生"。

此后，鲁迅对外通信地址一直使用着内山书店，如1934年6月29日致信曹靖华：

我的英文通信地址，如下，但无打字机，只好请兄照抄送去，他们该是能写的罢——

Mr. Y. Chow,

Uchiyama Book-store,

11 Scott Road,

Shanghai, China.

内山书店里的藤椅和小圆桌
鲁迅先生常坐在这张藤椅上休息

施高塔路11号，即今四川北路2050号，我很容易就寻访到了。这是一个三角路口，书店坐北朝南，现在是一家工商银行，外墙嵌着1980年公布的"内山书店旧址"的牌匾，以及内山书店简史。不过银行已关闭，门口所贴告示称，因业务发展需要，该网点临时停业，自助机具亦停机。我未看到装修迹象，是否专辟为内山书店纪念场所，不得而知。

我注意到，上海时期，鲁迅在四川北路这一带的活动轨迹，始终以内山书店为轴心，辐射到周边。四川北路和鲁迅有关的地名，分别是：景云里、拉摩斯公寓、大陆新村、溧阳路藏书室，这些地方都像一颗颗小钉子，被牢牢吸附在内山书店这块磁铁四周；就连1956年10月自万国公墓迁葬至虹口公园的鲁迅墓，也鬼差神使以内山书店为轴心，且弥补了北侧的空白，形成一种生前身后的平衡。

这真是一个十分有趣的现象。也说明，鲁迅在上海的九年，内山书店是其生活、写作、社交的总策源地，这里是鲁迅的公共书房、接待室、授课室、收发室、避难处。

懂得内山书店者，懂得鲁迅在上海的生活大半。

鲁迅逝世前一天（1936年10月18日），用日文给内山完造写了便条："老板几下：没想到半夜又气喘起来。因此，十点钟的约会去不成了，很抱歉。拜托你给须藤先生挂个电话，请他速来看一下。"

这是鲁迅的绝笔。

他把对爽约的歉意留给了内山书店，更把对活着的渴望留给了内山书店。

拉摩斯公寓194A3楼4号

（1930年5月12日—1933年4月11日）

只能将生活状态收缩

1930年5月12日，为躲避国民政府的通缉，经内山完造介绍，鲁迅从景云里搬到四川北路拉摩斯公寓A3楼4号（即304室），面积83平方米，这是鲁迅在上海的第二处居所。

拉摩斯公寓是1928年由英国人拉摩斯建造的钢筋混凝土四层公寓楼。但在写给友人的信中，他并没有明确写"拉摩斯公寓"："乔峰因生计无着，暂寓'法界善钟路合兴里四十九号'友人处，倘得廉价之寓所，拟随时迁移，弟寓为'北四川路（电车终点）一九四A三楼四号'。"（书信320411致许寿裳）

拉摩斯公寓虽然是国际化公寓，但条件也很一般，特别是一下雨，门前就积水。鲁迅日记1931年7月19日记："下午大风雨雷电，门前积水尺余。"7月24日，"晨大雨，门前积水盈尺"。不仅门前积水，屋顶还漏水，还停电，1931年8月25日，

"大风，午大雨至夜。寓屋漏水，电灯亦灭也"。上海的风是很大的，此前的8月23日，鲁迅养的一盆麦门冬就曾被风吹走了："大风吹麦门冬一盆坠楼下，失之。"同时，拉摩斯公寓的房子窗户是朝北的，见不到阳光。1932年12月19日，他在写给增田涉的信中说："现在我的住所空气虽不太坏，但阳光照不进屋，很不好。俟来年稍暖和时，拟即搬家。"

拉摩斯公寓是一幢国际化的公寓，房客大多是外国人。许广平在回忆日本兵搜查公寓的情况时说："这里只住有我们中国人一家，其他都是外国人……"在回忆瞿秋白到拉摩斯公寓时，她也说，"我们虽住在北四川路底的电车头停车终点的一个公寓里，离此不远正对着虹口公园，但在三楼上，四周都是外国人住着，比较寂静的……"

生活在拉摩斯公寓的鲁迅，处于"盛传被捕"的谣言中，为此，鲁迅"几于日以发缄更正为事"，每天都在澄清。在致友人的信中说：

> 我自旅沪以来，谨慎备至，几于谢绝人世，结舌无言。然以昔曾弄笔，志在革新。故根源未竭，仍为左翼作家联盟之一员。而上海文坛小丑，遂欲乘机陷之以自快慰。造作蜚语，力施中伤，由来久矣。哀其无聊，付之一笑。上月中旬，此间捕青年数十人，其中之一，是我之学生。（或云有一人自言姓鲁）飞短流长之徒，因盛传我已被捕。通讯社员发电全国，小报记者盛造谰言，或载我之罪状，或叙我之住址，意在讽喻当局，

加以搜捕。其实我之伏处牖下，一无所图，彼辈亦非不知。而沪上人心，往往幸灾乐祸。冀人之危，以为谈助……文人一摇笔，用力甚微，而于我之害则甚大。老母饮泣，挚友惊心。十日以来，几于日以发缄更正为事，亦可悲矣。今幸无事，可释远念。然而三告投杼，贤母生疑。千夫所指，无疾而死。生丁今世，正不知来日如何耳。东望扶桑，感怆交集。

（书信310204致李秉中）

同时，由于时局的原因，"旧朋友是变化多端，几乎不剩一个了"，于是，鲁迅也在迅速收缩自己的生活状态："我到现在为止，都安好的。不过因为排日风潮，学生不很看书了，书店很冷落，我的版税大约就要受到影响，于是也影响于生活。但我想无论如何，也不能退入乡下，只能将生活状态收缩，明年还是住在上海的。"（书信311110致曹靖华）

鲁迅迁入拉摩斯公寓前几日，曾到爵禄饭店与中共领导人李立三会面。当时，鲁迅由冯雪峰陪同，李立三由潘汉年陪同。冯雪峰是柔石的同学，也是中共与鲁迅之间最密切的联络人。据冯雪峰回忆，他在1931年"九一八"事变到1932年"一·二八"事变期间，就住在拉摩斯公寓底楼，所以，他们的交往是很方便的。1933年早春，红军将领陈赓从根据地到上海疗伤，也曾经来到这里与鲁迅秘密会面。鲁迅纪念馆保存着一幅陈赓向鲁迅介绍红军反"围剿"时所画的地形草图。亲眼看到那幅地形草图的原件时，我确实像看到了一部壮丽史诗的原始脚本，历史就是这样一点一滴书写下来的。

中共领导人瞿秋白也曾在拉摩斯公寓两次避难。1932年11月，鲁迅回北平看望母亲，回到上海，一进家门，意外见到了经冯雪峰安排来鲁迅家避难的瞿秋白夫妇。此后的20多天里，鲁迅和瞿秋白朝夕相处，瞿秋白的化名如"维宁"和"它兄"等多次出现在这一时期的鲁迅著作和日记中。瞿秋白夫妇还给周海婴买过玩具，两家关系热络。

上述种种迹象使得当时的鲁迅几乎像一名地下党，身上的革命色彩比较浓厚。当然，鲁迅在情感上是民族主义，生存上是现实主义，文化立场上则是世界主义、现代主义。他是一位具有世界眼光的大人物，不能用简单的站队方式对他的行为做出评判。

鲁迅租住拉摩斯公寓期间发表了约170篇著译作品，编订了《二心集》《三闲集》等，还与冯雪峰编订了《前哨》创刊号，"鲁迅于上海闸北寓楼记"偶见于文末标注。

1931年1月15日，鲁迅在拉摩斯公寓将一份北新书局的印书合同交给柔石。两天后，柔石被捕，口袋里还藏着这份合同。与柔石一同被捕的青年女作家冯铿前几日也去过鲁迅家。形势险恶，鲁迅不得不避居他处，并着手营救。2月7日，柔石等"左联五烈士"被枪杀，当时上海的报章都不敢、不愿或不屑登载这件事。

"一·二八"事变之后的1933年4月11日，经内山完造介绍，鲁迅携妇儿搬至大陆新村9号，方位大致从内山书店的西南迁至东北。

拉摩斯公寓现在叫北川公寓，易于寻找，就在四川北路与多伦路的夹角处，楼前有一家报刊亭。我购买了一份当年诞生于上海"孤岛"的《文汇报》，借机向亭子内的老大爷确认拉摩斯公寓的位置。他脸上现出不屑的神色——这楼上以前住的是名人，现在什么人都有！

无论如何，这也是名人凤栖之所。圆拱形单元门前钉着"虹口区文物保护单位"的标志牌，楼房结构保持了原貌，阳台上物件清楚可见，可惜没有对游人开放，我只好仰望鲁迅住过的三楼四室表示崇敬了。

其间：

花园庄

花园庄是内山完造的友人、日本人基督教会长老与田丰蕃经营的一家旅馆，在北四川路底虹口公园附近的黄陆路。

1931年1月17日，柔石在汉口路东方旅社出席第一次全国工农兵代表大会预备会议时被捕，被捕时口袋里藏有一份鲁迅手抄的印书合同，鲁迅因此遭到国民党当局的追捕："这一夜，我烧掉了朋友们的旧信札，就和女人抱着孩子走在一个客栈里。"

这个客栈，就是花园庄饭店，在黄陆路（今黄渡路）。

鲁迅是经内山完造介绍到花园庄饭店避难的，时间从1月20日到2月28日。

鲁迅日记1931年1月28日记"晚付花园庄泉百五十"。1月20日，"下午偕广平携海婴并许媪移居花园庄"。2月28日载，"午后三人仍回旧寓"。避居共39天。

1931年2月7日夜，"左联"青年作家殷夫、柔石、李伟森、胡也频、冯铿被秘密杀害于龙华警备司令部，这一噩耗在半个月之后才传到鲁迅那儿。鲁迅得此消息，极其悲愤，写下《无题》诗。两年后他写下纪念文章《为了忘却的记念》：

> 在一个深夜里，我站在客栈的院子中，周围是堆着的破烂的什物；人们都睡觉了，连我的女人和孩子。我沉重的感到我失掉了很好的朋友，中国失掉了很好的青年，我在悲愤中沉静下去，然而积习却从沉静中抬起头来，凑成了这样的几句：
>
> 惯于长夜过春时，挈妇将雏鬓有丝。
>
> 梦里依稀慈母泪，城头变幻大王旗。
>
> 忍看朋辈成新鬼，怒向刀丛觅小诗。
>
> 吟罢低眉无写处，月光如水照缁衣。

这个周围堆着破烂的什物的客栈，就是花园庄。

《无题》诗融揭露与悼念于一体，愤怒和深情兼而有之，是对反对派虐杀革命作家的回答与抗议。此诗最初发表于1933年4月《现代》杂志第2卷第6期，后收入《南腔北调集》。

挈妇将雏，就是带着女人和孩子。时鲁迅之子海婴仅一岁零三个月。

在避居花园庄期间，鲁迅与外界也保持着联系，1931年2月4日致李秉中信："上月中旬，此间捕青年数十人，其中之一，是我学生（或云有一人自言姓鲁）。飞短流长之徒，因盛传我已被捕。……文人一摇笔，用力甚微，而于我之害甚大。老母饮泣，挚友惊心。十日以来，几于日以发缄更正为事，亦可悲矣。"信中"老母饮泣"之情节，即是《无题》诗中的"梦里依稀慈母泪"。

鲁迅这一时期遇到最为森严的白色恐怖和文化专制主义，用鲁迅的话讲就是"刀丛"。1931年7月致李小峰的信中说："但现在文网密极，动招罪尤。"同时期，给孙用的信中又说："文艺遂没有什么好东西了，而出版也难，一不小心，便不得了。"鲁迅在诗歌中将其称作"无写处"，即没有地方发表。在《为了忘却的记念》中，他说："但末二句，后来不确了。我终于将这写给了一个日本的歌人。""可是在中国，那里是确无写处的，禁锢得比罐头还严密。"

这首从"刀丛"中觅来的"小诗"以"长夜"为线索，前后呼应，结构严谨，情景交融，语言凝练，有极强的艺术感染力。此诗传播极广，受到不少名家推崇。柳亚子先生评曰："郁怒情深，兼而有之。"许寿裳称之："全诗真切哀痛，为人们所传诵。"郭沫若则击节赞赏："原诗大有唐人风韵，哀切动人，可称绝唱。"

另外，为了揭露国民党当局的法西斯罪行，悼念死难战友，鼓舞革命同志继续战斗，鲁迅写下了《中国无产阶级革命文学和前驱的血》《黑暗中国的文艺界的现状》等文章。

在《中国无产阶级革命文学和前驱的血》开篇，他即发出山吼："中国的无产阶级革命文学在今天和明天之交发生，在诬蔑和压迫之中滋长，终于在最黑暗里，用我们的同志的鲜血写了第一篇文章。""然而我们的这几个同志已被暗杀了，这自然是无产阶级革命文学的若干的损失，我们的很大的悲痛。但无产阶级革命文学却仍然滋长，因为这是属于革命的广大劳苦群众的，大众存在一日，壮大一日，无产阶级革命文学也就滋长一日。我们的同志的血，已经证明了无产阶级革命文学和革命的劳苦大众是在受一样的压迫，一样的残杀，作一样的战斗，有一样的运命，是革命的劳苦大众的文学。"

鲁迅认为，"左联五烈士"的死，是"中国无产阶级革命文学的历史的第一页"，是同志的鲜血所记录，永远在显示敌人的卑劣的凶暴，启示我们不断地斗争。

有一年，我参观多伦路文化名人街时路过东江湾路188号的一片洋房区，邂逅花园庄饭店旧址，甚为惊讶。这里原先是上海无线电八厂厂址，现改造为一个具有餐饮、办公、文化传媒、休闲娱乐等功能的"空间188创意园"，有几幢小洋房供游客参观，其中一幢灰色砖墙洋房的正面外墙钉着一块大理石标牌，注明是"花园庄饭店旧址"。说明文字，大意是花园庄饭店是鲁迅于1931年1月20日—2月28日的避居所，曾在此写下悼念"左联五烈士"的《无题》诗等。同一面墙上还有两块金属铭牌，右边是"锦泰拍卖有限公司"，左边是"高艺职业技能培训学校"房子。

增田涉到上海后，也住在花园庄，据他回忆，他住的就是鲁迅避难时住过的那间房子。

淞沪抗战期间的鲁迅

一、淞沪抗战

淞沪抗战，又称"一·二八"事变，日本称上海事变或第一次上海事变、淞沪战争。是"九一八"事变后，日本为了转移国际视线，并迫使南京国民政府屈服，于1932年1月28日发动的进攻上海中国守军的事件。

1932年1月28日夜，日军突然向上海闸北的国民党第十九路军发起了攻击。十九路军在军长蔡廷锴、总指挥蒋光鼐的率领下，奋起抵抗。1932年2月14日，蒋介石命令组成第五军，以张治中为军长，增援十九路军参战。1932年3月初，由于日军偷袭浏河登陆，中国军队被迫退守第二道防线。1932年3月3日，日军司令官根据其参谋总长的电示，发表停战声明。同日，国联决议中日双方下令停战。24日，在英领署举行正式停战会议。5月5日签订了《上海停战协定》。

二、拉摩斯公寓中的鲁迅

淞沪抗战爆发时，鲁迅住在拉摩斯公寓。此处距离日本海军陆战队司令部不远，根据鲁迅日记，当天他曾和许广平去了趟医院，"下午颇纷扰"，这应该是日本海军陆战队在准备战事。到了事变晚上，鲁迅目睹了日本海军陆战队出动的情景。

据许广平回忆："在1932年'一·二八'上海战事发生的时候，我们住在北四川路底的公寓里，正是面对着当时的日本海军陆战队司令部。当28日晚鲁迅正在写作的时候，书桌正对着司令部，突然电灯全行熄灭，只有司令部的大院子里人头拥挤，似有什么布置的要发生事故的样子。我们正疑惑间，忽然从院子里纷纷出来了许多机车队向南而去，似含［衔］枚疾走的急促紧张。未几就隐隐听到枪声由疏而密，我们跑到晒台上则见红色火箭穿梭般在头顶掠过，才知道子弹无情，战事已迫在眉睫。"①

鲁迅一家因为身处战争前沿，危险很快波及。一家人从楼上退到楼下后，看到"就在临街的大厅里，平日鲁迅写作兼睡卧的所在，就在书桌旁边，一颗子弹已洞穿而入，这时危险达于极点"（许广平语）。2月22日鲁迅在写给许寿裳的信中描述当时的情形："此次事变，殊出意料之外，以致突陷火线中，血刃塞途，飞丸入室，真有命在旦夕之概。"战争爆发后第二

---

① 许广平：《鲁迅回忆录》（手稿本），长江文艺出版社，2010年。

天，"晴。遇战事，终日在枪炮声中"。一家人在惶惶不安中度过一天两夜。30日一大早又遭到了日本兵的搜查，"天才微明，大队日军，已嘭嘭敲门甚急，开门以后，始知是在检查，被检查的我们，除了鲁迅一个是老年男子以外，其余都是妇孺，当即离去了"（许广平语）。

为什么要搜查鲁迅一家呢？"跟着内山书店的日本店员也来传达内山先生的意思，据说是夜里这公寓有人向日本司令部放枪。这里只住有我们一家中国人，其他都是外国人，而每层楼梯都有窗户，就难免从这些窗户再有人来向外放枪。那时我们的嫌疑无法免除误会，不如全行搬到他书店去暂住一下。"（许广平语）

半年之后的6月18日，鲁迅致信台静农，又一次谈到了这次战事："我住在闸北时候，打来的都是中国炮弹，近的相距不过一丈余，瞄准是不能说不高明的，但不爆裂的居多，听说后来换了厉害的炮火，但那时我已经逃到英租界去了。离炮火较远，但见逃难者之终日纷纷不断，不逃难者之依然兴高采烈，真好像一群无抵抗，无组织的羊。"

三、避难内山书店

在内山完造的邀请下，1月30日下午，鲁迅和周建人两家到内山书店避难。鲁迅日记载："晴。下午全寓中人俱迁避内山书店，只携衣被数事。"许广平也回忆："在这样形势之下，30日下午，我们仅仅带得简单的衣服和几条棉被，就和周建人家小连同我们的共十口人挤在书店的一间楼面上，女士、小孩和大人一起过着大被同眠的生活。窗户是用厚棉被遮住的，在暗黑的时日里度过了整整一个星期，到2月6日旧历元旦才得迁避到三马路去。"

拉摩斯公寓距内山书店很近，都在多伦路。据李传玺文章介绍，多伦路呈"L"状，东端与南端出口均与北四川路相接。快到南端出口时，路西显眼位置是一座中国庙宇式的基督教堂"鸿德堂"，北边紧挨着的就是内山书店，其正对面一路之隔就是日本海军陆战队司令部大楼。"战争爆发后，当时基督教堂的蒋姓牧师及布道蔡某一家，为接待乡下来的教友没有离开，竟惨遭日本杀害，仅蒋牧师的小女儿因在友人家而幸免。"[①]

单纯从安全角度考虑，鲁迅避居日本人开的内山书店，是唯一正确的选择。

战事之后的3月19日，鲁迅恢复记日记，19日那天日记的最后一句是"夜补写1月30日至今日日记"。

对鲁迅补写日记的记忆力，连身边人许广平也大为惊服："据保存所得的检查一下，鲁迅先生的日记是从民国元年（1912）五月初到北平时写起的，一直没有间断。偶尔因为特别事故，如'一·二八'战事发生，只身出走，中间经历了一个多月，待到市面稍稍平静，重回旧寓之后，他才能拿笔补记。记虽简略，但奇怪，他就有本事逐天的排列回忆起来，一些不错，看了真令人惊服的。"

---

① 李传玺：《"一·二八"事变时期的鲁迅》，南方报业网2013年4月8日。

这次补写日记，其中在内山书店避难的五天，鲁迅全部只写了两个字"失记"。

鲁迅坚持多年写日记，但据他自己说，这日记是写给他自己看的，"写的是信札往来，银钱收付，无所谓面目，更无所谓真假"（《马上日记》）。许广平也说："……他的日记写的大约是不大不小的事，太大了，太有关系了，不愿意写出；太小了，没什么关系了，也不愿意写出。"

日军进攻上海，这是发生在鲁迅眼皮底下的天大的事情，显然在鲁迅"不愿意写出"之列。

在内山书店避难的鲁迅一家看到了什么呢？许广平如实记录："这里我们看到内山书店中人忙乱不堪：日本店员加入了在乡军人团做警卫工作，店内不断烧饭制成饭团供应门外守卫的军人进食。我们则呆蹲在楼上度日如年。而耳边的枪炮声，街头沙袋的守卫踱步声，以及随时有巷战可能的，紧张的，默默无言的，然而又互相领会其情的，却又不便深问的情绪杂然纠缠在一起的难以名状的味道，却真是不好过极了。"

此时的内山书店已成了日军进攻中国的据点，许广平体会到了"互相领会其情的，却又不便深问的情绪杂然纠缠在一起的难以名状的味道"，这何尝不是鲁迅的情绪。中国正遭受日本的侵略，鲁迅却只能在日本人开的书店里避难，这正是"一·二八"期间鲁迅日记连续五天失记的根本原因。后来在给友人的书信中，鲁迅也绝口不提这五天的行踪，自然有避免引起误解的考量。

鲁迅终其一生，从未谈起过在内山书店避难的五天。但是，他对这些带枪的侵略者，态度其实是很明确的。"一·二八"事变之后的1932年2月，《文艺新闻》刊登《上海文化界发告世界书》，号召作家们"反对日本帝国主义惨无人道的屠杀""打倒日本帝国、国际帝国主义"，署名者中即有鲁迅。此外，鲁迅还有几首诗直接写到"一·二八"事变。《赠蓬子》(1932年3月)："蓦地飞仙降碧空，云车双辆挈灵童。可怜蓬子非天子，逃去逃来吸北风。"这是对战乱所致的颠沛流离者的同情。《一·二八战后作》(1932年7月11日写赠山本初枝)："战云暂敛残春在，重炮清歌两寂然。我亦无诗送归棹，但从心底祝平安。"可见，他心目中把日本侵略者和日本友人是区别对待的。

当然，日本进攻上海，鲁迅内心深处是很抗拒、排斥的，这进而影响了他对待友人的态度。据内山书店当年的常客杉本勇乘回忆："有一天，我在共同租界的杂货店购买了一把竹制的玩具水枪和一个玩具火车头，想把它们送给鲁迅的公子作礼物。这一天鲁迅正在内山书店里面的椅子上坐着。我说：'这是送给您生病少爷的小礼物。'鲁迅接过去后对我开玩笑说：'你虽然身穿和尚服，还是日本人哪！还是带着枪来的嘛！'"[1] 这段回忆在1932年12月30日鲁迅日记中可以得到佐证："勇乘师赠海婴玩具电车、气枪各一。"鲁迅后来也曾承认"对杉本氏有些出言不恭"。不难想见，鲁迅对在内山书店避难的经历是

---

[1] 吉田旷二：《鲁迅挚友内山完造的肖像》，新华出版社，1996年。

耿耿于怀的。

四、迁入英租界

2月6日，鲁迅和周建人全家迁入英租界内山书店支店中，"十人一室，席地而卧"。内山书店支店不是日军进攻中国的据点，所以鲁迅在书信中不再忌讳提及。

在2月22日写给许寿裳的信中，鲁迅说："于二月六日，始得由内山君设法，携妇孺走入英租界，书物虽一无取携，而大小幸无恙，可以告慰也。现暂寓其支店中，亦非久计，但尚未定迁至何处。"并且告诉了许寿裳收信的新地址是"四马路杏花楼下，北新书局转"。

在此期间，许寿裳曾致电陈子英询问鲁迅安危，陈因亦不知鲁迅去向，曾登报招寻。

2月29日，鲁迅在写给李秉中的信中说："上月二十八之事，出于意外，故事前毫无豫〔预〕备，突然陷入火线中。中华连年战争，闻枪炮声多矣，但未有切近如此者，至二月六日，由许多友人之助，始脱身至英租界，一无所携，只自身及妇婴共三人耳。幸俱顽健，可释远念也。现暂寓一书店之楼上，此后仍寓上海，抑归北平，尚毫无头绪，或须视将来情形而定耳。所赐晶印，迄今未至，有无盖不可知。商务印书馆全部，亦已于二十九日焚毁，但舍弟亦无恙，并闻。"

鲁迅此后的通信地址改为"上海四马路北新书局转"。

3月2日，鲁迅致信许寿裳："旧寓至今日止，闻共中四弹，但未贯通，故书物俱无恙，且亦未遭劫掠。以此之故，遂暂蜷伏于书店楼上，冀不久可以复返，盖重营新寓，为事甚烦，屋少费巨，殊非目下之力所能堪任。倘旧寓终成灰烬，则拟挈眷北上，不复居沪上矣。"

这是鲁迅第一次萌发"不复居沪上"的念头。

即使是在战争威胁的情况下，鲁迅仍然在为周建人的工作托许寿裳向蔡元培说情："今所恳望者，惟舍弟乔峰在商务印书馆作馆员十年，虽无赫赫之勋，而治事甚勤，始终如一，商务馆被燹后，与一切人员，俱被停职，素无储积，生活为难，商务馆虽云人员全部解约，但现在当必尚有蝉联，而将来且必仍有续聘，可否乞兄转蕲蔡先生代为设法，俾有一栖身之处，即他处他事，亦甚愿服务也。"

鲁迅一家避难漂流的过程中，3月13日，海婴忽然生了疹子，因此全家急忙迁住大江南饭店。当天日记载："晨觉海婴出疹子，遂急同三弟出觅较暖之旅馆，得大江南饭店订定二室，上午移往。三弟家则移寓善钟路淑卿寓。"周建人所住之地在"法界善钟路合兴里四十九号"，系暂住，不拟久居。

据鲁迅此后写给母亲的信记录，"海婴疹子见点之前一天，尚在街上吹了半天风，但次日却发得很好，移至旅馆，又值下雪而大冷，亦并无妨碍，至十八夜，热已退净"。而在写给李秉中的信中，因是外人，内外有别，亲疏有别，鲁迅虽也谈及此事，但故作轻松，轻描淡写，也绝口不提避难哪里、迁至哪座饭店:"当漂流中,孩子忽染疹子,任其风吹日炙,不与诊视,而竟全愈,顽健如常。"(书信320320致李秉中)对许寿裳报告这一情况时,则显得详细多了,第一次提及迁居大江南饭店是因为饭店中有汽炉,可以取暖:"在流徙之际,海婴忽染疹子,因居旅馆一星期,贪其有汽炉耳。而炉中并无汽,屋冷如前寓而费钱却多。但海婴则居然如居暖室,疹状甚良好,至十八日而全愈,颇顽健。始知备汽炉而不烧,盖亦大有益于卫生也。"(书信320322致许寿裳)

这一段时间上海雨雪天气,"大冷",鲁迅移居大江南饭店,既是"冀稍得温暖",有利于治疗海婴的疹子,从更深层次的心理原因分析,鲁迅是想借此从避难的内山书店支店离开,不再寄人篱下。因此,3月14日,"上午三弟来,即同往内山支店交还钥匙,并往电力公司为付电灯费"。

同一天,鲁迅还去查看了拉摩斯公寓,"复省旧寓,略有损失耳"。在写给许寿裳的信中说:"昨去一视旧寓,除震破五六块玻璃及有一二弹孔外,殊无所损失,水电瓦斯,亦已修复,故拟于二十左右,回去居住。"

旧寓虽然损失不大,但鲁迅沿途所见,战争造成的创伤仍然触目惊心:"但一过四川路桥,诸店无一开张者,入北四川路,则市廛家屋,或为火焚,或为炮毁,颇荒漠,行人亦复寥寥。"为此,鲁迅不得不再次考虑何去何从的问题:"如此情形,一时必难恢复,则是否适于居住,殊属问题,我虽不惮荒凉,但若购买食物,须奔波数里,则亦居大不易耳。总之,姑且一试,倘不可耐，当另作计较，或北归，或在英法租界另觅居屋，时局略定，租金亦想可较廉也。"

这次战火中，周建人家被炸弹毁去一半，"但未遭劫掠，故所失不多，幸人早避去，否则，死矣"。（以上均据书信320315致许寿裳）

五、返回拉摩斯公寓

3月19日，鲁迅一家迁回拉摩斯公寓，至此，因淞沪抗战引起的避难经历结束，前后共计20天时间。

3月20日，鲁迅即写信给母亲报告情况："现男等已于十九日回寓，见寓中窗户，亦被炸弹碎片穿破四处，震碎之玻璃，有十一块之多。当时虽有友人代为照管，但究不能日夜驻守，故衣服什物，已有被窃去者，计害马衣服三件，海婴衣裤袜子手套等十件，皆系害马用毛线自编，厨房用具五六件，被一条，被单五六张，合共值洋七十元，损失尚算不多。两个用人，亦被窃去值洋二三十元之物件。惟男则除不见了一柄洋伞之外，其余一无所失，可见书籍及破衣服，偷儿皆看不入眼也。"

这就是鲁迅3月14日日记中所说的"略有损失"，所损失者，不过是衣物、厨房用具和洋伞。

至于周建人，在这次战火中，也有所损失："老三旧寓，则被炸毁小半，门窗多粉碎，但老三之物，则除木器颇被炸破之外，衣服尚无大损，不过房子已不能住，所以他搬到法租界去了。"

在同日写给李秉中的信中，鲁迅唠唠叨叨地重复了他的损失："此地已不闻枪炮声，故于昨遂重回旧寓，门窗虽为弹片毁三四孔，碎玻璃十余枚，而内无损，当虚室时，偷儿亦曾惠临，计择去衣服什器约二十余事，值可七十元，但皆妇竖及灶下之物，其属于我者，仅洋伞一柄，书籍纸墨皆如故，亦可见文章之不值钱矣。"

3月22日，鲁迅致信许寿裳再谈损失："近来租界附近已渐平静，电车亦俱开通，故我已于前日仍回旧寓，门墙虽有弹孔，而内容无损。但鼠窃则已于不知何时惠临，取去妇孺衣被及厨下什物二十余事，可值七十元，属于我个人者，则仅取洋伞一柄。一切书籍，岿然俱存，且似未尝略一翻动，此固甚可喜，然亦足见文章之不值钱矣。要之，与闸北诸家较，我寓几可以算作并无损失耳。"

3月28日致信许钦文再谈损失："我们亦已于十九日仍回旧寓，但失去一点什物，约值六七十元，书籍一无失少。炸破之玻璃窗，亦已修好"。

4月6日，鲁迅向李小峰再谈损失："搬回后已两星期余，虽略失窃，而损失殊有限，亦无甚不便，但买小菜须远行耳。"

4月7日，鲁迅致信景云里的邻居王育和也谈损失："敝寓未经劫掠，而曾经小窃潜入，窃去衣物约值六七十元，而书籍毫无损失，在火线下之房屋，所失只此，不可谓非大幸也。"

4月23日，鲁迅致信曹靖华最后一次谈损失："这回的战事，我所损并不多，因为虽需逃费，而免了房租，可以相抵，但孩子染了疹子，颇窘，现在是好了。寓中被窃了一点东西去，小孩子的，所值无几。"

可见，随着时间的推移，战事所致的损失，在鲁迅心目中越来越轻，他认为火线之下，这一待遇已是"大幸"了。

经历了这次战事，鲁迅也似乎对生死又多参透了一层，因此对他较能推心置腹的学生李秉中发起了感慨："时危人贱，任何人在何地皆可死，我又往往适在险境，致令小友远念，感愧实不可言，但实无恙，惟卧地逾月，略觉无聊耳。"他也显得更加人情练达，因此劝李秉中遇事冷静："百姓将无死所，自在意中，忆前此来函，颇多感愤之言，而鄙意颇以为不必，兄当冷静，将所学者学毕，然后再思其他，学固无止境，但亦有段落，因一时之刺激，释武器而奋空拳，于人于己，两无益也。"（书信320320致李秉中）

到了3月22日，上海北四川路一带的情形仍旧是"今路上虽已见中国行人，而迁去者众，故市廛未开，商贩不至，状颇荒凉，得食物亦颇费事"。（书信320322致许寿裳）"一切如常，惟市面萧条，四近房屋多残破，店不开市，故购买食物，颇不便当耳。"（书信320328致许钦文）当时鲁迅本想去北京逗留一两个月，但"怯于旅费之巨，故且作罢。暂在旧寓试住，倘大不便，当再图迁徙也"。

此时的鲁迅是非常拮据的，他不得不于4月6日致信李小峰索要版税："因颇拮据，故本月版税，希见付。或送来，或函知日时地点，走取亦可。折子并希结算清楚，一并交下为荷。"话说得客气，但口气是不容商量的。4月13日，鲁迅收到了北新书局支付的版税二百元，始解了燃眉之急。

迁回拉摩斯公寓后，鲁迅的通信地址再次恢复为内山书店收转："回寓后不复能常往北新，而北新亦不见得有人来，转信殊多延误，此后赐示，似不如由内山书店转也。"这是3月22日对许寿裳说的，到了4月11日，鲁迅就把自己寓所的地址也告诉许寿裳："弟寓为'北四川路（电车终点）一九四Ａ三楼四号'。"

4月13日，鲁迅致信内山完造："我于三周前回到原住处。周围虽颇寂寞，但也无多大不便。不景气当然也间接波及我们，不过先忍耐一下看，等到万一炮弹再次飞来又要逃走时再说。"说明生活已步入正轨，"无多大不便"。

4月23日，鲁迅致信李霁野："此次战事，我恰在火线之下，但当剧烈时，已避开，屋中四炮，均未穿，故损失殊少。在北京时也每年要听炮声，故并不为奇，但都不如这回之近耳。"此时战事已过去近三月，鲁迅之轻描淡写，已如诉平常事尔。

至此，"一·二八"事变带给鲁迅的影响始渐渐弱化了。

鲁迅作品中，较少有反映"一·二八"事变的内容，根本原因是"无从说起"。"沪上实危地，杀机甚多，商业之种类又甚多，人头亦系货色之一，贩此为活者，实繁有徒，幸存者大抵偶然耳。今年春适在火线下，目睹大戮，尤险，然竟得免，颇欲有所记叙，然而真所谓无从说起也。"（书信320605致台静农）

1932年6月18日，鲁迅致信台静农说：

"一二八"的事，可写的也有些，但所见的还嫌太少，所以写不写还不一定；最可恨的是所闻的多不可靠，据我所调查，大半是说谎，连寻人广告，也有自己去登，藉此扬名的。中国人将办事和做戏太混为一谈，而别人却很切实，今天《申报》的《自由谈》里，有一条《摩登式的救国青年》，其中的一段云——"密斯张，纪念国耻，特地在银楼里定打一只镌着抗日救国四个字的纹银匣子；伊是爱吃仁丹的，每逢花前，月下，……伊总在抗日救国的银匣子里，摇出几粒仁丹来，慢慢地咀嚼。在嚼，在说：'女同胞听者！休忘了九一八和一二八，须得抗日救国！'"这虽然不免过甚其辞，然而一二八以前，这样一类的人们确也不少，但在一二八那时候，器具上有着这样的文字者，想活是极难的，"抗"得轻浮，杀得切实，这事情似乎至今许多人也还是没有悟。至今为止，中国没有发表过战死的兵丁，被杀的人民的数目，则是连戏也不做了。

而写信之日，鲁迅说，他寓所的四近又已热闹起来，"大约不久便要看不出痕迹"。果然，这场战事仅仅半年之后就被时人遗忘，仿佛不曾发生过。

狄思威路（溧阳路）藏书处

1933年4月11日，鲁迅一家迁居大陆新村。

当时的上海虹口是不安宁的，白色恐怖弥漫，柔石等左联五烈士被国民党龙华警备司令部秘密杀害，杨杏佛被暗杀，鲁迅也受到国民党的通缉，常常受到特务的监视。1933年10月21日鲁迅在写给曹靖华的信中说："此地变化多端，我是连书籍也不放在家里的。"

在"运交华盖欲何求"的特殊岁月，为了应对变化，鲁迅在寓所附近租了一间房子。1933年2月27日，"下午移书籍至狄思威路"。说明鲁迅租下这间房子作为秘密藏书室的时间早于移居大陆新村，在拉摩斯公寓时期。

1936年3月7日，鲁迅在写给沈雁冰的信中说："礼拜一日，因为到一个冷房子里去找书，不小心，中寒而大气喘，几乎卒倒，由注射治愈，至今还不能下楼梯。"这个冷房子，就是狄思威路藏书处。在当年3月20日写给母亲的信中，鲁迅也叙述了受凉和治病的经过："上月底男因出外受寒，突患气喘，至于不能支持，幸医生已到，急注射一针，始渐平复，后卧床三日，始能起身，现已始称复元，但稍无力，可请勿念。"

据周海婴回忆，鲁迅的习惯是，"平时只将日常要用的，或新近买的书存放在家里。二楼卧室里有个书柜，总是塞得满满的，连顶上也堆着一包包的书。狄思威路才是他主要的藏书处"。

1936年4月14日，鲁迅在致唐弢的信中说："《清朝文字狱档》本有其书，去年因嫌书籍累坠［赘］，择未必常用者装箱存他处，箱乱而路远，所以不能奉借了。"说的也是狄思威路藏书处。

狄思威路今称溧阳路。周海婴根据自己的印象，对这一藏书室做了描述，据他介绍，这个藏书室是狄思威路一幢楼房二楼一间普通的房间，面积约有几十平方米。

经过内山书店，去山阴路的大陆新村本该朝东北方向走，但我一时疏忽，判断错了方位，向东竟然到了溧阳路，便将错就错，根据地图标注，寻访了鲁迅的秘密藏书室旧址。

这是一幢建于1920年的红瓦灰墙砖木结构的三层新式里弄房屋，在四川北路派出所斜对面，门牌号是溧阳路1359号，鲁迅的藏书室在二楼东前间。此楼外观普通，目前是私宅，旁边开着一家咖啡店，又注明系某某装饰接待处。本是普通房屋，因曾经贵为鲁迅藏书室而略显神秘色彩。有趣的是，可能出于对鲁迅藏书室这一资源的争夺，楼房临街相邻的两家门脸，同时使用着1359号门牌。

这间藏书室，鲁迅是以镰田诚一的名义租下的，并且把"镰田诚一"的长方形木质名牌挂在门口。

镰田诚一是内山书店职员，去世时仅28岁。鲁迅对镰田诚一是心怀感念的，他的三回木刻展览会，都是镰田诚一独自布置的；危难之际，也是镰田诚一护送鲁迅和妇孺逃入英租界。镰田诚一去世后，鲁迅罕见地为其撰写了墓志，评价其"出纳

鲁迅藏书处旧址

（作者摄于2017年3月21日）

图书，既勤且谨，兼修绘事，斐然有成"，惋惜其"蕙荃早摧"，情动于中，不能自已。作为中国现代文学的"领军人物"，鲁迅一生只为韦素园、曹靖华的父亲曹植甫及镰田诚一三个人写过碑铭，从未给同时代政治、经济、文化界的"大亨"们题写，这个有趣的现代文学史话题便显得意味深长。

鲁迅藏书室目前没有对外开放，看不到藏书室的情况，但我对鲁迅亲自设计的活门书柜很感兴趣。

周海婴介绍，"藏书室沿壁四周，都是木制书箱。箱子本色无漆，有活门，内分两格，装满各种书籍，可以加锁。一只只书箱从下而上，几乎叠到屋顶。这种书箱由父亲设计，木板制成，体积并不过大，迁移搬运，书籍连箱运走，不致混乱散失。有如当今的小'集装箱'"。①

周海婴曾随父亲去过几次藏书室。"记得头一次去是某天的下午。我们来到这幢楼下，从大门进去，一转弯走上木制楼梯，来到二楼，父亲用钥匙开门以后，我也随之而入。刚一进门，虽是白天，室内光线很不够，几乎看不清楚里边的东西。父亲随手开灯，我环顾四周，粗粗一瞥，只见电灯吊在屋子中央，普通白色的灯泡，顶多25瓦，有个圆伞形灯罩。室内没有可供长时间阅读的桌椅，没有烟缸、茶具和热水瓶之类的用品，灯罩也未见裹上纸筒。由于久已不住人吧，只感到房间里有点潮湿阴冷，且因久不开窗，还有一股发霉的气味，待不多久，便感到有点寒气袭人，冷飕飕的。父亲以极快的动作，从

---

① 周海婴：《直面与正视：鲁迅与我七十年》，作家出版社，2019年。下同。

几个书箱中分别取出几册书籍，用随身带来的布包袱包好，锁上房门，即带我来到了街上。"

另外，1980年11月中旬的一天，周海婴去看望叔父周建人时，周建人兴致很高，也谈到这间藏书室。"他说，他曾在鲁迅博物馆讲过一次，内容是，当时为了安全起见，鲁迅托内山先生租了一间房子作为藏书之用。因为这屋里存书较多，光线较暗，长时间看书是不可能的，他到那里去，主要是拿要看的书，或者存放已经看过的书，因此还是称为藏书室比较合适。"

这次谈话后来引起周建人关于藏书屋的进一步回忆，他把周海婴叫去补充了一些情况。周海婴记述如下："鲁迅和创造社的成仿吾笔战时，曾跟去过一次溧阳路藏书室。是用钥匙打开进去的。那时代租房子，只要按时付房租，至于住什么人、姓什么，房东一概不问不管。门开进去，一房间都是马列主义方面书籍，也有苏联的文艺理论之类和国内外左翼杂志，总之，满屋子都是这一类书籍。叔叔还讲：在回家的路上，你父亲问我家里是不是有马列主义书籍？我说有。他说怎么能放在家里！我说：'书店里不是公开放在柜台上卖的吗？'他说：'唉！书店里卖和家里有，是完全两回事，你怎么可以随便放在家里呢！'由此可见，鲁迅在笔战时，还要随时警惕敌人到家里搜查。"

从周建人的回忆来看，鲁迅非常注意斗争策略，不会一味蛮干，为了防止敌人搜查，他不主张把马列主义书籍放在家里，所以藏书屋所藏之书以马列主义方面书籍、苏联文艺理论和国内外左翼的杂志为主。

另据一些资料，溧阳路藏书室中除了藏书，还有瞿秋白、柔石等人的手稿和纪念物。鲁迅逝世后，许广平携子移居淮海中路淮海坊，将这里的藏书也带走了。

大陆新村9号

（1933年4月11日—1936年10月）

一

1929年，49岁的鲁迅中年得子，以"上海出生的婴儿"之意，给孩子取名"海婴"。

海婴身体一直比较弱，特别是1932年6月，腹泻很严重，请日本医生坪井诊疗，确诊为菌痢，前后治疗36天。同时，海婴还患有哮喘病。由于拉摩斯公寓主卧室朝北，没有阳光，不利于海婴的身体，早在1932年10月间，鲁迅就听从医生的建议，寻觅新寓所，下决心迁居。鲁迅日记1932年9月28日载"午后往文华别庄看屋"，10月5日又记"往大陆新村看屋"。

恰在此时，鲁迅收到北平发来的老母亲病重的电报，只好赶回北平探母。其间，受北平各高校邀请，鲁迅发表了著名的"北平五讲"。月底返回上海，瞿秋白夫妇避难鲁迅家中，紧接着中国民权保障同盟成立，鲁迅参加各种集会，转眼就到春节了，不再适宜迁居，搬家的事便一直拖到了1933年的春天。3月21日，鲁迅才定下新寓地点，当天的日记写道："决定居于大陆新村，付房钱四十五两，付煤气押柜泉廿，付水道押柜泉四十。夜雨且雾。"

1933年4月1日，鲁迅致信山本初枝："一向，也许因我们的寓所朝北，家人总生病。这回另外租了一所朝南的房子，一周内就可迁去。在千爱里旁边的后面，不是有个大陆新村吗，房子就在那里，离内山书店也不远。"说明鲁迅从拉摩斯公寓搬出来，完全是为了家人的健康。

1933年4月11日，鲁迅一家迁入大陆新村9号，日记载："是日迁居大陆新村新寓。"这是一处独门独户的三层新式里弄住宅，煤气、卫生、冰箱俱全。尽管由于卖文艰难，出书不易，一段时期，鲁迅的生活还非常窘迫，但他至此算是过上了上海中层阶级的生活。

搬入新居后，鲁迅在与家人、朋友的通信中，喜不自禁地通报了对新寓光线、空气的满意，以及新寓对海婴身体状况的助益：

"迁寓已四日，光线较旧寓为佳。"（书信330416致许寿裳）

"新寓空气较佳，于孩子似殊有益。我们亦均安，可释念。"（书信330510致许寿裳）

"搬家后孩子似乎很好，很活泼，肤色也变黑了。"（书信330625致山本初枝）

"我这次的住处很好，前面有块空地，雨后蛙声大作，如

大陆新村9号

（作者摄于2017年3月18日）

在乡间，狗也在吠，现在已是午夜二时了。"（书信330711致山本初枝）

"海婴是更加长大了，下巴已出在桌子之上，因为搬了房子，常在明堂里游戏，或到田野间去，所以身体也比先前好些。"（书信330711致母亲）

"孩子先前颇弱，因为他是朝北的楼上养大的，不大见太阳光，自从今春搬了一所朝南房子后，好得多了。"（书信331021致曹靖华）"朝北的楼上"指拉摩斯公寓。

"上海天气亦已颇冷，但幸而房子朝南，所以白天尚属温暖。男及害马均安好，但男眼已渐花，看书写字，皆戴眼镜矣。海婴很好，脸已晒黑，身体亦较去年强健，且近来似较为听话，不甚无理取闹，当因年纪渐大之故。"（书信331112致母亲）

总体而言，搬到大陆新村后，海婴显然成长得更加茁壮了。

第二年端午，可能是出于对新居所的重视，鲁迅很有仪式感地也在家里悬了一束蒲艾："上海算是已入'梅雨天'，但近惟多风而无雨；前日为端午，家悬蒲艾，盛于往年，敝寓亦悬一束，以示不敢自外生成之意。"（书信340618致台静农）

1934年5月24日，鲁迅邀请姚克时介绍如何找到大陆新村，地标即是施高塔路的"留青小筑"："本星期日（二十七）下午五点钟，希惠临'施高塔路大陆新邨第一弄第九号'，拟略设菲酌，藉作长谈。令弟是日想必休息，万乞同来为幸。大陆新邨去书店不远，一进施高塔路，即见新造楼房数排，是为'留青小筑'，此'小筑'一完，即新邨第一弄矣。"

二

关于大陆新村居所的环境，可以通过鲁迅的书信和作品进行还原。

有空地、蛙声和狗吠："我这次的住处很好，前面有块空地，雨后蛙声大作，如在乡间，狗也在吠，现在已是午夜二时了。"（书信330711致山本初枝）

夏天蚊虫多："上海已热，蚊虫颇多，经常咬我，现在还在挨咬。身旁内山夫人送给我的杜鹃正在开花。这也许就是所谓的苦中之乐。"（书信330625致山本初枝）"近日大热，所住又多蚊，几乎不能安坐一刻，笔债又积欠不少，因此本月内恐不能投稿，下月稍凉，当呈教也。"（书信330718致施蛰存）"天热蚊多，不能安坐，而旧欠笔债，大被催逼，正在窘急中，俟略偿数款，当投稿也。"（书信330722致黎烈文）鲁迅在北京时曾作过一篇题为《夏三虫》的文章，认为在苍蝇、蚊子、跳蚤中，蚊子最为可恶，它在吸血之前，还要哼哼地发一通议论。白天热得人喘不过气来，好容易等到晚间凉爽些，蚊子们又出来举行盛宴，这让鲁迅也无可奈何。

1月份雪冻水管："上海已下雪结冰，冷至水管亦冻者数日，则北平之冷可想矣。"（书信340123致姚克）

3月份、4月份多雨："上海多雨，所谓'清明时节雨纷纷'也。"（书信340327致曹靖华）"上海虽春，而日日风雨，亦不暖。"（书信340412致姚克）

有时盖屋吵闹："上海已热起来，我家前面又造了新屋，吵得没办法，但我还没有考虑迁居。"（书信340607致山本初枝）

有时邻居吵闹："上海尚未下雪，但不景气依然如故，然而有些人似乎依旧很快活。我对面的房子里，留声机从早到晚像被掐住了嗓子的猫似地嘶叫着。跟那样的人作邻居，呆上一年就得发疯，实在不好受。"（书信341213致山本初枝）

就大的环境而言，这里属越界筑路的北四川路。"越界筑路"指当时上海租界当局越出租界范围以外修筑马路的区域。1933年8月12日，鲁迅作《上海的儿童》，写北四川路一带的居住环境：

　　上海越界筑路的北四川路一带，因为打仗，去年冷落了大半年，今年依然热闹了，店铺从法租界搬回，电影院早经开始，公园左近也常见携手同行的爱侣，这是去年夏天所没有的。

　　倘若走进住家的弄堂里去，就看见便溺器，吃食担，苍蝇成群的在飞，孩子成队的在闹，有剧烈的捣乱，有发达的骂詈，真是一个乱烘烘的小世界。但一到大路上，映进眼帘来的却只是轩昂活泼地玩着走着的外国孩子，中国的儿童几乎看不见了。但也并非没有，只因为衣裤郎当，精神萎靡，被别人压得像影子一样，不能醒目了。

1935年4月23日，鲁迅作《弄堂生意古今谈》，其中写到大陆新村一带的生活场景，以无可奈何的口气写到了周围的嘈杂与吵嚷：

> 马路边上的小饭店，正午傍晚，先前为长衫朋友所占领的……老主顾呢，坐到黄包车夫的老巢的粗点心店里面去了。至于车夫，那自然只好退到马路边沿饿肚子，或者幸而还能够咬侉饼。弄堂里的叫卖声，说也奇怪，竟也和古代判若天渊，卖零食的当然还有，但不过是橄榄或馄饨，却很少遇见那些"香艳肉感"的"艺术"的玩意了。嚷嚷呢，自然仍旧是嚷嚷的，只要上海市民存在一日，嚷嚷是大约决不会停止的。然而现在却切实了不少：麻油，豆腐，润发的刨花，晒衣的竹竿；方法也有改进，或者一个人卖袜，独自作歌赞叹着袜的牢靠。或者两个人共同卖布，交互唱歌颂扬着布的便宜。但大概是一直唱着进来，直达弄底，又一直唱着回去，走出弄外，停下来做交易的时候，是很少的。

另外还有算命的盲人和化缘的和尚，他们"几乎是专攻娘姨们的"，"有时算一命，有时卖掉一张黄纸的鬼画符"，甚至为了吸引人，打着鼓和钹，"铁钩钩在前胸的皮上，钩柄系有一丈多长的铁索"。但"那些娘姨们，却都把门一关，躲得一个也不见了。这位苦行的高僧，竟连一个铜子也拖不去"。鲁迅很奇怪，事后问了问她们何以如此，回答是："看这样子，两角钱是打发不走的。"

1935年11月14日，鲁迅为《生死场》作序，写到了大陆新村"听惯的邻人的谈话声"及"远远的几声犬吠"：

> 现在是一九三五年十一月十四日的夜里，我在灯下再看完了《生死场》，周围像死一般寂静，听惯的邻人的谈话声没有了，食物的叫卖声也没有了，不过偶有远远的几声犬吠。想起来，英法租界当不是这情形，哈尔滨也不是这情形；我和那里的居人，彼此都怀著［着］不同的心情，住在不同的世界。然而我的心现在却好象［像］古井中水，不生微波，麻木的写了以上那些字。这正是奴隶的心！但是，如果还是扰乱了读者的心呢？那么，我们还决不是奴才。

1936年8月23日，鲁迅写下《这也是生活》一文，写到大陆新村居所的环境："书桌面前有一把圆椅，坐着写字或用心的看书，是工作；旁边有一把藤躺椅，靠着谈天或随意的看报，便是休息。"接下来鲁迅写他生病有了转机之后四五天的夜里，醒来了，喊醒了广平，要求"给我喝一点水。并且去开开电灯，给我看来看去的看一下"，但许广平有点惊慌，大约是以为他在讲昏话，没有开灯。此时的鲁迅看到了什么呢？他看到：

街灯的光穿窗而入，屋子里显出微明，我大略一看，熟识的墙壁，壁端的棱线，熟识的书堆，堆边的未订的画集，外面的进行着的夜，无穷的远方，无数的人们，都和我有关。我存在着，我在生活，我将生活下去，我开始觉得自己更切实了，我有动作的欲望——但不久我又坠入了睡眠。

此时距离鲁迅逝世仅有不足两月，鲁迅所写，隐约包含着弥留之前一段时间特殊的心理活动。

三

鲁迅在上海的最后几年，处境是很不自由的。

其时，上海"文禁如毛，缇骑遍地"，鲁迅在此情况下，作品很少："上海曾大热，近已稍凉，而文禁如毛，缇骑遍地，则今昔不异，久见而惯，故旅舍或人家被捕去一少年，已不如捕去一鸡之耸人耳目矣。我亦颇麻木，绝无作品，真所谓食菽而已。"（书信320815致台静农）

"上海仍寂寞，谣言也多。去年底，我本想在今年二月以前写出一个中篇或短篇，但现已是三月，还一字未写。每天闲着，加上讨厌的杂务也多，以致毫无成绩。不过，用化名写了不少对社会的批评。这些化名已被发现是我，正遭攻击，但亦听之。"（书信330301致山本初枝）

"目前上海已开始流行中国式的白色恐怖。丁玲女士失踪（一说已被惨杀），杨铨氏（民权同盟干事）被暗杀。据闻在'白名单'中，我也荣获入选，而我总算还在写信。""不过，我觉得活着也够麻烦。"（书信330625致增田涉）

"我们都健康，但不常到内山书店去。不能漫谈，虽觉遗憾，但手枪子弹穿进脑子里，则将更遗憾。我大抵在家写些骂人的东西。"（书信330711致增田涉）

"政情依然是白色恐怖，但并无目的，全是为恐怖而恐怖。内山书店经常去，但不是每天，漫谈的人材也寥若晨星，令人感到寂寞。我依旧被论敌攻击，去年以前说我拿俄国卢布，但现在又有人在杂志上写文章，说我通过内山老板之手，将秘密出卖给日本，拿了很多钱。我不去更正。过一年自然又会消失的。但是，在中国的所谓论敌中有那么卑劣的东西存在，实在言语道断……总之上海是寂寞的。"（书信330929致山本初枝）

"自本周起，中国将对全国出版物进行压迫。这是必然的，所以也并没什么可怕。然而可能会对我们的经济有影响，从而也影响到生活。但这也无须害怕。"（书信331030致山本初枝）

"对文坛和出版界的压迫，日益严重，什么都禁止发行，连阿米契斯的《爱的教育》，国木田独步的小说选集也要没收，简直叫人啼笑皆非。我的全部作品，不论新旧，全在禁止之列。当局的仁政，似乎要饿死我了事。可是，我倒觉得不那么容易死。"（书信331114致山本初枝）

"我所写的东西又被封锁，不易发表，但不要紧。敝寓均

好，请勿悬念。"（书信340108致增田涉）

"上海的白色恐怖日益猖獗，青年常失踪。我仍在家里，不知是因为没有线索呢，还是嫌我老了，不要我，总之我是平安无事。"（书信340111致山本初枝）

鲁迅把自己这一时期的工作称作"打杂"："我自己是无事忙，并不怎样闲游，而一无成绩，盖'打杂'之害也，此种情境，倘在上海，恐不易改，但又无别处可去。"（书信331219致姚克）"敝寓均安，我依然作打杂生活，大约今年亦未必有什么成绩也。"（书信340123致姚克）这种打杂的工作也令鲁迅感到寂寞："向来索居，近则朋友愈少了，真觉得寂寞。不知先生至迟于何日南来，愿得晤谈为幸耳。"（书信340412致姚克）

一般情况下，鲁迅对自己所住之处非常保密，特别是对不太熟悉的人："我的住址还想不公开，这也并非不信任人，因为随时会客的例一开，那就时间不能自己支配，连看看书的工夫也不成片段了。而且目前已和先前不同，体力也不允许我谈天。"（书信360317致唐弢）这是婉言谢绝了唐弢的往访。

但有时也约信得过的朋友到家里闲谈："我们想谈谈闲天，本星期六（九日）午后五点半以后，六点以前之间，请先生到棋盘街商务印书馆编辑处（即在发行所的楼上）找周建人，同他惠临敝寓，除谈天外，且吃简单之夜饭。"（书信340606致黎烈文）

鲁迅有时甚至流露出情绪，1934年5月29日致母亲："男为生活计，只能漂浮于外，毫无恒产，真所谓做一日，算一日，对于自己，且不能知明日之办法，京寓离开已久，更无从知道详情及将来，所以此等事情，可请太太自行酌定，男并无意见，且亦无从有何主张也。以上乞转告为祷。"

鲁迅信中所说的事情，是指5月16日母亲写给鲁迅的信中，附有朱安的信，说她哥哥朱可铭的第二子，在上海做事，"力不能堪，且多病，拟招至京寓，一面觅事，问男意见如何。可铭之子，三人均在沪，其第三子由老三荐入印刷厂中，第二子亦曾力为设法，但终无结果"。鲁迅对此表态说，我自己都不知道明天何去何从，你侄子要不要招至北京，我管不了，你自行决定。语气客观，但也略带情绪。

其间：

女佣

1929年海婴出生后，鲁迅家里雇了一个女佣，叫王阿花，浙江上虞人。王阿花因不堪忍受丈夫虐待逃到上海打工，鲁迅当时并不知道这一点。没过多久，王阿花的婆家就前来上海要人，后来又利用"上虞同乡会"要人，都被鲁迅挡了回去。

上海时期，鲁迅的现代意识很强，已习惯同律师打交道，此前他和北新书局因为版税纠葛打了一次官司，大获全胜。这次，鲁迅意识到要彻底解决王阿花的事，还得通过法律渠道，于是代她聘请律师准备打官司。1929年10月31日，鲁迅日记

载:"夜律师冯步青来,为女佣王阿花事。"11月8日致章廷谦:
"所谓忙者,因为又须准备吃官司也。月前雇一上虞女佣,乃
被男人虐待,将被出售者,不料后来果有许多流氓,前来生擒,
而俱为不佞所御退,于是女佣在内而不敢出,流氓在外而不敢
入者四五天,上虞同乡会本为无赖所把持,出面索人,又为不
佞所御退,近无后文,盖在协以谋我矣。"

此事后来没有进入诉讼程序,稍后经同乡绅士调解,王阿
花夫妇得以协议离婚,由鲁迅垫付了赎身钱,1930年1月9日:
"夜代女工王阿花付赎身钱百五十元。"垫付之钱此后陆续用工
资扣还。

这次鲁迅帮人打官司取得庭外调解的胜利,足见鲁迅古道
热肠,且深谙中国国情,善于做出适当的妥协。

鲁迅使用女佣,除王阿花有名有姓外,其他往往并不知道
姓名。

1933年11月11日,鲁迅致信郑振铎:"板儿杨、张老西之名,
似可记入《访笺杂记》内,借此已可知张□为山西人。大约刻
工是不专属于某一纸店的,正如来札所测,不过即使专属,中
国也竟可糊涂到不知其真姓名(况且还有绰号)。我用了一个
女工,已三年多,知其姓许,或舒,或徐,而不知其确姓,普
通但称之为'老阿姐'或'娘姨'而已。"

这是鲁迅与郑振铎编印《北平笺谱》时,提及要将北京静
文斋等纸店的刻工"板儿杨"即杨华庭、北京淳青阁等纸店的
刻工张老西即张启和等刻工的名字印到书内,以示尊重其劳动

成果。由此联系到自己家的女工，用了三年，竟也不知道其确切的姓氏。

1934年7月30日致母亲："女工又换了一个，是绍兴人，年纪很大，大约可以做得较为长久；领海婴的一个则照旧，人虽固执，但从不虐待小孩，所以我们是不去回复他的。"

由此可知，1934年，鲁迅使用着两个保姆，一个是年纪很大的绍兴人，帮忙做家务。另一个带海婴，人虽然固执，但对海婴很好，所以，鲁迅一家并不计较她的固执。

1934年10月30日致母亲："现在他（海婴）日夜顽皮，女仆的话简直不听，但男的话却比较的肯听，道理也讲得通了，不小气，不势利，性质还总算好的。"

1935年3月，鲁迅母亲拟到上海一走，后未成行，鲁迅3月1日致母亲信时，建议母亲不要带女仆："上午刚寄出一函，午后即得二月二十五日来示，备悉一切。男的意思，以为女仆还是不带，因为南北习惯不同，彼此话也听不懂，不见得有什么用处，而且闲暇的时候，和这里的用人闲谈，一知半解，说不定倒会引出麻烦的事情来的。"从此信可以看出，鲁迅深谙人情世态，在使用仆人之事上，是很现实和客观的。

酷暑中的鲁迅

1934年夏，上海遭遇罕见的酷暑，一度严重影响到鲁迅的生活与创作。

这年7月12日，鲁迅在致母亲的信中这样描述上海的酷暑："说到上海今年之热，真是厉害，晴而无雨，已有半月以上，每日虽房内也总有九十一二至九十五六度，半夜以后，亦不过八十七八度，大人睡不着，邻近的小孩，也整夜的叫。……大家都在希望下雨，然直至此刻，天上仍无片云也。"

九十一二至九十五六度，即三十二三至三十五六摄氏度。

在如此高温下，鲁迅生了一身的痱子。"男亦如常，惟生了许多痱子，擦痱子药亦无大效，盖旋好旋生，非秋凉无法可想也。"

其实鲁迅几乎每年夏天都生痱子，比如1932年："一周来上海大热，室内也达九十三四度，晚上蚊子还出来举行盛宴。我这一向，除浑身生痱子外，毫无成绩。"（书信320708致增田涉）

1934年7月17日致杨霁云："这二十天来，上海每日总在百度左右，于做事颇多阻碍，所以木刻尚未印，也许要俟秋初了。我因有闲，除满身痱子之外，别无损害，诸希释念为幸。"

"今年也热，我们也都生痱子。我的房里不能装电扇。即能装也无用，因为会把纸吹动，弄得不能写字。所以我译书的时候，如果有风，还得关起窗户来，这怎能不生痱子。"（书信350716致萧军）

痱子长的时间也长，8月初，在给"增田一世"的信中，鲁迅流露出了苦涩幽默："鄙人正以满身痱子，作为光荣的反抗旗帜而奋斗着。"（书信340807致增田涉）痱子层出不穷，奇痒难忍，时间长了，鲁迅对痱子药水的品牌、价格、用量，以及哪家药店有售，都了如指掌，并将这些经验介绍给同样生着痱子的萧军。

为了消夏，鲁迅就喝啤酒，以及吃杨梅烧："为销夏起见，在喝啤酒；王贤桢小姐的家里又送男杨梅烧一坛，够吃一夏天了。"（书信340712致母亲）

一热就伤风，7月27日鲁迅在致唐弢的信中说："这几天因为伤风发热，躺在家里。"在致罗清桢的信中说："前日因在大风中睡了一觉，遂发大热，不能久坐，一时恐难即愈。"

1934年8月16日夜，鲁迅作《门外文谈》，也谈到了上海的热。因为屋子里太热，大家就在门外谈闲天：

听说今年上海的热，是六十年来所未有的。白天出去混饭，晚上低头回家，屋子里还是热，并且加上蚊子。这时候，只有门外是天堂。因为海边的缘故罢，总有些风，用不着挥扇。虽然彼此有些认识，却不常见面的寓在四近的亭子间或搁楼里的邻人也都坐出来了，他们有的是店员，有的是书局里的校对员，有的是制图工人的好手。大家都已经做得筋疲力尽，叹着苦，但这时总还算有闲的，所以也谈闲天。

闲天的范围也并不小：谈旱灾，谈求雨，谈吊膀子，谈三寸怪人干，谈洋米，谈裸腿，也谈古文，谈白话，谈大众语。因为我写过几篇白话文，所以关于古文之类他们特别要听我的话，我也只好特别说的多。这样的过了两三夜，才给别的话岔开，也总算谈完了。

鲁迅还谈到了一则因旱灾引起的阶级分歧："我们讲旱灾的时候，就讲到一位老爷下乡查灾，说有些地方是本可以不成灾的，现在成灾，是因为农民懒，不戽水［汲水灌田］。但一种报上，却记着一个六十老翁，因儿子戽水乏力而死，灾象如故，无路可走，自杀了。老爷和乡下人，意见是真有这么的不同的。"

直到这年8月底，天气才因下雨而凉下来："近几天，上海时常下雨，所以颇为凉爽了，不过于旱灾已经无可补救，江浙乡下，确有抢米的事情。"（书信340831致母亲）到了12月份，才"总算是冷了"："上海总算是冷了，寓中已装火炉，昨晚生了火，热得睡不着，可见南边虽说是冷，总还暖和，和北方是比不来的。"（书信341206致母亲）

不单单1934年的夏天难过，1935年也是如此。这一年5月至10月，鲁迅翻译果戈理的《死魂灵》第一部，共约20万字，分六期连载于上海生活书店发行的《世界文库》上，因此每月都有确定的任务。7月份，上海大热，鲁迅的译稿进度极缓："上海大热，昨天室内已达九十五度，流着汗译《死魂灵》，痱子发痒，脑子发胀。"（书信350717致增田涉）"每月为《世界文库》翻译果戈理的《死魂灵》，一次虽只三万字，但因难译，几乎要花三星期时间，弄得满身痱子。七月份稿子直到昨天才完成。"（书信350801致增田涉）

最后的日记

鲁迅早期日记非常好看，有大量精彩的表述，文白夹杂，看着过瘾，我专门抄录过这类文字。但鲁迅后期日记冰冷如铁，毫无感情温度。前期日记中"圆月寒光皎然……未知吾家仍以月饼祀之不"式的心灵独白，在后期日记中看不到了。最后三年，他几乎从不表露感情。只记述，不表态。笔者只读到了两则有明确态度的：

1934年9月15日，"下午诗荃来并赠印一枚，文曰'迅翁'，不可用也"。究竟是刻工差还是"迅翁"称呼欠妥，不可知，但好歹有了一丝感情色彩。

1935年4月21日，"午后得史岩信片，即史济行也，此人可谓无耻矣"。

此外，还有两处地方有感情色彩："绵雨彻夜""不睡至曙"。

1936年6月，鲁迅因病重，中断了25天的日记。6月30日，他补记了一段话，非常精彩："自此以后，日渐委顿，终至艰于起坐，遂不复记。其间一时颇虞奄忽，但竟渐愈，稍能坐立诵读，至今则可略作数十字矣。但日记是否以明日始，则近颇懒散，未能定也。六月三十下午大热时志。"

看鲁迅生命最后关头的日记，虽然冰冷如铁，但仍可读出一丝惊心动魄。

探访大陆新村

一位和气的保安为我指点了前往大陆新村的路线，并强调必须在四点前赶到那里，否则就跑空了。

通往大陆新村的路侧笔直高耸着水杉，这是一种上海常见的端正的树，它们的思想似乎从不抛锚，一门心思向上，再向上，把自己长成了一支支饱满的毛笔，并排直刺晴空，连顶端都像用剪刀修剪过一样整齐。这片历史上的租界地区，有许多红色老洋楼，看上去落落大方，并不过时。

大陆新村在山阴路，街面两侧都是一排一排的石库门老房子，梧桐罗列，可以想见夏天有大片阴凉。一些人家还在铁艺玻璃窗内置有鲜花，悦人悦己，十分雅致。沿途所见每个里弄几乎都有名字，如"淞云别业"，院内遍植绿株，真是置业佳所。

终于站在了大陆新村的门口，它在山阴路132弄，建成于1931年，由大陆银行上海信托部投资，是一群砖木结构、红砖红瓦的3层新式里弄房屋，前后共6排。弄堂大门口悬郭沫若题写的"鲁迅故居"四字。

上海—虹口区—四川北路—山阴路—大陆新村9号，仿佛卫星定位一般，在浩瀚的上海，我安步当车，找到了这个现代文学史上著名的信号源。相较于许多芜杂的上海弄堂，大陆新村由于鲁迅故居的原因，整治得很整洁。弄堂内联排10座石库门三层建筑，墙体为机制红砖，色泽较新，其中9号是鲁迅故居，8号是讲解员休息室，10号布置了小展室和售票处。

我是当天参观鲁迅故居的最后一位游客，这里下午4时就停止检票，工作人员脸上已显出准备下班的迫不及待的表情。一位志愿者负责带我参观故居，保安认真打开故居的大门，叮嘱不得拍照后，却并不远离，一直紧跟我们身后，也许还是出于安全考虑。

故居是三层小楼。一楼是起居室、餐厅和厨房。二楼是鲁迅的卧室兼书房、客房和大卫生间，进门左手墙上挂着一幅海婴胖胖的小脸像，那是1929年10月13日，海婴出生第16天，日本画家秋田义一在鲁迅家中为襁褓中的海婴所作画像。三楼是海婴的卧室和亭子间。周海婴因和照顾他的保姆共用一张床，所以用的是大床。周海婴回忆，"三楼的卧室由我一直住到迁出大陆新村。卧室正面是落地窗，窗外是个宽一米长二米不足的阳台"。墙上挂着海婴4岁和6岁时拍的照片。

鲁迅1933年4月11日迁居于此，至1936年10月19日逝世，生命的最后三年半时间是在此度过的。他最后去世于二楼的那张床上。我仔细观看室内的布置，寻找它们与现代文学之间蛛丝马迹的联系。尽管由于时代的隔膜以及世事的折腾变迁，这座供游人参观的三层私宅无法保留更多属于鲁迅的声色气息，但它无疑是离鲁迅本身最近最真实的一个物质场。

大陆新村9号堪称一处豪宅，鲁迅一家也享受着20世纪30年代上海最前沿的科技成果，如带有大浴缸和抽水马桶的卫生间、多功能煤气灶、可以为二楼的卫生间供应热水的炮仗炉子、许广平使用的缝纫机、为海婴购买的留声机等。

和大陆新村9号关系最密切的现代作家是萧红，她于1935年10月1日深夜慕名拜访鲁迅，之后鲁迅执意将她送出门外，指着隔壁一家茶馆的牌子，又指一指自家的门号，对萧红说："下次来，记住'茶'的旁边，9号。"

"'茶'的旁边，9号"便在现代文学史的波澜深处，成为一处醒目的印记。

鲁迅在大陆新村的书房，也叫"卓面书斋"。他在为徐懋庸《打杂集》作序时，便署"一九三五年三月二十一日，鲁迅记于上海之卓面书斋"。萧红在《回忆鲁迅先生》一文中写到了鲁迅卧室中的布置，特别写到了八仙桌、大立柜："鲁迅先生的卧室……一进门的左手摆着一张八仙桌，桌子的两旁藤椅各一，立柜站在和方桌一排的墙角，立柜本身是挂衣裳的，衣裳却很少，都让糖盒子、饼干筒子、瓜子罐给塞满了，有一次××老板的太太来拿版权的图章花，鲁迅先生就从立柜下边大抽屉里取出的。"图章花即贴在书籍版权页上的印花税票。鲁迅将其存放于立柜下边的大抽屉内，不与其他物品相混杂，可随时取用，足见先生办事很有章法。

鲁迅的书桌是西式翻盖书桌，本是瞿秋白离开上海时寄存在鲁迅家的。1935年瞿秋白在福建长汀被国民党枪杀后，这张书桌就成了鲁迅保存的故物。物件不言，自有温度。书桌的乌龟背上插着三支"金不换"的毛笔，这是绍兴自产的毛笔，价廉物美，最受鲁迅喜爱。功夫到处，飞花落叶皆是兵器，"金不换"就是如椽巨笔。绿色的台灯是冯雪峰赠送的。带有"美丽牌"香烟广告的日历停留在鲁迅逝世的19号，"有美皆备，无丽不臻"的广告语依然打动人心。马蹄钟是静止的，定格在鲁迅逝世的那一刻：10月19日清晨5时25分。茶杯当然是空着的，有古诗中"白云千载空悠悠"的失落感。

鲁迅以笔为旗在上海滩谋生，"因为我不会拉车，也没有学制无烟火药，所以只好用笔来混饭吃"。并且"忽被推为前驱，忽被挤为落伍"。（《在上海的鲁迅启事》）在这张堪称文坛功臣的老桌子上，鲁迅先后写下了280余篇杂文。一楼会客厅的那六把椅子上，也曾接待过瞿秋白、茅盾、冯雪峰、内山完造，萧红、萧军更是常客。在这里，鲁迅还热情洋溢地给中共中央发出了一封贺电，祝贺中国工农红军经过二万五千里长征胜利到达陕北。信中说："在你们身上，寄托着人类的光荣和幸福的未来。"这封贺信和鲁迅通过冯雪峰捎给毛泽东的金华火腿，足见鲁迅当年对长征这一无与伦比的史诗行为的崇敬和对中国革命前途的清醒判断。当然，那只火腿并没有送到陕北，由于火腿好吃，被西安截留了，风传火腿中夹带书信更是子虚乌有的事。

鲁迅对上海的大环境和天气状况经常颇有微词，比如："上海的景象和漫谈都较萧条，我大抵闷在家里多。"（书信340607致增田涉）"上海这两三天，室内已九十三四度，室外恐怕到百度以上，应付这样的天气，我是在流汗之外又生痱子。"（书信340627致增田涉）

大陆新村9号是清静的，"就连厨房里的洗米声和切笋声，都分开来听得样样清清晰晰"（萧红语）。但也不是永远这般清静。在这处租住的房间中，思想的惊雷不时在暗夜炸起，一个伟大的头脑正在超负荷高速运转。他是自在的，也是孤独的。他是愤怒的，也是悲悯的。他的影响是如此宽广，以至于逝世后，小贩、报童、人力车夫也加入了悼念的行列。

鲁迅逝世后，大陆新村9号也见证了世事的无常变迁。先是许广平母子迁居到淮海中路的淮海坊，接下来日本人占住了大陆新村9号。抗战胜利后，茶叶专家吴觉农将其作为私人寓所的一部分。新中国成立后，此地又是太平洋轮船公司的职工宿舍。后经周恩来批准，许广平指导，征用并复原房屋为鲁迅故居。

神安其所，物归其位，这是一座房屋配享的恰如其分的待遇。

"家是我们的生处，也是我们的死所。"鲁迅生命的下半场，分别租住于上海滩四川北路的三个地方，从吵吵闹闹的石库门社区景云里搬到国际化的拉摩斯公寓，再搬到更加高档的别墅级社区大陆新村。但搬来搬去，"总在北四川路兜圈子"（书信350104致萧军、萧红），先生辗转腾挪于风雨飘摇的旧上海，内心的惶惑与动荡外人无从知晓。

鲁迅和上海的关系，让人想起了陀思妥耶夫斯基和彼得堡的关系、巴尔扎克和雨果与巴黎的关系、乔伊斯和都柏林的关系等等。鲁迅晚年选择了上海，因为上海是他最大的天时地利人和的选择，但他对上海没有几句好话。"倘若走进住家的弄堂里去，就看见便溺器，吃食担，苍蝇成群的在飞，孩子成队的在闹，有剧烈的捣乱，有发达的骂詈，真是一个乱烘〔哄〕烘的小世界。"还说上海的少女"精神已是成人，肢体却还是孩子"。

但是对于这些，上海不以为忤，不动声色地成全了晚年的鲁迅。上海之为大上海，也许正在于此。

鲁迅未能离开的上海

对上海颇多微词

鲁迅对上海的态度比较复杂。

一方面，鲁迅需要上海。到达上海之前，鲁迅向友人流露了自己的想法："我先到上海，无非想寻一点饭，但政教两界，我想不涉足，因为实在外行，莫名其妙。也许翻译一点东西卖卖罢。"（书信270919致翟永坤）"那边［上海］较便当，或者也可以卖点文章。"（书信270922致台静农、李霁野）鲁迅认为上海也有上海的好处，比如信息较灵："……因我在上海，信息较灵，易于措手也。倘幸而能够再版，那时另定办法罢。"（书信311005致孙用）再如出书等比较方便："兄的短篇小说译稿，我想，不如寄来放在我这里罢……但稿子放在上海，究竟较易设法，胜于藏在北平箱子里也。"（书信311110致曹靖华）

另一方面，鲁迅又对上海颇多微词。兹从其书信中列举

如下:

1. 上海人惯于用商人眼光看人:

"我到上海已十多天,因为熟人太多,一直静不下,几乎日日喝酒,看电影……这里的情形,我觉得比广州有趣一点,因为各式的人物较多,刊物也有各种,不像广州那么单调。我初到时,报上便造谣言,说我要开书店了,因为上海人惯于用商人眼光看人。也有来请我去教国文的,但我没有答应。"(书信271021致廖立峨)

2. 上海的情形比北京复杂得多:

"我在上海,大抵译书,间或作文;毫不教书,我很想脱离教书生活。心也静不下,上海的情形,比北京复杂得多,攻击法也不同,须一一对付,真是糟极了。日前有友人对我说,西湖曼殊坟上题着一首七绝,下署我名,诗颇不通。今天得一封信似是女人,说和我在'孤山别后,不觉多日了',但我自从搬家入京以后,至今未曾到过杭州。这些事情,常常有,一不小心,也可以遇到危险的。"(书信280224致台静农)

3. 大热不能做事:

"上海大热,夜又多蚊,不能做事。这苦处,大约西山是没有的。"(书信280722致韦素园)西山指北京西山。当时韦素园在西山福寿岭肺病疗养院养病。

4. 晚上是打牌声,往往睡不着:

"不过我的'新生活',却实在并非忙于和爱人接吻,游公园,而苦于终日伏案写字,晚上是打牌声,往往睡不着,所以又很想变换变换了，不过也无处可走，大约总还是在上海。"
（书信290322致韦素园）

5．上海是秽区：

"上海秽区，千奇百怪，译者作者，往往为书贾所诳，除
非你也是流氓……我因经验，与书坊交涉，有时用律师或合同，
然仍不可靠也。"（书信300903致李秉中）

6．上海是势利之区：

"上海是势利之区，请先生恕我直言：'孙用'这一个名字，
现在注意的人还不多。Petðfi［斐多菲］和我，又正是倒楣
［霉］的时候。我是'左翼作家联盟'中之一人，现在很受压
迫，所以先生此后来信，可写'……转周豫才收'，较妥。"（书
信301206致孙用）

7．无聊文人造谣：

"我自寓沪以来，久为一班无聊文人造谣之资料，忽而开
书店，忽而月收版税万余元，忽而得中央党部文学奖金，忽
而收苏俄卢布，忽而往墨［莫］斯科，忽而被捕，而我自己，
却全不知道有这么一回事。其实这只是有些人希望我如此的
幻想，据他们的小说作法，去年收了一年卢布，则今年当然
应该被捕了，接着是枪毙。于是他们的文学便无敌了。"（书信
310205致荆有麟）

8．上海书店交涉颇麻烦：

"盖上海书店，无论其说话如何漂亮，而其实则出版之际，
一欲安全，二欲多售，三欲不化［花］本钱，四欲大发其财，

故交涉颇麻烦也。"（书信310816致蔡永言）

9．沪上实危地：

"沪上实危地，杀机甚多，商业之种类又甚多，人头亦系货色之一，贩此为活者，实繁有徒，幸存者大抵偶然耳。"（书信320605致台静农）

10．上海的情形也不见佳：

"上海的情形也不见佳，张三李四，都在教导学生，但有在这里站不住脚的，到北平却做了许多时教授，亦一异也。"（书信320618致台静农）

11．上海的小市民十之九昏聩糊涂：

"上海的小市民真是十之九是昏聩胡涂，他们好像以为俄国要吃他似的。文人多是狗，一批一批的匿了名向普罗文学进攻。"（书信320624致曹靖华）

12．上海势利之邦：

"我到此（指北京）后，紫佩，静农，寄野，建功，兼士，幼渔，皆待我甚好，这种老朋友的态度，在上海势利之邦是看不见的。我已应允他们于星期二（廿二）到北大、辅仁大学各讲演一回，又要到女子学院去讲一回，日子未定。"（书信321120致许广平）

13．上海文人反脸不相识：

"我亦很好，昨天往北大讲半点钟，听者七八百，因我要求以国文系为限，而不料尚有此数；次即往辅仁大学讲半点钟，听者千一二百人，将夕，兼士即在东兴楼招宴，同席十一

人，多旧相识，此地人士，似尚存友情，故颇欢畅，殊不似上海文人之反脸不相识也。"（书信321123致许广平）

14．上海专以利害为目的：

"现在这里（指北京）的天气还不冷，无需外套，真奇。旧友对我，亦甚好，殊不似上海之专以利害为目的，故倘我们移居这里，比上海是可以较为有趣的。"（书信321126致许广平）

15．上海气候殊不佳：

"上海气候殊不佳，蒙念甚感。时症亦大流行，但仆生长危邦，年逾大衍①，天灾人祸，所见多矣，无怨于生，亦无怖于死，即将投我琼瑶，依然弄此笔墨，夙心旧习，不能改也，惟较之春初，固亦颇自摄养耳。"（书信330628致台静农）

16．中国新文人漂聚于上海者尤为古怪：

"我与中国新文人相周旋者十余年，颇觉得以古怪者为多，而漂聚于上海者，实尤为古怪，造谣生事，害人卖友，几乎视若当然，而最可怕的是动辄要你生命。但倘遇此辈，第一切戒愤怒，不必与之针锋相对，只须付之一笑，徐徐扑之。吾乡之下劣无赖，与人打架，好用粪帚，足令勇士却步，张公资平之战法，实亦此类也，看《自由谈》所发表的几篇批评，皆太忠厚。"（书信330708致黎烈文）

17．上海新文人脾气甚大，又贪滑：

"做编辑一定是受气的……新文人大抵有'天才'气，故脾气甚大，北京上海皆然，但上海者又加以贪滑，认真编辑，

---

①大衍语见《周易·系辞》："大衍之数五十。"后以"大衍"指代"五十"。

必苦于应付……"（书信330714致黎烈文）

18．上海总不是能够用功之地：

"上海大风雨了几天，三日前才放晴。我们都好的，虽然大抵觉得住得讨厌，但有时也还高兴。不过此地总不是能够用功之地，做不出东西来的，也想走开，但也想不出相宜的所在。"（书信331002致姚克）

19．上海真是讨厌的地方：

"惠昙村离照相馆那么远吗？真令人有世外桃源之感。在上海，五步一咖啡馆，十步一照相馆，真是讨厌的地方。"（书信331007致增田涉）

20．上海房租很贵：

"至于房租，上海是很贵的，可容一榻一桌一椅之处，每月亦须十余元。"（书信331021致曹靖华）

21．上海文人堕落无赖：

"上海所谓'文人'之堕落无赖，他处似乎未见其比，善造谣言者，此地亦称为'文人'；而且自署为'文探'，不觉可耻，真奇。"（书信331027致郑振铎）

22．居上海久，眼睛市侩化：

"居上海久，眼睛也渐渐市侩化，不辨好坏起来，这里的印人，竟用楷书改成篆体，还说什么汉派浙派，我也就随便刻来应用的。"（书信331111致郑振铎）

23．上海靠笔墨很难生活：

"上海靠笔墨很难生活……书局已因此不敢印书，一是怕

出后被禁，二是怕虽不禁而无人要看，所以卖买就停顿起来了。杂志编辑也非常小心，轻易不收稿。"（书信340224致曹靖华）

24．上海真是是非蜂起之乡：

"汉唐画像极拟一选，因为不然，则数年收集之工，亦殊可惜。但上海真是是非蜂起之乡，混迹其间，如在洪炉上面，能躁而不能静，颇欲易地，静养若干时，然竟想不出一个适宜之处，不过无论如何，此事终当了之。"（书信340409致姚克）

25．在上海混的画家染流氓气：

"学吴友如画的危险，是在只取了他的油滑，他印《画报》，每月大约要画四五十张，都是用药水画在特种的纸张上，直接上石的，不用照相。因为多画，所以后来就油滑了，但可取的是他观察的精细，不过也只以洋场上的事情为限，对于农村就不行。他的沫流是会文堂所出小说插画的画家。至于叶灵凤先生，倒是自以为中国的 Beardsley（比亚兹莱，英国插画家）的，但他们两人都在上海混，都染了流氓气，所以见得有相似之处了。"（书信340409致魏猛克）

26．上海文坛不干不净：

"徐何创作问题之争，其中似尚有曲折，不如表面上之简单，而上海文坛之不干不净，却已于此可见。近二年来，一切无耻无良之事，几乎无所不有，'博士''学者'诸尊称，早已成为恶名，此后则'作家'之名，亦将为稍知自爱者所不乐受。"（书信340412致姚克）

徐何创作问题之争指1934年2月，林希隽化名清道夫，根据韩侍桁提供的材料，在《文化列车》第九期揭发何家槐以自己名义发表徐转蓬的小说多篇，接着，《申报·自由谈》《文化列车》等连续刊载当事人的自白及杨邨人、韩侍桁等人的评论文多篇，形成一场争论。

27．上海以他人的生命来做买卖的人颇多：

"我自己觉得，好像确有什么事即将临头，因为在上海，以他人的生命来做买卖的人颇多，他们时时在制造危险的计划。但我也很警惕，想来是不要紧的。"（书信340425致山本初枝）

28．上海的空气真坏：

"上海的空气真坏，不宜于卫生，但此外也无可住之处，山巅海滨，是极好的，而非富翁无力住，所以虽然要缩短寿命，也还只得在这里混一下了。"（书信340524致王志之）

29．上海作家鬼蜮多得很：

"徐先生也已有信来，谓决计不干。这很好。否则，上海之所谓作家，鬼蜮多得很，他决非其敌，一定要上当的。但是'作家'之变幻无穷，一面固觉得是文坛之不幸，一面也使真相更分明，凡有狐狸，尾巴终必露出，而且新进者也在多起来：所以不必悲观的。"（340531致杨霁云）指徐懋庸受邀为光华书局编刊物事，后来他仍为该局编辑《新语林》。

30．上海实在不是好地方：

"上海实在不是好地方，固然不必把人们都看成虎狼，但

也切不可一下子就推心置腹。"(书信341112致萧军、萧红)

31．上海多琐事：

"上海多琐事，亦殊非好住处也。"（书信341127致许寿裳）

32．上海这地方，真也不能叫人和他亲热：

"一个人离开故土，到一处生地方，还不发生关系，就是还没有在这土里下根，很容易有这一种情境。一个作者，离开本国后，即永不会写文章了，是常有的事。我到上海后，即做不出小说来，而上海这地方，真也不能叫人和他亲热。"（书信341206致萧军、萧红）

33．真如被装进鸽子笼一样：

"我生在乡下，住了北京，看惯广大的土地了，初到上海，真如被装进鸽子笼一样，两三年才习惯。"（书信350104致萧军、萧红）

34．上海发狂不下于北平：

"上海情形，发狂正不下于北平。青年好游戏，请游戏罢。其实中国何尝有真正的党徒，随风转舵，二十余年矣，可曾见有人为他的首领拼命？"（书信350108致郑振铎）

35．上海变成讨厌的地方了：

"上海变成讨厌的地方了，去年不曾下雪，今年迄未转暖。龙华的桃花虽已开，但警备司令部占据了那里，大杀［煞］风景，游人似乎也少了。倘在上野盖了监狱，即使再热衷于赏花的人，怕也不敢问津了罢。"（书信350409致山本初枝）

36．上海真是流氓世界：

"上海真是流氓世界，我的收入，几乎被不知道什么人的选本和翻板［版］剥削完了。"（书信360324致曹靖华）

37．上海文学家真是不成样子：

"上海的所谓'文学家'，真是不成样子，只会玩小花样，不知其他。我真想做一篇文章，至少五六万字，把历来所受的闷气，都说出来，这其实也是留给将来的一点遗产。"（书信360523致曹靖华）

38．堕落文人搬弄是非：

"我觉得你所从朋友和报上得来的，多是些无关大体的无聊事，这是堕落文人的搬弄是非，只能令人变小，如果旅沪四五年，满脑不过装了这样的新闻，便只能成为像他们一样的人物，甚不值得。所以我希望你少管那些鬼鬼祟祟的文坛消息，多看译出的理论和作品。"（书信360806致时玎）

39．上海文气不像样：

"上海不但天气不佳，文气也不像样……这里的有一种文学家，其实就是天津之所谓青皮，他们就专用造谣，恫吓，播弄手段张网，以罗致不知底细的文学青年，给自己造地位；作品呢，却并没有。真是惟以嗡嗡营营为能事。"（书信360915致王冶秋）

40．上海文坛依然乌烟瘴气：

"此地文坛，依然乌烟瘴气，想趁这次风潮，成名立业者多，故清涤甚难。"（书信361017致曹靖华）

以上40例书信文字，涉及气候、文坛、人性等各个方面，基本构成了鲁迅关于上海的判词全貌，其使用贬义词范围之广、用力之狠、打击面之大，放诸鲁迅生活过的其他任一城市，均无可与比拟者。当然，应当指出，鲁迅对于上海的微词，并不专门针对上海本地人，这一点，他还是有客观的分析："其实上海本地人倒并不坏的，只是各处的坏种，都跑到上海来作恶，所以上海便成为下流之地了。"（书信341226致萧军、萧红）同时，鲁迅对上海之微词，扩大而言，实为对中国现实之批判，上海不过是其顺手拈来的一份材料和标本而已。

或将不能更居上海

上海始终处于鲁迅的考验之中，在长达九年的时间里，是否定居上海，鲁迅的态度一直游移不定：

1. 或者要离开上海也难说：

"本来我也可以在此编辑［《莽原》］，因为我原想躲起来用用功。但看近来情形，各处来访问，邀演讲，邀做教员的很多，一点也静不下，时常使我想躲到乡下去。所以我或者要离开上海也难说。"（书信271103致李霁野）

2. 尚拟暂住：

"'弟'从去年出京，由闽而粤，由粤而沪，由沪更无处可住，尚拟暂住。"（书信271219致邵文熔）

3. 究竟是否久在上海，说不定：

"我也曾想过，倘移上海由我编印［《未名》］，则不得不做，也许会动笔，且可略添此地学生的译稿。但有为难之处，一是我究竟是否久在上海，说不定；二是有些译稿，须给译费，因为这里学生的生活很困难。"（书信280224致台静农）

4．我是否专住上海，殊不可知：

"《未名月刊》事，我想，我是不能办的。因为我既不善于经营事务，而这样的一个办事人，亦无处可请，加以我是否专住上海，殊不可知，所以如来信所云，实非善法。"（书信290927致李霁野）《未名月刊》是当时李霁野等建议在上海出版的刊物，后未实现。

5．不久或将不能更居上海矣：

"我于《彷徨》之后，未作小说，近常从事于翻译，间有短评，涉及时事，而信口雌黄，颇招悔尤，倘不再自检束，不久或将不能更居上海。"（书信300503致李秉中）

6．寓上海抑归北平尚毫无头绪：

"上月二十八之事，出于意外，故事前毫无豫［预］备，突然陷入火线中。中华连年战争，闻枪炮声多矣，但未有切近如此者，至二月六日，由许多友人之助，始脱身至英租界，一无所携，只自身及妇竖共三人耳。幸俱顽健，可释远念也。现暂寓一书店之楼上，此后仍寓上海，抑归北平，尚毫无头绪，或须视将来情形而定耳。"（书信320229致李秉中）

7．没有打算到别处去：

"上海渐暖，我们仍平安，没有打算到别处去，你如来沪，

当可晤面。"（书信330301致增田涉）

8．倘旧寓终成灰烬，则拟挈眷北上：

"旧寓至今日止，闻共中四弹，但未贯通，故书物俱无恙，且亦未遭劫掠。以此之故，遂暂蜷伏于书店楼上，冀不久可以复返，盖重营新寓，为事甚烦，屋少费巨，殊非目下之力所能堪任。倘旧寓终成灰烬，则拟挈眷北上，不复居沪上矣。"（书信320302致许寿裳）

9．暂时仍在上海：

"恐怖甚烈，因其没有规律，就被看做［作］一种意外灾害，反而不觉得可怕了。曾经打算夏季带孩子到长崎去洗洗海水浴，又作罢了。于是暂时仍在上海。"（书信340607致增田涉）

10．时时想离开上海：

"我也时时感到寂寞，常常想改掉文学买卖，不做了，并且离开上海。不过这是暂时的愤慨，结果大约还是这样的干下去，到真的干不来了的时候。"（书信350209致萧军、萧红）

11．很想离开上海：

"很想离开上海，但无处可去。"（书信350323致曹靖华）

12．想离开上海三个月：

"本月二十左右，想离开上海三个月，九月再来。去的地方大概是日本，但未定实。至于到西湖去云云，那纯粹是谣言。"（书信360706致曹靖华）

由此可见，从1927年到1936年，鲁迅始终没有坚定在上海定居的决心，一直谋划着离开上海，哪怕是在他去世的当年，想离开的心思也没有稍减。

还是喜欢北京

北京和上海，是鲁迅生命中的两个重要坐标。

鲁迅1912年5月赴北京教育部任职，1926年8月南下厦门大学任教，在北京生活了14年。寓居上海后，鲁迅于1929年和1932年两次北上省亲。

鲁迅是南人，却对北京有特殊的好感。1912年鲁迅第一次北上，从天津到北京，"途中弥望黄土，间有草木，无可观览"，等他适应了北方的气候和辽阔苍茫的风景后，便说，"北方风景，是伟大的"，"我不爱江南。秀气是秀气的，但小气"。

他喜欢北京冬日的阳光，在日记里记下："风而日光甚美。"这是1912年12月1日的日光，在多日云彩密布之后显露出来，比较难得，故曰"美"。月光之美人人都能看到，而能注意到日光之美者，整个民国大约没有几人。鲁迅将这一细致入微的观察带到了小说《在酒楼上》中，描写小女孩阿顺时，特写了她的眼睛："眼睛非常大，睫毛也很长，眼白又青得如夜的晴天，而且是北方的无风的晴天，这里的就没有那么明净了。"眼睛明净得像"北方的无风的晴天"，这一比喻堪称现代文学史上的经典。

身在南方，鲁迅却时常心怀北方："生长北方的人，住上海真难惯，不但房子像鸽子笼，而且笼子的租价也真贵，真是连吸空气也要钱……"而北方，"倘不至于日见其荒凉，实较适于居住"。

1932年"一·二八"事变后，鲁迅想迁往北京居住的愿望非常强烈，明确表示："倘旧寓终成灰烬，则拟挈眷北上，不复居沪上矣。"（书信320302致许寿裳）由于旧寓并没有化为灰烬，同时"北平亦无啖饭处"，加之路费昂贵，所以鲁迅仍居上海："我本拟北归，稍省费用，继思北平亦无啖饭处，而是非口舌之多，亦不亚于上海，昔曾身受，今遂踌躇。欲归省，则三人往返川资，所需亦颇不少，今年遂徘徊而终于不动，未可知也。"（书信320503致李秉中）"我本拟去北京，但终于作罢，照旧坐在这张旧桌子前面。"（书信320513致增田涉）

1932年11月，鲁迅赴京探母，在写给许广平的信中，尽显对北京的留恋与赞美：

"北平似一切如旧，西三条亦一切如旧，我仍坐在靠壁之桌前，而止一人，于百静中，自然不能不念及乖姑及小乖姑，或不至于嚷'要Papa'乎。"（书信321113致许广平）

"此地仍暖，颇舒服，岂因我惯于北方，故不觉其寒欤。""天气仍暖和，但静极，与上海较，真如两个世界，明年春天大家来玩个把月罢。"（书信321115致许广平）

"北京不冷，仍无需外套，真奇。我亦很好，昨天往北大讲半点钟，听者七八百，因我要求以国文系为限，而不料尚有此数；次即往辅仁大学讲半点钟，听者千一二百人，将夕，兼士即在东兴楼招宴，同席十一人，多旧相识，此地人士，似尚存友情，故颇欢畅，殊不似上海文人之反脸不相识也。"（书信321123致许广平）

其实，对于南北优劣，鲁迅也曾客观做过比较："中国的人们，不但南北，每省也有些不同的……由我看来，大约北人直爽，而失之粗，南人文雅，而失之伪。粗自然比伪好。但习惯成自然，南边人总以像自己家乡那样的曲曲折折为合乎道理。"（书信350314致萧军、萧红）类似的话，他在公开发表的文章《北人与南人》中也讲过。南北之争，由来已久，除了证明中国地大物博差异太大，其实也难有个什么客观的结论。

笔者认为，鲁迅喜欢北京的原因，气候和人情之外，更重要的是亲情——那里有他的高堂老母，有他虽然反目仍为手足的二弟一家，也有他亲自置办的四合院，这些都是中国传统观念中"家"的组织单元。

到了1934年，鲁迅明确表示"还是喜欢北京"："中国乡村和小城市，现在恐无可去之处，我还是喜欢北京，单是那一个图书馆，就可以给我许多便利。但这也只是一个梦想，安分守己如冯友兰，且要被逮，可以推知其它了。所以暂时大约也不能移动。"（书信341218致杨霁云）冯友兰时任清华大学文学院院长兼哲学系主任，因曾去苏联旅行，1934年11月在北平被国民党保定行营传讯，次日获释。

对于北京便利的治学条件，许寿裳也回忆说："上海不是个好住处，不说别的，单是空中的煤灰和邻居的无线电收音，已经够使他心烦气闷了。他常对我说，颇想离开上海，仍回北平，因为有北平图书馆可以利用，愿意将未完的中国文学史全部写完。"（《我所认识的鲁迅》）

转地疗养未果

鲁迅病重之后，医生建议他转地疗养。早在1932年，鲁迅就有这方面的打算："北新书局可能被政府封闭，那时将影响我的生计，为了糊口，不得不去异乡。然而正可转地疗养，但这是明年春末的事，暂时还依旧坐在这玻璃窗下的桌子前面。"（书信321107致增田涉）

转地疗养首选日本："我一直想去日本，然而倘现在去，恐怕不会让我上陆罢。即使允许上陆，说不定也会派便衣钉〔盯〕梢。身后跟着便衣去看花，实在是离奇的玩笑，因此我觉得暂时还是等等再说为好。"（书信340111致山本初枝）"上海酷暑，西洋人似乎有不少去日本，一时赴日旅行成了摩登之举。明年去罢。"（书信340723致山本初枝）"地点我想最好是长崎，因为总算国外，而知道我的人少，可以安静些。离东京近，就不好。"（书信360711致王冶秋）

在国内，鲁迅也考虑过青岛、烟台等地。1936年7月，未名社成员王冶秋建议鲁迅到青岛等地疗养，鲁迅认为不相宜。"青岛本好，但地方小，容易为人认识，不相宜；烟台则每日

气候变化太多，也不好。现在在想到日本去，但能否上陆，也未可必，故总而言之：还没有定。"（书信360711致王冶秋）

此前的1933年，在与新月派的论争中，鲁迅把青岛看成了新月派的根据地。当年的7月3日，上海《社会新闻》有消息说，最近上海暗杀之风甚盛，文人的脑筋最敏锐，胆子最小而脚步最快，都以避暑为名离开了上海。据确讯，鲁迅赴青岛……这则消息让鲁迅震怒，是年7月20日他著文说："西湖是诗人避暑之地，牯岭乃阔老消夏之区，神往尚且不敢，而况身游。杨杏佛一死，别人也不会突然怕热起来的。听说青岛也是好地方，但这是梁实秋教授传道的圣境，我连遥望一下的眼福也没有过。"

鲁迅一直没能想出适当的地方可供转地治疗："转地实为必要，至少，换换空气，也是好的。但近因肋膜及咯血等打岔，竟未想及。……现已交秋，或者只我独去旅行一下，亦未可知。但成绩恐亦未必佳，因为无思无虑之修养法，我实不知道也。倘在中国，实很难想出适当之处。莫干山近便，但我以为逼促一点，不如海岸之开旷。"（书信360816致沈雁冰）

到了1936年8月底，鲁迅已经放弃了转地疗养之想：

"天气已经秋凉，反易伤风，今年的'转地疗养'恐怕'转'不成了。"（书信360831致沈雁冰）

"我一直没有离开上海，其实是为了不能离开医生。"（书信360929致曹白）

其实，鲁迅是根本离不开上海的。1932年4月13日，他在致内山完造的信中，分析得非常透彻：

"早先我虽很想去日本小住，但现在感到不妥，决定还是作罢为好。第一，现在离开中国，什么情况都无从了解，结果也就不能写作了。第二，既是为了生活而写作，就必定会变成'新闻记者'那样，无论从那一方面看都没有好处。何况佐藤先生和增田兄大概也要为我的稿子多方奔走。这样一个累赘到东京去，确实不好。依我看，日本还不是可以讲真话的地方，一不小心，说不定还会连累你们。再说，倘若为了生活而去写些迎合读者的东西，那最后就要变成真正的'新闻记者'了。"

既然不能离开上海，哪怕换一个地方居住，也是鲁迅的愿望：

"至于搬家，却早在想，因为这里实在是住厌了。但条件很难，一要租界，二要价廉，三要清静，如此天堂，恐怕不容易找到，而且我又没有力气，动弹不得，所以也许到底不过是想想而已。"（书信361006致曹白）

"我本想搬一空气较好之地，冀于病体有益，而近来离闸北稍远之处，房价皆大涨，倒反而只能停止了。但我看这种紧张情形，此后必时时要有，实不如迁居，拟于谣言较少时再找房子耳。"（书信361017致曹靖华）

搬家的愿望在鲁迅去世的前两天，还是显得那么强烈。

鲁迅的门牌号不完全记录

（据鲁迅日记和书信整理）

1904年

10月8日，致蒋抑卮："如来函，可寄'日本陆前国仙台市土樋百五十四番地宫川方'为要。"

1912年

5月6日，"上午移入山会邑馆"。

11月23日，"院中南向二小舍，旧为闽客所居者，已虚，拟移居之，因令工糊壁，一日而竣，予工资三元五角"。

11月28日，"下午移入院中南向小舍"。

1916年

5月6日，"下午以避喧移入补树书屋住"。

1919年

11月21日，"上午与二弟眷属俱移入八道弯宅"。

1923年

8月2日，"下午携妇迁居砖塔胡同六十一号"。

10月30日，"午后杨仲和、李慎斋来，同至阜成门内三条胡同看屋，因买定第廿一号门牌旧屋六间，议价八百，当点装修并丈量讫，付定泉十元"。

11月18日，"邀李慎斋同往西三条胡同连海家，约其家人赴内右四区第二路分驻所验看房契"。

12月2日，星期休息。"午在西长安街龙海轩成立买房契约，当付泉五百，收取旧契并新契讫，同用饭，坐中为伊立布、连海、吴月川、李慎斋、杨仲和及我共六人，饭毕又同吴月川至内右四区第二分驻所验新契。"

12月28日，致胡适："我现搬在'西四砖塔胡同六十一号'，明年春天还要搬。"

1924年

5月25日，"晨移居西三条胡同新屋"。

1926年

6月17日，致李秉中："我的住址是'西四，宫门口，西三条胡同，二十一号'，你信面上写的并不大错，只是门牌多了五号罢了。即使我已出京，信寄这里也可以，因为家眷在此，可以转寄的。"

8月15日，致许广平："吾生倘能救兹愚劣，使师得备薄馔，于月十六日午十二时，假宫门口西三条胡同二十一号周宅一叙，俾罄愚诚，不胜厚幸！"

9月4日，"下午一时抵厦门，寓中和旅馆。以明信片寄羡苏及三弟。语堂、兼士、伏园来寓，即雇船移入厦门大学"。

9月25日，"下午从国学院迁居集美楼"。

1927年

1月8日，致韦素园："我于这三四日内即动身，来信可寄广州文明路中山大学。"

1月19日，"晨伏园、广平来访，助为移入中山大学"。

3月29日，黄花节。"移居白云路白云楼二十六号二楼。"

4月20日致李霁野："来信可寄'广州芳草街四十四号二楼北新书屋'（非局字）收转。"

7月17日致章廷谦："此后来信，如八月十日前发，可寄'广九车站旁，白云楼二十六号二楼，许寓收转'，以后寄乔峰收转。"

10月3日，"午后抵上海，寓共和旅馆"。

10月8日，"上午从共和旅店移入景云里寓"。

10月21日致廖立峨："现在我住在'宝山路，东横浜路，景云里二十九号'，此后有信可以直接寄此。"

1928年

9月9日，"星期。晴。下午移居里内十八号屋"。

1929年

2月21日，"晚移至十七号屋"。

1930年

5月12日，"午后移什器"。晚雨。"夜同广平携海婴迁入北四川路楼寓。"

1932年

1月30日，"下午全寓中人俱迁避内山书店，只携衣被数事"。

2月6日，"下午全寓中人俱迁避英租界内山书店支店，十人一室，席地而卧"。

2月22日致许寿裳："倘赐信，可由'四马路杏花楼下，北新书局转'耳。"

6月4日致李秉中："南行不知究在何时，如赐信，此后希勿寄北新，因彼店路远而不负责，易于遗失，惟'北四川路底、施高塔路、内山书店转周豫才收'，为较妥也。倘见访，可问此店，当能知我之下落，北新则不知耳。"

6月5日致台静农："后如赐信，寄'北四川路底，施高塔路，内山书店转'，则入手可较速也。"

1933年

3月21日："决定居于大陆新村，付房钱四十五两，付煤气押柜泉廿，付水道押柜泉四十。夜雨且雾。”

4月11日：“是日迁居大陆新村新寓。”

5月3日致许寿裳：“逸尘寓非十号，乃第一巷第九号也。”（逸尘是许广平的别称。逸尘寓，指大陆新村九号。）

1934年

5月24日致姚克：“本星期日（二十七）下午五点钟，希惠临‘施高塔路大陆新邨第一弄第九号’，拟略设菲酌，藉作长谈。……大陆新邨去书店不远，一进施高塔路，即见新造楼房数排，是为‘留青小筑’，此‘小筑’一完，即新邨第一弄矣。”

1936年

7月23日致［捷］雅罗斯拉夫·普实克：“此后倘赐信，可寄下列地址：Mr. Y. Chou, C/O Uchiyama Bookstore, 11 Scott Road, Shanghai, China.”（中国，上海，施高塔路十一号，内山书店转，周豫先生）

主要参考书目

鲁迅：《鲁迅全集》，人民文学出版社，1981年。

鲁迅：《鲁迅全集》，人民文学出版社，2005年。

许广平：《欣慰的纪念》，人民文学出版社，1981年。

许广平著、周海婴主编：《鲁迅回忆录》（手稿本），长江文艺出版社，2010年。

周海婴：《直面与正视：鲁迅与我七十年》，作家出版社，2019年。

周令飞主编、赵瑜撰文：《鲁迅影像故事》，人民文学出版社，2011年。

周遐寿（周作人）：《鲁迅的故家》，人民文学出版社，1957年。

周作人：《知堂回想录》，安徽教育出版社，2008年。

周作人：《鲁迅的青年时代》，北京十月文艺出版社，2013年。

许寿裳：《我所认识的鲁迅》，人民文学出版社，1952年。

许寿裳：《亡友鲁迅印象记》，广西师范大学出版社，2010年。

许寿裳：《生存，并不是苟活：鲁迅传》，新星出版社，2017年。

茅盾等：《我心中的鲁迅》，湖南人民出版社，1979年。

俞芳：《我记忆中的鲁迅先生》，浙江人民出版社，1981年。

郁达夫：《回忆鲁迅》，上海文化出版社，2006年。

蒙树宏：《鲁迅年谱稿》，广西师范大学出版社，1988年。

孙郁：《鲁迅与周作人》，现代出版社，2013年。

黄乔生：《鲁迅像传》，贵州人民出版社，2013年。

陈漱渝、孙郁、朱正、曾凡华：《鲁迅史料考证》，河北教育出版社，2000年。

止庵编：《周作人讲解鲁迅》，江苏文艺出版社，2012年。

王锡荣：《画者鲁迅》，上海文化出版社，2006年。

罗慧生：《鲁迅与许寿裳》，浙江人民出版社，1982年。

曹聚仁：《鲁迅评传》，复旦大学出版社，2006年。

单演义：《鲁迅在西安》，西北大学出版社，2009年。

吉田富夫：《周树人的选择——"幻灯事件"前后》，李冬木译，《鲁迅研究月刊》2006年第2期。

鲁迅博物馆、鲁迅研究室编：《鲁迅年谱长编》（第一卷），河南文艺出版社，2012年。

北京鲁迅博物馆鲁迅研究室编：《鲁迅研究资料》（4），天津人民出版社，1980年。

宋涛主编：《民国杭州历史遗存》，杭州出版社，2011年。

绍兴鲁迅纪念馆编：《乡友忆鲁迅》，1986年。

后记

　　鲁迅先生说："家是我们的生处，也是我们的死所。"

　　近些年，笔者追随鲁迅的足迹，踏访了国内所有鲁迅故居、博物馆、纪念馆，终以鲁迅的门牌号为线索草成此书，以期探究鲁迅的居住史、生活史、心路史，为复原真实的鲁迅尽微力于万一。这也是笔者继《鲁迅草木谱》《鲁迅的饭局》《鲁迅的封面》之后，第四本鲁迅微观研究专著，亦由广西师范大学出版社诗想者工作室策划出版。

　　作家和城市的关系一直是令人寻味的一个话题，比如陀斯妥耶夫斯基和彼得堡的关系、巴尔扎克和雨果与巴黎的关系、乔伊斯和都柏林的关系等。

　　鲁迅一生在多个地方求学、工作和生活，比如：绍兴新台门，日本伍舍，北京绍兴会馆、八道湾11号、砖塔胡同61号、西三条胡同21号，广州大钟楼、白云楼，上海景云里23号、拉摩斯公寓、大陆新村9号，等等。

在沿着鲁迅足迹踏访的过程中，笔者时刻都在对照鲁迅的自述求证。在绍兴："老屋离我愈远了；故乡的山水也都渐渐远离了我，但我却并不感到怎样的留恋。"在绍兴会馆："夏夜，蚊子多了，便摇着蒲扇坐在槐树下，从密叶缝里看那一点一点的青天，晚出的槐蚕又每每冰冷的落在头颈上。"在八道湾："我取其空地很宽大，宜于儿童的游戏。"在西三条胡同老虎尾巴："在我的后园，可以看见墙外有两株树，一株是枣树，还有一株也是枣树。"在厦门："我的住所的门前有一株不认识的植物，开着秋葵似的黄花。"在广州："书桌上的一盆'水横枝'，是我先前没有见过的：就是一段树，只要浸在水中，枝叶便青葱得可爱。看看绿叶，编编旧稿，总算也在做一点事。"在上海："我这次的住处很好，前面有块空地，雨后蛙声大作，如在乡间，狗也在吠……"

凡此种种，均是鲁迅生命中的坐标。

孟子曰："居移气，养移体。"环境可以改变人的气质，奉养可以改变人的体质。不同的门牌号在鲁迅生命中留下了不同的印记，这些门牌号因为鲁迅的关系，具有某种特殊的精神文化价值和持久的吸引力。

出于种种原因，书中少数图片未能联系上摄影者，敬请摄影者或版权继承者看到本书后，与编辑联系，以便及时寄奉薄酬。联系邮箱：hipoem@163.com。

感谢鲁迅长孙、鲁迅文化基金会会长周令飞先生对"微观鲁迅"系列的鼓励与支持，感谢刘春先生、郭静女士为此付出的心血。

薛林荣

2022年2月12日

于陇右天水念园